全国工程专业学位研究生教育指导委员会

U0680320

产教结合 协同育人

——第三届全国工程专业学位研究生联合培养
示范基地、第一届全国工程专业学位研究生联合
培养开放基地建设成果巡礼

清华大学出版社

北京

图书在版编目（CIP）数据

　　产教结合　协同育人：第三届全国工程专业学位研究生联合培养示范基地、第一届全国工程专业学位研究生联合培养开放基地建设成果巡礼/全国工程专业学位研究生教育指导委员会编.—北京：清华大学出版社，2018

　　ISBN 978-7-302-49966-4

　　Ⅰ．①产…　Ⅱ．①全…　Ⅲ．①研究生教育－培养模式－研究－中国　Ⅳ．①G643

　　中国版本图书馆 CIP 数据核字(2018)第 067748 号

责任编辑：冯　昕　王　华
封面设计：陈国熙
责任校对：王淑云
责任印制：沈　露

出版发行：清华大学出版社
　　　　网　　　址：http://www.tup.com.cn，http://www.wqbook.com
　　　　地　　　址：北京清华大学学研大厦 A 座　　　　　　　　邮　　编：100084
　　　　社　总　机：010-62770175　　　　　　　　　　　　　　邮　　购：010-62786544
　　　　投稿与读者服务：010-62776969，c-service@tup.tsinghua.edu.cn
　　　　质量反馈：010-62772015，zhiliang@tup.tsinghua.edu.cn
印　装　者：三河市君旺印务有限公司
经　　　销：全国新华书店
开　　　本：185mm×260mm　　　　　　印　　张：14.5　　　　　字　　数：353 千字
版　　　次：2018 年 6 月第 1 版　　　　　　　　　　　　　　　印　　次：2018 年 6 月第 1 次印刷
印　　　数：1～3000
定　　　价：68.00 元

产品编号：079084-01

迈入新时代　勇担新使命　开拓新征程

——工程专业学位研究生教育与联合培养基地在现代化强国建设中的担当与作为

中国共产党第十九次全国代表大会开幕会上,习近平总书记提出了 12 个"强国"目标,标志着未来一段时期,我国将步入决胜全面建成小康社会、全面建设社会主义现代化强国的新时代。面对建设教育、科技、人才、制造、航天、交通、海洋、贸易、网络、文化、体育、质量强国重任,作为集强国建设诸要素为一体、融强国建设诸要求为一身的学位与研究生教育事业应履行何种担当、践行何种作为,才能不负新时代寄予的新使命,才能开拓新时代赋予的新征程? 这是一个必须思考且必须解决的方向性、战略性重大议题。

那么,具体到工程专业学位研究生教育、具体到联合培养基地,在新时代中到底该做什么、该如何做呢? 结合工程专业学位研究生教育发展成就,结合全国联合培养示范、开放基地建设愿景,笔者认为应:

一、不忘科教初心,牢记时代使命,依托联合培养基地践行工程教育改革的"大工程观"

当美国发布《大力推进工程教育改革》报告、欧盟实施工程教育改革"苏格拉底计划"、日本践行《变革时期的工程教育》政策纲领、我国提出"实施卓越工程师教育培养计划"时,可发现一个以"大工程观"引领的工程教育改革新时代已经到来。"大工程观"本质为将科学、技术、实践、伦理融为一体的,具有实践性、整合性、创新性、宏思性的"工程模式"教育理念体系,其目标为培养宽厚理论基础与实践能力兼备的战略性工程通才。

在工程专业学位研究生教育改革中践行"大工程观",需坚持整体论思想,坚守"培养卓越工程师"这一初心,在培养计划修订、课程教学改革、导师团队建设、实训实践体系、工程伦理教育等环节中,强调工程本真,强调综合交叉,强调实践创新,强调责任伦理,把工程硕士的科学理论基础夯实,让他们真正深度参与重大工程,并学会以浓郁的人文情怀和宏大的战略思维来思考工程问题。

以"大工程观"指导联合培养基地建设,就要将"工程实践系统化"作为核心环节和建设重心,通过政、产、学、研资源互补与联合共赢,解决人才培养目标与工程需求脱节、人才培养方向与工程发展脱节、人才培养过程与工程实践脱节、人才培养成果与工程伦理脱节等问题,在逐步优化基地教育结构、激发基地教育活力、提高基地教育质量、推进基地教育治理能力和治理体系现代化的基础上,致力形成带动效应与引领效应,奋力推进科教融合与产教融合,为社会主义现代化强国建设培养出卓越的工程通才。

二、优化领域布局,服务战略需求,依托联合培养基地践行工程教育创新的"大教育观"

当前,我国工程硕士专业学位研究生教育涵盖机械、航空、航天、交通运输、船舶与海洋、物流、项目管理、电子与通信、集成电路等 40 个工程领域,已评选出的三届全国示范基地和首届开放基地培养范畴基本涵盖现有所有工程领域。对标十九大报告提出的"建设制造、航天、交通、海洋、贸易、网络强国"战略目标,结合"中国制造 2025"行动纲领提及的"鼓励行业企业与高等院校合作,建设工程创新训练中心,健全多层次人才培养体系"战略要求,可见我国工程专业学位研究生教育和联合培养基地建设基础已具备、目标已明晰、路线已确定。在新时代践行新使命,开启新征程,需要工程教育通过优化领域结构精准服务国家战略,优化能力结构有效衔接职业发展,优化主体结构合理整合社会资源,优化导师结构强力助推产教融合,这也是"大教育观"的重要内涵。

当前,工程专业学位研究生教育的一个主要任务为对现有领域进行调整、优化。在调整思路上,应对标国家战略,以十九大报告的强国目标为指引,将制造、航天、交通、海洋、贸易、网络等领域作为建设重点;在支持方式上,应立足国家需求,对与强国建设、民族复兴有重要支撑作用的领域予以全方位重点支持。在工程专业学位研究生的能力结构调整方面,要把《深化研究生教育改革的意见》落到实处,以提升职业胜任能力为导向,以加强实践技能训练为侧重,坚持"思想政治正确、社会责任合格、理论方法扎实、技术应用过硬"的育人原则,加快推进各领域学位标准和培养方案修订工作,探索完善有利于工程人才成长的专业学位研究生立德树人模式,为社会主义现代化强国建设输送卓越的工程人才。

在未来的联合培养基地建设进程中,也要将制造、航天、交通、海洋、贸易、网络等战略领域作为发展重心,与在上述领域具有突出研发优势的单位合作开展协同育人活动,理顺沟通协调机制,构建利益共享机制,完善科学评价机制,充分利用好地方政府、行业企业、科研院所、产业基地、工程中心、创新研究院等多元组织的工程资源,面向行业、面向区域、面向全国培养高端工程人才。需注意无论采用何种合作形态,都要把"导师队伍建设"作为基地建设的首要工作。在建设过程中,基地要注重遴选承担国家战略科研课题、承担重要工程项目的优质校企导师,通过总结示范、开放基地建设经验摸索出有效的双师衔接机制,着力避免联合培养研究生"打工仔""放养化"现象出现,切实发挥"双导师""导师组""导师团队"的联合指导优势。

三、深化综合改革,完善质量体系,依托联合培养基地践行工程教育发展的"大质量观"

联合培养基地的根本任务是培养人,让每一位研究生在德智体全面发展中健康成长、快速成才,成为社会主义现代化强国的建设者和接班人。这一根本任务决定了其必须按照"大质量观"的要求,既要注重工程研究生的在学培养质量,又要注重工程研究生的职后发展质量,既要注重工程研究生的技能业务质量,也要注重工程研究生的文化体育质量。以"大质量观"为指引,落实十九大报告中提出的建设"文化、体育、质量强国"目标,就要:

深化推进工程专业学位研究生教育综合改革,探索基地建设模式以推进联合培养,建设在线课程以推进混合教学,打造精品教材以助推教育改革,实施教育认证以衔接行业产业,千方百计保障工程研究生的培养质量;开展工程硕士职业发展质量跟踪调查和评价,将搜集到的有效信息反馈至工程研究生培养环节,形成"负反馈"机制,据此改革完善工程人才培养体系。

联合培养基地要着重加强"工匠精神""工程伦理"教育。全国示范、开放基地是培育工程研究生敬业、精益、专注、创新精神的良好平台,以此为标杆和引擎,带动全国联合培养基地努力营造工程文化、伦理文化和质量文化,使其在全方位的文化熏陶中强化职业道德、职业能力和职业品质,形成"公众安全、健康与福祉"的首位意识;注重建设体育设施,为工程研究生在基地期间的体育锻炼提供平台,开展体育活动,增强工程研究生的健康意识、团队意识和竞争意识,提高他们的生命质量和生活质量,让工程研究生"学有所得、学有所乐、学有所成";同时,基地还要锲而不舍地健全完善工程研究生教育的质量保障体系,实行全生命周期质量管理,将质量评价、质量意识和质量保障制度贯穿到招生培养、学籍奖助、学位授予、创新创业及职后发展等全过程。

合抱之木,生于毫末;九层之台,起于累土;千里之行,始于足下。培育"社会主义现代化强国"这一合抱之木,需要我们发展好"工程专业学位研究生教育事业"这一毫末之业;建成"十二个强国"这一九层之台,需要我们建设好"工程研究生联合培养基地"这一累土之功;开启"专业学位研究生教育'深综改'新征程"这一千里之行,需要我们汇编好《产教结合　协同育人——第三届全国工程专业学位研究生联合培养示范基地、第一届全国工程专业学位研究生联合培养开放基地建设成果巡礼》这一足下之事。

本书集聚了我国工程专业学位研究生教育事业发展的新思想、新思路;汇总了全国联合培养示范和开放基地建设的新特色、新成果,凝聚了专业学位研究生教育战线同仁的新观点、新举措,希冀本书的编撰付梓,能够将我们与工程专业学位研究生教育界全体同仁相连,能够将我们与关心支持联合培养示范、开放基地建设的社会各界相连,成为我们一道迈出新时代第一步的伟大见证,成为我们一致履行新时代、新使命的结绳之记,成为我们一起开拓新时代、新征程的宣言之作!

编　者

2018 年 1 月

目　录

北京交通大学轨道车辆工程专业学位研究生联合培养示范基地……………………… 1

北京航空航天大学网络信息安全研究生联合培养基地………………………………… 4

北京理工大学装甲车辆工程专业学位研究生实践创新基地…………………………… 8

天津大学—国网天津市电力公司研究生联合培养中心 ……………………………… 11

天津科技大学生物制药技术专业学位研究生联合培养基地 ………………………… 14

大连理工大学智能电力装备与系统研究生联合培养创新实践基地 ………………… 21

吉林大学机械工程专业学位研究生培养实践基地 …………………………………… 27

哈尔滨工业大学机械工程领域专业学位研究生联合培养示范基地 ………………… 32

哈尔滨工程大学与环境保护部核与辐射安全中心联合培养研究生实践基地 ……… 35

东华大学—中国化学纤维工业协会联合培养实践基地 ……………………………… 39

南京大学环境工程硕士联合培养实践基地 …………………………………………… 41

东南大学桥梁工程研究生联合培养工作站 …………………………………………… 46

南京航空航天大学—天奇股份工程专业学位研究生联合培养基地 ………………… 51

南京理工大学先进制造与高端装备研究生联合培养实践基地 ……………………… 55

河海大学—中国电建集团华东勘测设计研究院有限公司研究生培养基地 ………… 63

南京林业大学工业设计工程专业学位研究生联合培养示范基地 …………………… 70

江苏大学流体机械行业人才联合培养实践基地 ……………………………………… 72

浙江大学建筑与土木工程专业学位研究生联合培养实践基地 ……………………… 78

杭州电子科技大学—杭州华为企业通信技术有限公司 IT 人才联合培养基地……… 82

浙江理工大学—新昌研究院研究生联合培养示范基地 ……………………………… 86

中国科学技术大学软件工程专业学位研究生联合培养基地 ………………………… 91

安徽工业大学—马钢(集团)控股有限公司、马鞍山钢铁股份有限公司研究生

　　联合培养基地 ………………………………………………………………………… 95

厦门大学电子与通信工程研究生培养创新基地……………………………………… 100

福州大学建筑与土木专业学位科学实践培养基地…………………………………… 104

济南大学—山东开泰集团有限公司研究生联合培养实践基地……………………… 106

河南理工大学—河南能源化工集团研究院有限公司研究生联合培养实践基地…… 109

中国地质大学(武汉)—国家地理信息系统工程技术研究中心、武汉中地数码

　　科技有限公司研究生联合培养实践基地…………………………………………… 116

湖北大学—贵州地税研究生工作站研究生联合培养实践基地……………………… 120

湖南大学—威胜集团有限公司研究生联合培养实践基地…………………………… 123

中南大学—山河智能研究生联合培养实践基地……………………………………… 130

华南理工大学—宁波拓普集团股份有限公司研究生联合培养实践基地…………… 135

桂林电子科技大学—桂林国家高新区大学科技园管理有限公司研究生联合
　　　培养实践基地 ………………………………………………………………… 138
重庆大学—云南电网公司研究生联合培养实践基地 ………………………………… 140
电子科技大学—中国电子科技集团公司第二十九研究所研究生联合培养实践基地 …… 150
昆明理工大学—钢铁研究总院研究生联合培养实践基地 …………………………… 154
西北工业大学—中国飞机强度研究所航空工程专业学位研究生联合培养实践基地 …… 157
西安理工大学—中车集团西安永电电气有限责任公司研究生联合培养示范基地 ……… 160
西安电子科技大学—英特尔移动通信技术(西安)有限公司研究生联合培养
　　　实践基地 ……………………………………………………………………… 162
西安建筑科技大学—西北地区建筑与土木工程领域研究生联合培养实践基地………… 167
西安科技大学—西安重工装备制造集团有限公司企业研究生联合培养实践基地 ……… 174
南京工程学院—南京康尼机电股份有限公司研究生联合培养实践基地……………… 177
中国石油大学(北京)—东方地球物理公司研究生联合培养实践基地……………… 183
广东工业大学—佛山市南海区广工大数控装备协同创新研究院研究生联合培养
　　　实践基地 ……………………………………………………………………… 190
广东顺德工业设计研究院(广东顺德创新设计研究院)研究生联合培养开放基地…… 199
附录 1　全国工程专业学位研究生联合培养示范基地开放基地建设管理办法(试行)…… 214
附录 2　第三届"全国工程专业学位研究生联合培养示范基地"单位名单 ………… 218
附录 3　第一届"全国工程专业学位研究生联合培养开放基地"单位名单 ………… 221
后记……………………………………………………………………………………… 222

北京交通大学轨道车辆工程专业学位研究生联合培养示范基地

一、基地简介

1. 基地名称

北京交通大学—中车青岛四方轨道车辆工程专业学位研究生联合培养基地。

2. 联合培养单位

中车青岛四方机车车辆股份有限公司是我国轨道交通高端装备制造的龙头企业，是最重要的高速动车组、轨道车辆生产制造基地，高速动车组国内市场占有率40%以上。企业目前建有"高速列车系统集成国家工程实验室""国家高速动车组总成工程技术研究中心""国家级企业技术中心"等国家级技术创新平台，拥有雄厚的设计与研发实力，为专业学位研究生的培养提供了坚实的实践平台。

3. 培养单位

北京交通大学是国家"211工程""985工程优势学科创新平台"项目建设高校和具有研究生院的全国首批博士、硕士学位授予高校。学校建立了以交通科学与技术为特色，工、管、经、理、文、法、哲等多学科协调发展的完备的学科培养体系，有交通运输工程、信息与通信工程两个一级学科国家重点学科，产业经济学、桥梁与隧道工程两个二级学科国家重点学科，包括一级学科所涵盖的二级学科国家重点学科总数达到8个；建有博士后科研流动站15个；有一级学科博士点21个，一级学科硕士点35个，有MBA、工程硕士、会计硕士、法律硕士等12类专业学位，学校具有鲜明的轨道交通特色，我校牵头的"2011计划""轨道交通安全协同创新中心"是国家首批14个认定的协同创新中心之一。

4. 基地建立时间

随着轨道交通装备技术的快速发展，南车青岛四方股份技术中心在我国轨道发展行业中处于领先地位。北京交通大学于2010年10月首先与南车青岛四方股份技术中心签订建立北京交通大学—南车青岛四方机车车辆股份有限公司技术中心研究生培养基地协议，针对高速动车组的车辆设计领域，开始了校外研究生联合培养示范基地的建设工作。在基地建设过程中，学校与南车青岛四方股份技术中心联合攻克了一系列关键技术难题，在整个轨道装备系统起着引领示范作用。

在中国高铁行业国际化的大背景下,随着中国高铁装备系统技术的快速发展,校企合作模式越来越深入、越来越广泛,尤其在承载关键技术、核心技术方面,校企合作发挥着不可替代的作用,在此基础上,2015年5月北京交通大学继续与南车青岛四方机车车辆股份有限公司签订了研究生联合培养基地协议,联合基地建设的领域也从单纯的动车组车辆设计,扩展到了包括设计、工艺、制造、运行维护、检修等在内的整个高速动车组制造过程。2015年10月南、北车集团公司合并重组成中车集团公司,北京交通大学又与中车青岛四方机车车辆股份有限公司签订了研究生联合培养基地协议,为进一步加强工程专业学位研究生联合培养示范基地建设提供了保障。

二、建设情况

我校充分发挥轨道交通学科优势,坚持高端引领、校企融合、面向实际,坚持以服务行业需求为导向,推动专业学位研究生基地建设内涵式发展,采取的主要措施及解决的主要问题:

(1)建立校企双导师高度融合机制,实行导师遴选与培训制度,形成了协同培养和定期会商机制,解决了校企双导师联合培养专业学位研究生的问题。

(2)探索形成了轨道交通"3+1+2"产学联合培养模式、"1.5+0.5+1"订单式培养模式、"暑期工程实践+专业实践+硕士论文选题"一体化实践模式等三种培养模式,依托基地建设解决了校企联合开展人才培养的模式问题。

(3)充分发挥行业龙头企业的技术领先优势、国家级高水平技术创新平台建设优势和国家级科研项目校企联合攻关优势,开展轨道交通领域的高端人才培养计划,解决了高端人才培养中的实践条件、实践项目和研究内容与行业先进技术发展不同步的问题。

三、基地特色

1. 选取行业龙头企业建立研究生培养实践基地

合作单位中车四方股份是我国轨道交通高端装备制造的龙头企业,是国内最重要的高速动车组、轨道车辆生产制造基地,高速动车组国内市场占有率40%以上,具有高水平科研团队、大量的科研项目和科研实验平台,如高速列车系统集成国家工程实验室、国家高速动车组总成工程技术研究中心等,这些优势条件为基地的建设与发展奠定了良好的基础。

2. 以国家级重大科研项目为依托,为培养轨道交通领域的领军人才提供高水平实践项目

校企合作承担了大量国家级、省部级、企业自立项目,项目经费累计达1.62亿元,项目源自国家重要科技攻关课题、行业发展的最新技术方向或企业面临的亟须解决的技术难题,并据此开发学生实践项目,为打造轨道交通领域的领军人才奠定了坚实的基础。

3. 校企高度融合,建立一支稳定的双导师师资队伍

基地共聘请了企业导师100名、校内导师127名。稳定的校企双导师队伍为实践基地

开展联合人才培养提供了有力的支持和保障。

4．制度先行，保障基地正常运转

校企联合制定和健全规范有效的规章制度和长效机制，让各项工作推进有章可循，保障联合培养基地正常运转。实行基地建设工作评估制度，构建事前防范、事中监督、事后评价的闭环监督体系，形成监督评价和持续改进长效机制，不断提高基地建设管理水平，推进基地建设管理工作持续改进。

四、建设成效

1．培养了一批轨道交通领域急需的高端人才

近三年该基地累计培养机械工程、车辆工程和电气工程等专业领域的工程硕士研究生152人，其中全日制专业学位硕士生94人，在职工程硕士58人。人才培养典型代表：

张冉，2015届全日制工程硕士毕业生，参加了"3＋1＋2产学联合"人才培养，现担任中车青岛四方国家工程研究中心结构强度研发师，参与芝加哥地铁、香港地铁等重点科研项目8项，2017年被选拔参加中车集团631工程国际化高级人才培训。

崔志国，2016届工程硕士毕业生，现为转向架开发部高级主任审计师、中国中车技术专家、教授级高工，从事转向架设计工作14年，致力于高速列车动车组转向架设计及关键零部件研发工作。

2．校企联合开展科研攻关，取得了一批标志性成果

校企联合开展国家级科技项目攻关科研项目236项，项目经费累计达1.62亿元，联合发表学术论文50篇，联合编写出版了系列高速动车组培训教材12本，申请专利30项，申报并获得国家级奖项2项、省部级奖项7个，其中特等奖2项、一等奖1项、二等奖4项，并形成了一系列科研合作的典型案例。

3．联合搭建就业桥梁，增强研究生就业核心竞争力

通过基地培养，研究生的工程实践能力得到了显著提升，毕业生就业率达到100％，在本专业相关领域就业的研究生达到70％以上，在国有大中型企事业单位、科研院所就业的人数达到了90％以上，这些就业指标较本专业其他研究生均具有较明显优势。

北京航空航天大学网络信息安全研究生联合培养基地

一、基地简介

1. 基地名称

网络信息安全研究生联合培养基地。

2. 基地的建设理念和目标

在信息技术高速发展的今天,网络与信息安全保障能力已成为新世纪国家综合国力和生存能力的重要组成部分。2012 年,国家在网络信息安全方面做出一系列的重要部署,彰显了这方面急迫的技术需求和人才需求。国家工业和信息化部对此高度重视,面向国家在网络空间安全方面的重大战略需求,北京航空航天大学与国家计算机网络应急技术处理协调中心(简称"国家互联网应急中心")强强联合,共同成立了"网络空间科学与技术协同创新中心"。2012 年 9 月 28 日,工信部苗圩部长与北京航空航天大学胡凌云书记、怀进鹏校长揭幕网络空间科学与技术协同创新中心,致力于建设支撑我国信息安全的高水平人才培养、核心共性技术研发和应用的重要基地,标志着双方开展共建研究中心、联合研发攻关、共同培养人才等方面的合作,开启协同创新的新篇章。

关于网络信息安全的人才培养问题,我们认识到,随着网络信息对社会生活的影响日益增加,信息安全作为非传统安全因素,已与各国的政治安全、经济安全、国防安全、文化安全共同成为国家安全的重要组成部分。世界各国都十分重视互联网环境中的信息安全研究,尤其是美国多年来一直将信息安全技术列为国防重点,并已形成庞大的信息安全产业,作为其实现信息霸权的有效手段。

我国虽然在信息安全方面不断投入力量,但是在国际信息安全与反安全技术不断攀升的环境下,需要定位关键问题,谋求更快速发展。

我国在信息安全领域面临的核心问题,不仅在于计算机的核心技术一直由欧美国家垄断,更重要的是缺乏一支热爱信息安全、富有创新精神、具有国际视野和竞争力的高级专业信息安全研制队伍。事实上,近年来信息安全专业培养的本科生、硕士生和博士生人数并不少,但是,大多数学生毕业时缺乏对实用国家信息安全业务流程的了解、理解和掌握,同时也缺乏对国家信息安全专门机构和研究所的了解和认同,再加上行业缺乏吸引力,导致许多优秀生源流失于国家信息安全机构与企业之外。因此,欲突破技术和发展瓶颈,提高人才队伍的综合素养和水平,特别是培养高端信息安全研究队伍,从而培养出信息安全理论、高性能计算、管理以及法律的高端复合型人才,显得更加迫切。

在此迫切需求下,北京航空航天大学与国家计算机网络应急技术处理协调中心共同培养符合信息安全需要的高端人才,2013 年 2 月,依托"网络空间科学与技术协同创新中心",建立了网络信息安全研究生联合培养基地,并以"网络信息安全高级人才班"模式培养国家急需的信息安全高端人才。该定制班改变了我国信息安全在长期仿制环境下形成的教学模式,从专门信息安全业务结构的科研和工程需求出发,从系统的视角出发设置课程,同时结合在企业的具体实践,多环节和多方位地完成网络信息安全全日制工程专业学位专门人才的培养,并依托联合培养基地,承载其他北航信息安全研究生的实习实践。

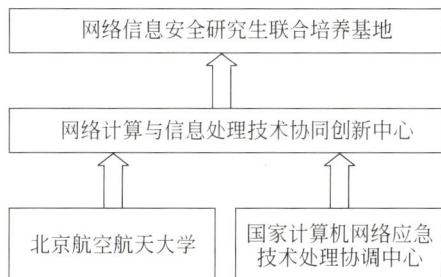

图 1 网络信息安全研究生联合培养基地

基地建设理念和目标:通过网络信息安全研究生联合基地的建设,推动高层次人才培养模式的改革,完善以科学研究和学术与实践创新为主导的导师负责制,推动"产学研"结合,不断增强专业学位研究生的创新能力,切实提高人才培养质量,有效提升学校办学水平,为国家工业化、信息化和国防现代化建设培养更多的高素质专门人才和拔尖创新人才。

二、建设情况

网络信息安全研究生联合培养基地的建设包括培养体系(含方案)建设、管理制度建设和实验环境建设等。

北航计算机学院和国家计算机网络应急技术处理协调中心经过讨论,为网络信息安全班全日制专业硕士研究生专门制定了培养方案,形成了信息安全高端人才的定制化培养,以此为起点,相应改革招生、培养、实践、学位论文等各个环节,在每一个环节落实双导师联合培养、注重工程实践,探索了一条校企紧密合作的联合培养之路,实现了联合培养模式的创新,建设了工信部第一个以依托企业共同建立的研究生联合培养基地为主要执行单位的研究生培养体系。

为实现研究生的顺利培养,制定了一系列管理制度,进行了制度建设,包括日常管理、激励机制等,国家互联网安全中心和北航分别专门聘任了专职的网络信息安全班的班主任,学生每天的出勤情况有记录,实习期间回校查阅资料和参加实验室与学院学校的学术活动等均报备国家互联网中心班主任,在校期间外出去中心实验和实践报备北航班主任,双班主任定期沟通,班主任、国家互联网应急中心王丽宏副总、北航王蕴红院长等建立了网络信息安全研究生培养基地管理微信群,及时交流想法、通报信息,使学生管理、教学科研无盲区。

国家计算机网络应急技术处理协调中心自 2013 年 9 月起专门提供了实验室场所和办

公环境,投入了 120 平方米办公室作为网络信息安全研究生联合培养基地的实验室,并提供工位和 2000(台)套设备和数据环境供学生实验用,解决了场所问题。

三、基地特色

习总书记在中央网络安全和信息化领导小组第一次会议上的讲话中指出,"没有网络安全就没有国家安全,没有信息化就没有现代化""建设网络强国,要把人才资源汇聚起来,建设一支政治强、业务精、作风好的强大队伍"。"千军易得,一将难求",要培养、造就世界水平的科学家、网络科技领军人才、卓越工程师、高水平的创新团队,我们通过研究生联合培养基地,紧抓国家重大需求,培养政治可靠、技术过硬、创新能力强的高水平人才,响应了习总书记的号召,培养成果初见成效。重基础、强交叉、拓视野、推创新的培养理念和实践结果得到认可,获得北京市教学成果一等奖。

基地自成立以来,本着"开放灵活、优势互补、务实高效、合作共赢"的基本原则,围绕网络与信息安全领域基础研究、关键技术研发和国家基础设施平台建设需求,在科研攻关、人才培养等方面开展了大量工作,形成了一定的特色及示范性经验。

1. 确立国家急需人才校企联合培养机制,探索创新培养模式,建立校企联合对接的研究生联合培养机制

北航和国家计算机网络应急技术处理协调中心在共同创立的计算机网络与信息安全管理中心基础上建立了网络信息安全研究生联合培养基地,建立了国家急需的信息安全人才的校企联合培养机制,实现了国家急需的高端工程人才的精准培养。

2. 探索并成功实行了以企业联合培养基地为主要依托的全日制专业学位研究生的培养模式

该培养基地的特色为依托以企业为主体的实验环境进行硕士论文环节培养,企业导师切实起到导师作用,基地以主人翁精神安排学生培养、思想教育等全方位活动,为企业联合培养研究生起到了示范作用,极具推广价值。

3. 招生、培养、答辩贯穿的双导师培养

通过制度建设和实施以及精细的细节管理,基地实现了网络信息安全班学生在招生、课程学习、硕士论文开题、中期检查、答辩全程中的双导师紧密合作,将联合培养体现到了实处,诠释了校企联合培养的主体落实,具有示范作用。

4. 有针对性地依托研究生联合培养基地进行专业学位研究生教学体系建设

我们全面建设了由网络信息专门人才培养的课程教学体系、实验教学体系、创新实践与研究体系、学术交流体系、质量评估与监控体系构成的研究生培养体系,专门设定了培养方案,强化了研究生创新能力培养。这方面的经验可向面向国家重大需求培养专门人才的相关院校推广示范。

5. 以国家重大需求和"产学研"合作培养创新型人才

研究生的硕士论文选题和实践项目来源于国家重大需求,来源于 973 项目、863 项目、242 项目、国家重点专项、国家互联网应急中心急需的应用型工程项目等,体现了学科前沿和应用需求的完美结合,研究生的研究实践环境本身就是学科研究与应用前沿,且以"产学研"合作方式培养,提供了创新型人才培养和成长的沃土,具有示范性。

四、建设成效

网络信息安全研究生联合培养基地自 2013 年建立至今,已有 83 名网络安全班同学入驻进行研究生论文阶段的培养和实践,其中有 44 名专业学位硕士研究生,这些同学的硕士论文全部在国家互联网应急中心完成,在国家互联网应急中心的实习时间均大于 18 个月。除此之外,中心同时亦接收了 42 名专业学位硕士生实习。网络信息安全班从 2013 年 9 月至今,共招收学生 106 名,其中硕士生 83 名,博士生 23 名,3 位网络信息安全班硕士毕业生已在国家互联网应急中心任职,其他毕业生被信息安全大型企事业单位、互联网企业单位录用,受到就业单位的高度认可。

基地以国家战略需求为科研出发点,以创新能力提升为根本任务,以开放机制实现持续发展,是人才培养的重要依托。通过联合培养,汇聚了行业、企业全方位资源,实现了研究生培养从工程能力到"学术+工程"能力的转变,实现了单一学科到多学科交叉的转变,实现了分类培养模式,已毕业的两届硕士研究生受到了用人单位的欢迎和高度认可,就业率达到100%。网络信息安全班的研究生在读期间通过双导师培养纷纷取得重要成果和荣誉,4 人获得校级优秀毕业生称号,9 人申请了 11 项校企合作的专利,发表了 12 篇校企合作的高水平论文,相关合作成果获得了 2016 年中国电子学会科技进步奖,并于 2017 年申报国家科技进步奖 1 项,"重基础、强交叉、拓视野、推创新"的研究生培养体系构建与实践获得了北京市教学成果一等奖。其他在网络信息安全班实习实践的同学,其中 1 名研究生的论文获中国生物特征识别大会最佳论文奖,2013—2016 年研究生在权威国际期刊和会议上发表论文 34 篇。真正实现了以工程促培养,以培养促研究,学生、企业、学校共赢,体现了专业学位研究生分类培养的特点,达到了"通过联合培养基地的建设,推动部属高校积极进行人才培养模式改革,构建质量保障体系,提高研究生创新和实践能力,不断提高人才培养质量,有效提升办学水平,为国家工业化、信息化和国防现代化培养更多的高素质专门人才和拔尖创新人才"的目标。

自 2013 年以来,通过网络信息安全研究生联合培养基地的建设,充分推动了人才培养模式改革,构建了质量保障体系,加强了导师负责制,促进并推动了"产学研"结合,切实提高了研究生创新和实践能力,不断提高人才培养质量,有效提升了办学水平。

通过研究生联合基地的建设,全面改革了研究生招生培养的各个环节,强化了面向国家人才需求的培养体系建设,完善了工程型专业学位研究生的培养模式,探索建立了一条联合培养模式,形成以研究生联合培养基地建设为引领的研究生教育改革趋势和试点,为全面培养研究生创新能力提供政策和运行平台,其中形成的阶段性成果,具有示范和推广价值。

北京理工大学装甲车辆工程专业学位研究生实践创新基地

一、基地简介

1. 基地名称

装甲车辆工程专业学位研究生实践创新基地。

2. 联合培养单位

内蒙古第一机械集团有限公司(国营第 617 厂)始建于 1954 年,是国家"一五"期间 156 个重点建设项目之一,是中国兵器工业集团所属重要子集团,是国家特大型军工企业,全国机械 500 强企业排名 46,是国内集轮式、履带装甲车辆科研与制造为一体的研制和生产基地。内蒙古第一机械集团有限公司作为我国最大坦克科研生产基地,在坦克装甲车辆的理论研究及应用方面技术力量雄厚、基础坚实,曾经独立完成了 69 系列、80 系列、88 系列、96 系列等国内装备及外贸坦克的研制;作为总师单位,完成了 8×8 轮式步兵战车系列的研制,参加了 99 式、99A 式坦克的研制;直接从事重型车辆领域的科技人员 3000 余人,其中,产品专业研发团队 900 人、工艺技术研究专业团队 600 人、各类专业的工艺技术人员 1200 人、兵器首席专家 2 人、兵器行业科技带头人 11 人,拥有副高级以上职称的工程技术人员 800 余人,具有兵器行业认定资格的高水平技能人员 100 余人。

3. 培养单位

北京理工大学。

4. 建立时间

2006 年 5 月。

二、建设情况

1. 实践条件

利用内蒙古第一机械集团有限公司和北京理工大学联合成立的特种车辆研究发展中心,下设 8 个研究室。

2．实践项目

实践内容基于校企合作的国家安全重大基础研究项目、武器装备重大背景预先研究项目、坦克装甲车辆型号项目等重大项目，包括装甲车辆总体技术实践项目、装甲车辆传动系统技术实践项目、装甲车辆行动系统技术实践项目等。

3．实践教学

实践教学实行学分制，总学分不低于6学分，具体包括3部分：企业人员讲授的实践类课程(1学分)、基于运用类高级专业技能课程(2学分)和在企业从事工程设计和技术研究工作(3学分)。

4．思想政治教育

依托基地坦克装甲车辆展览陈列室，开展专业认知教育，聘请基地党建工作者开展爱国主义教育，通过和全国劳模、大国工匠、国家级技能大师等英模人物座谈，提升社会主义建设的使命感。

5．生活条件

基地建有可供研究生使用的科研场所、学习教室、宿舍、食堂、医院、操场等公共设施，能够满足学生的教学实践和生活需要。基地为实践研究生提供每月1500元的生活补助。

三、基地特色

基地形成了"军民融合，技术互补，强强联合，合作共赢，行业典范"的特色。北京理工大学是国内最早开展电动汽车研发的单位之一，通过基地共建，双方联合申请项目，目前已经将电驱动技术应用到装甲车辆领域，将民用技术融合到军用产品，培养了大批技术人才，实现了军民融合。北京理工大学注重基础理论研究和理论应用研究，基地在工程化和试验领域具有很强的优势，双方通过合作实现了技术互补。北京理工大学的机械工程和兵器科学与技术都是国家重点学科，实力雄厚，历史悠久，基地作为我国最大坦克科研生产基地，在坦克装甲车辆的理论研究及应用方面技术力量雄厚、基础坚实，双方的合作是强强联合。基地运行多年，产生了大量优秀的成果和显著的效益，双方合作完成国家重点型号项目、重大背景项目、重点预研项目、973项目等，多次获得国家奖励，发表了大量高水平论文，获得了大量发明专利，实现了合作共赢。基地建设在双方长期稳定的合作基础之上，互相信任，互相支持，在人才培养和科学研究上成果显著。

四、建设成效

在装甲车辆总体技术、装甲车辆传动系统、装甲车辆行动系统、电传动、无人车等方面近三年接收专业学位硕士研究生实践(6个月以上)总计75人，累计为企业培养工程硕士80余人。

五、典型案例

典型案例 1

助力我国坦克在 2016 年俄罗斯国际"坦克两项"赛事取得佳绩

基地和学校联合培养研究生开展车辆液力机械综合传动技术相关研究工作。研究团队提出了液力机械综合传动的预测设计理论与方法,解决了传动系统高功率密度与高可靠性的难题,帮助 96B 式主战坦克在 2016 年俄罗斯国际"坦克两项"赛事中勇夺单项赛冠、亚军和团体赛亚军的优异成绩,在国际上引起震动,扬了国威、军威。

典型案例 2

基于先进总体设计理念的 VT-4 坦克成果打入国际市场

基地研究生参与了 VT-4 外贸坦克推进系统总体设计、行动系统轻量化设计、传动系统集成与多学科优化设计等工作,解决了国际市场环境下面临的动力传动系统高温高负荷的难题,使我国自主研制的 VT-4 坦克获得了首批外贸批产订单,成为我国坦克军贸的又一个里程碑。

典型案例 3

军民融合电驱动技术在国防 973 项目和某重大背景项目立项

基地合作培养的研究生成功地将电驱动方面的研究成果应用到装甲车辆领域,推动了我国装甲车辆技术的跨越发展,为今后较长时期我国装甲车辆的发展奠定了基础,指明了方向。

典型案例 4

推动我国履带装甲车辆转向系统跨越发展

研究生课题坦克装甲车辆转向全过程的动态功率台架模拟试验方法,突破了转向过程中再生功率实时动态模拟、多功率流协同控制、动态过程惯性载荷实时补偿等关键技术,创建了一种电封闭履带车辆转向试验系统,实现了坦克装甲车辆转向过程全工况全功率实时模拟。

天津大学—国网天津市电力公司研究生联合培养中心

一、基地简介

为推动研究生教育内涵式发展,进一步加强创新精神和实践能力培养,不断提高研究生教育水平和人才培养质量,根据 2007 年天津市电力公司和天津大学共同签署的"天津市电力公司与天津大学合作协议",在 2008 年 6 月成立了"国网天津市电力公司—天津大学研究生联合培养中心"。天津大学电气自动化与信息工程学院与国网天津市电力公司共同负责基地的建设和管理工作。

二、建设情况

联合培养基地建设坚持统筹规划、服务发展、统一管理、稳步推进的原则,旨在搭建成立多层次、多渠道相互融合的研究生培养平台。基地的主要职责是发挥电科院具有研究前景的项目和设备优势,促进科教结合、产学结合,加速科技成果转化,培养高层次、复合型的创新人才。

基地依托天津大学电气与自动化工程学院的一级学科电气工程,联合国网天津市电力公司电力科学研究院共同成立,具有雄厚的科研实力。基地成立当年,就围绕电网发展建设中的关键技术问题在 3 个领域开展了"配电网可靠性评估体系研究"等 9 个研究课题。至今经过 10 年的探索,联合培养的管理方法和运作模式已日渐成熟,基地接收全日制工程硕士专业学位研究生实践人数、可供全日制工程硕士专业学位研究生实践的技术和工程类题目数以及企业导师人数都逐年稳步提高。截至目前,基地共培养了九届逾 80 名硕士研究生,研究课题 70 余项。

未来 5 年,基地计划组建优质企业导师队伍,企业导师人数达到 30 人以上,博士学位人员比例达到 1/3 以上。未来 5 年经费投入 3000 万元以上,其中 1/2 用于基地结合科研课题进行研究生的联合培养,一半用于实践基地实验室建设,进行高水平实验平台的建设,目标是将基地建设成为天津大学电气工程专业研究生尤其是工程硕士研究生的主要创新实践基地,能够为一半以上的工程硕士研究生提供必要的工程实践的机会和条件。

此外,依托现有联合培养实践基地优势,基地已获批"天津市高校研究生教育校外创新实践基地建设单位"。校外创新实践基地的建设与现有联合培养实践基地互为支撑,能有效带动高校与企业的"产学研"高度结合,大力促进和有效提高面向生产实际的工程硕士研究生的培养质量,同时为培养符合社会需求的高质量的复合型研究生人才提供重要的实践平台。

三、基地特色

联合培养实践基地实行"双导师制"的培养模式、"强强联手"的建设模式与"共同出资、共同管理、共同建设"的发展模式。

(1)联合培养实践基地电气工程专业学位研究生采取校企联合培养的模式,实行"双导师制"。基地合作单位各出一名导师,共同负责基地研究生的培养工作。

(2)"校企合作,强强联手"的建设模式,实现了天津大学与国网天津市电力公司的优势互补,形成了多层次、多渠道相互融合的研究生培养平台,为研究生高质量培养提供了雄厚的技术支持和物质保障,成为推动研究生教育内涵式发展、进一步加强创新精神和实践能力培养、不断提高研究生教育水平和人才培养质量的有力举措。

(3)"校企联合、共同出资、共同管理、共同建设"的发展模式,探索出了研究生教育模式改革的新方式,实现了科教结合、产学结合,加速了科技成果转化,为学员提供了运用所学理论解决生产技术难题的平台,实现了校企双方的高级技术人才的密切联系和深度交流,为学校中理论性前瞻研究与企业中生产实际技术难题的解决提供了良好的结合点。

四、建设成效

基地成立至今经过 10 年的探索,已培养了 9 届逾 80 名硕士研究生,研究课题 70 余项。实践基地的成果部分支撑了天津大学与国网天津市电力公司联合申请的国家科技进步二等奖 1 项、天津市科技进步一等奖 2 项、天津市科技进步三等奖 1 项、国网天津市电力公司一等奖 5 项。

联合培养的研究生的实践创新能力突出,职业胜任力强,受到用人单位的青睐,许多进入电力公司的成为骨干。工程硕士吕金炳在联合培养 10 个月后,很快做出了成绩,能够独当一面开展工作,最终被天津电力公司录用;联合培养的工程硕士东海光也顺利进入国际知名企业施耐德电气公司。

联合培养的工程硕士毕业生何佳伟,在学期间专业成绩优异,研究工作表现突出。在导师指导下参与了国家 863 课题"保障直流配网可靠性的多端柔性直流控制保护关键技术"。作为项目核心成员,申请并获批国家自然科学基金面上项目"新能源接入的多端柔性直流电网保护与故障隔离"。此外,何佳伟还参与了多项与中国电力科学研究院、南方电网科学研究院的横向合作项目等,以学生第一作者在 *IEEETrans*、《中国电机工程学报》、《电力系统自动化》等 SCI、EI 期刊上发表论文 8 篇,申请国家发明专利 10 余项,连续两年获得研究生国家奖学金。

联合培养的工程硕士毕业生袁月,在联合培养期间实践项目"基于互联网思维的智能电网创新示范区建设模式研究"取得了丰硕的研究成果,发表论文多篇,其中袁月以第一作者发表论文《适应自愈要求的配电网开关优化配置》,以第二作者与企业导师联合发表论文《智能电网创新示范区能源互联网评估指标及评价方法》。毕业时,袁月以优秀的实践能力和表现被山东电力公司录用。

联合培养的工程硕士毕业生李国栋,在基地进行联合培养实践训练,毕业后进入国网天津市电力公司电力科学研究院工作,主持承担多项重大工程实践和项目,被评为"国家电网公司优秀专家人才"。现在,李国栋作为联合培养的校外企业导师,每年都会带领学生进行实践训练,为基地培养学生继续贡献力量。

天津科技大学生物制药技术专业学位研究生联合培养基地

一、基地简介

天津科技大学生物制药技术研究生联合培养基地是天津科技大学与中科院天津工业生物技术研究所和康希诺生物股份公司共同建立的以培养高层次、复合型创新人才为目的的人才培养平台。基地是生物工程领域专业学位研究生进行专业实践的主要场所,是"产学研"结合的重要载体。基地注重多种创新型培养模式的集成,以服务国家和区域发展需求的重大科研项目为依托,汇聚优质师资团队,整合各类创新要素与资源,充分发挥科教优势联动效应,通过"教、科、技、产"四位一体的研究生培养模式,为生物工程领域专业学位研究生的成长、成才创造良好氛围。2009 年签署了战略合作协议,签订协议以来单位之间全面合作、资源共享,整合多方的优势资源,促进相关学科的交叉融合,培养研究生的团队意识、创新思维和创新能力,促进研究生全面发展。在此基础之上,于 2014 年签订《全面战略合作协议》,进一步扩大合作范围,包括联合培养博士生、开设本科生"菁英班",促进科技成果的产业化培育与转化。2015 年获批天津市研究生校外教育实践创新基地。联合培养基地严格执行学校、研究所及企业的规章管理制度,实行"学校导师+基地导师+企业导师"的三导师制联合培养运行模式。

基地建设以来,各项工作稳步推进,研究生进驻后运行情况良好。基地已有 30 余位导师具备招收研究生的资格,其中 90% 来自海外,且全部具有博士学历和副高级以上职称;已联合开设"生物工程专题""发酵工程进展""新药设计与开发""制药工程专题讲座"4 门课程;基地每年邀请 80 余名国内外知名专家进行学术交流,校所双方轮流举办"青年科技骨干学术交流会""研究生开题、中期报告学术交流会";基地以解决合作企业生产实践中的实际问题为出发点,校、所、企三方联合攻关科研项目,共同组成联合指导组,共同指导研究生学位论文,包括"高产赖氨酸菌种研发""发酵法生产丁二酸"在内的多个项目正在进行中试或实现产业化;基地每年投入超过 100 万元经费用于联合培养研究生的日常学习、生活和科研奖励。

三方共同建设了"工业酶国家工程实验室",并在课题申报、研究生创新实践领域开展广泛合作,多项项目正处在研发或临床 I 期阶段,有些项目已进行中试或投产。近五年,已联合培养研究生 161 人,发表论文 190 余篇,其中 SCI/EI 论文 60 余篇、影响因子大于 5 的近 10 篇、封面文章 12 篇,授权发明专利 6 项,22 名优秀毕业生到中科院天津工业生物技术研究所工作,31 名优秀毕业生到康希诺生物股份公司工作。有近 24% 的毕业生到研究所工作或继续深造,20％的毕业生到合作企业从事技术研发工作,基地建设以来毕业生就业率100％,其中5％自主创业。基地为全日制工程硕士提供了很好的实践实习和创新平台,增强了研究生实践创新能力和技能,提高了人才培养质量。

二、建设情况

天津科技大学与中国科学院天津工业生物技术研究所以及康希诺生物股份公司共同建立的人才培养平台,已开始联合招收硕士研究生,具有联合培养研究生资格的导师30余人,并且导师队伍每年都在稳定增长。目前联合培养基地已解决组织架构、运行机制和管理体制等方面的问题。

1. 组织架构方面

紧密依托大学、研究所及企业,成立导师与学生有关的管理部门。此外,联合培养基地设有综合处、科技发展处、人事教育处等多个内设机构,建立学生突发情况应急处理机制和日常心理辅导联动机制,保证研究生在学期间的全面发展。

2. 运行机制方面

本基地以培养高层次、复合型创新人才为建设总体目标,整合双方的优势资源,促进相关学科的交叉融合,培养研究生的团队意识、创新思维和创新能力,促进研究生全面发展。联合培养基地实行"学校导师＋基地导师＋企业导师"的三导师制,建立起校内导师和基地导师共同负责研究生的科研实验和学位论文、企业导师负责自主创业等内容的指导运行机制。

3. 管理体制方面

基地和建设单位组成联合评审组,对整个培养过程实施全程管理,建立原始数据核查机制和论文评审一票否决机制,不断提高研究生培养质量。

三、基地特色

基地始终围绕"科学研究、技术创新、产业培育、研究生教育"四位一体的发展模式,形成了一些符合三方发展定位及合作目标的特色之处和一些经验,主要有以下几点:

1. 紧密依托产业技术创新战略联盟培养人才

目前由研究所牵头组织的"工业酶产业技术创新战略联盟"已经获科技部批准成为国家产业技术创新战略试点联盟,为专业型研究生提供信息共享与知识学习的平台,实现高水平人才的培养和创新技术的进步。

2. 区域内"产学研"强强联合

天津科技大学地处天津市经济技术开发区,是滨海新区内唯一整建制高校,学院特色鲜明;中科院天津工业生物技术研究所地处天津空港经济区内,是中国科学院在天津市唯一的整建制研究所,科研实力雄厚;康希诺生物股份公司地处天津市经济技术开发区西区,拥有5个疫苗的临床批件,在塞拉利昂完成重组埃博拉疫苗的二期临床研究,拥有极具竞争力的疫苗产品群。因此,三方的强强联合,既具有得天独厚的地理优势,又有各自优势互补。借助基地的力量,极大地整合了区域内的资源,在培养和输送滨海新区优秀人才和支持滨海新区建设方面起到了战略性的作用。

3．加大职业培训和创业教育力度

联合培养基地在团队合作、项目管理、人事管理、沟通技能和安全意识等方面制订了一套适合生物工程领域专业学位研究生的职业培训计划。此外,基地加大创业教育的规模和力度,通过模拟创业环节,让学生熟悉创业的整个流程,激发学生的创新思维,提高学生的就业能力。

4．改革评估机制

联合培养基地在新的培养机制下,注重培养过程的管理,如精品课程、优秀教材、实践环节、创业教育环节、考核环节等,同时可以引入第三方评价机构,按不同的对象制定分类评估机制,提高教育质量评估的科学性和客观性。

四、建设成效

天津科技大学与中国科学院天津工业生物技术研究所和康希诺生物股份公司达成合作意向,联合招收硕士研究生。近五年来,已联合培养研究生160余人,并取得显著成效,有22人留在研究所工作,16人进入与基地建有合作关系的企业工作,31名优秀毕业生到康希诺生物股份公司工作。

五、典型案例

典型案例 1

注重人才培养,加强过程管控

基地建设伊始,三方都十分重视研究生的过程培养。首先,由双方导师和企业导师组成联合培养导师组,与研究生共同制定培养方案。其次,建立原始数据核查机制,每位研究生的实习记录本进行编号和实名制登记,研究生在基地期间的所有实验数据和图表必须记录或粘贴在实验记录本上,并保证真实和完整。再次,严格过程管理,三方导师共同把控开题、中期和学位论文答辩各个环节。最后,实施论文评审一票否决机制。研究生毕业论文评审实施内部审核和外部盲审相结合的双重审核制度,特别是在外部盲审环节,评阅人由基地教育管理部门根据研究生论文的研究方向从专家评审库中随机抽取进行,研究生及其导师全程不参与,保证了评审的真实性和有效性。

典型案例 2

促进学科交叉，创新培养成果

基地自建设以来，始终以学科建设作为研究生教育工作的核心，不断凝练学科特色，逐步构建了以生物学为基础，融合化学、物理学、工程学、计算机科学等多学科的"新生物学"理念，促进多学科的交叉与融合。在此基础上，基地开展了多项创新性、前瞻性的科研活动，自行研发了多台（套）仪器设备，以满足探索性科研工作的需要。

番茄红素细胞工厂项目的研发过程中，多名联合培养研究生参与了小型并联发酵设备的研发工作，自行研发的这套设备成本只有 1 万元，完全替代了国外 20 万元一个的发酵罐，并且可以根据物料和产品的不同进行模块化改装，已获得了国家发明专利。在微生物高通量筛选项目的研发过程中，多名联合培养研究生作为主要承担者自行设计、制造了"液滴微流控分选系统"，简化了操作流程，降低了成本，一代产品性能可以与国外昂贵的同类型设备媲美，目前正在开发第二代产品，预计两三年内可以推向市场。

典型案例 3

推进成果转化，服务社会

以实践基地为平台，生物产业联盟深度融合，研究生积极参与横向课题，推进成果转化并就业于联盟企业。发酵法生产丁二酸横向课题共有 8 个研究组的 11 名联合培养硕士生参与项目工作，目前已突破了天然微生物合成丁二酸原料转化率低的问题，生物制造路线以可再生木薯淀粉糖为原料，转化率接近理论值；开发了相应的发酵和提取工艺，成本降低至 1.2 万元/吨，产品质量达到聚合级；在山东兰典完成了万吨级丁二酸工业化生产线，为全生物基 PBS 可降解塑料产业发展提供了支撑。依托该项目研究生共发表 6 篇高水平 SCI 文章（其中 4 篇研究生为第一作者），5 项专利，包括 2 项 PCT 专利。

高产赖氨酸菌株的研发项目共 7 个研究组的 12 名联合培养硕士生作为项目骨干，分析了 1500 份专利和 20 余赖氨酸工业菌种基因组，已建立了高通量筛选系统和菌种定制技术体系，突破了赖氨酸、谷氨酸、苏氨酸等几个大品种的核心菌种专利，获得新工业菌株，上述 3 个品种占行业产能的 96%，其中赖氨酸菌种已在中粮建设 10 万吨生产线，创造净利润近亿元。依托该项目研究生发表 5 篇高水平 SCI 文章（其中 2 篇研究生为第一作者），4 项专利，包括 1 项 PCT 专利。依托以上项目，有 3 名研究生在安琪酵母和中粮集团等大型企业就业。

典型案例 4

加强国际联合，推动创新研发

以合成疫苗协同创新中心为依托，国家国际科技合作基地为基础，多名联合培养研究生积极承担新型结核疫苗的研发，与企业签订横向项目 1 项，研发经费 100 万，先后合成出 PGL-tb1 结合疫苗和 AM-CRM197 拟糖蛋白缀合物，申请到省部级项目 1 项，并与国外的 ARES 机构合作进行免疫活性评价，动物实验结果表明本研究成果是一种非常有潜力的结核疫苗候选物，有重要的开发价值。基于此，共同申请 Bill & Melinda Gates 基金 1 项，研究生发表 3 篇高水平 SCI 论文，申请专利 1 项，有 1 名研究生留在康希诺公司继续从事研发工作，2 名研究生在国内知名药企就业。

天津科技大学硕士生在中国科学院天津工业生物技术研究所基地进行氨基酸工业菌种创新项目实践

天津科技大学硕士生在中国科学院天津工业生物技术研究所基地进行微生物高通量筛选项目实践

天津科技大学硕士生在中国科学院天津工业生物技术研究所基地进行人工合成细胞工厂项目实践

天津科技大学硕士生在中国科学院天津工业生物技术
研究所基地进行羟脯氨酸的生物催化项目实践

天津科技大学硕士生在康希诺生物股份公司研究生培养基
地进行无动物源破伤风类毒素的生产工艺项目实践

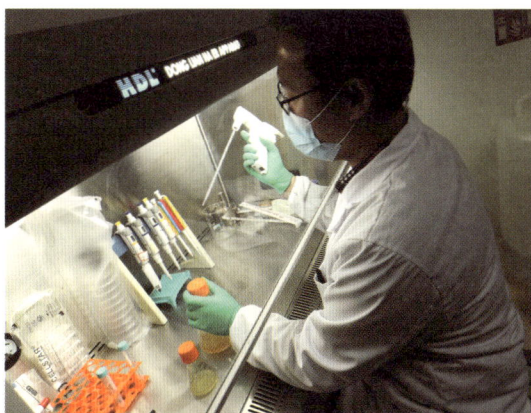

天津科技大学硕士生在康希诺生物股份公司研究
生培养基地进行肺炎细胞壁多糖项目实践

天津科技大学硕士生在康希诺生物股份公司研究生培养基地进行流感嗜血杆菌 D 蛋白的制备及其结合疫苗的研制项目实践

一、基地简介

1. 基地名称

智能电力装备与系统研究生联合培养创新实践基地。

2. 联合培养单位

国网辽宁省电力有限公司大连供电公司培训中心。

3. 培养单位

大连理工大学。

4. 建立时间

2012 年 9 月 3 日。

5. 基地概况

"智能电力装备与系统研究生联合培养创新实践基地"(以下简称基地)由大连理工大学电气工程学院与国网辽宁省电力有限公司大连供电公司培训中心联合建设,面向电气工程学科领域,基地的业务范围主要包括全日制专业学位研究生实践教育环节的培养和企业在职工程硕士研究生的教育培训。

国网辽宁省电力有限公司大连供电公司培训中心隶属于辽宁省电力有限公司,该公司包括大连供电公司、检修分公司、电力科学研究院、信息通信分公司等 24 家单位。大连供电公司培训中心面向 24 家单位,是集管理类、生产技术技能类培训、职业技能鉴定、管理技术咨询服务于一体的综合性人才培养基地。"智能电力装备与系统研究生联合培养创新实践基地"以国网辽宁省电力有限公司大连供电公司培训中心为平台,依靠该中心对电力企业的辐射作用,以电力行业发展需求为导向,主动寻求与行业在人才培养上的合作,促进行业由单纯的用人单位向联合培养单位转变。

大连理工大学电气工程学院与国网辽宁省电力有限公司大连供电公司培训中心深度合作,签订人才培养战略合作协议,共同确定培养目标,制定培养标准,设计培养模式,完善培养方案,设置课程体系,编制审定教材,更新教学内容,联合开展专业学位研究生和在职工程硕士的培养。

二、建设情况

建立依托校企合作的培养创新型工程人才的教学模式,构建"产学研"合作教育的"双师"队伍,建立多层次递进的实践教学体系,形成依托校企合作的多种形式、多种渠道联合培养创新型工程人才实践基地机制。通过一段时间的不断积累和完善,建成具有专业特色的实践教育体系和"产学研"合作教育创新平台,以及多样化应用型人才的培养模式。

(1)建立特色鲜明的课程体系。全日制工程硕士生实行 3 年学制,全面调研国内外高校相同学科的教育制度和相关行业的人才需求,修订培养目标和培养方案,完成核心课程教学大纲的设计及讲义的修订和编制。

(2)行业前沿课程建设。邀请高校知名教授、研究员、行业专家来校开设讲座,让学生了解目前的行业状况、发展趋势和就业需求。行业前沿技术课程的开设拓宽了学生的视野,让学生更好地了解本专业最新的国内外研究进展及研究热点,学生反响非常好,认为在接下来的学习中能准确地找准方向,有针对性地就自己方向的前沿问题做更深入的研究,有想法地去做本方向的研究课题。

(3)建立实践教学基地运行规范,形成工作机制,将校企合作模式整体纳入高校的教学建设与运行工作体系中去,并上升到企业的基本工作范畴,把实践教学基地建设纳入校企双方的工作范畴之内,有组织、有计划地进行。

(4)立足电力产业结构实际情况与我校电气工程专业特点,与企业共同设定创新实践教育,并制定科研实践过程规范,包括签订企业实践指导协议,成立实践教学工作组,明确双方职责,配备相应专、兼职管理人员等;实践环节由校企双方共同组成师资队伍完成,企业指导老师主要由具有实践经验的科技人员担任,校企双方明确各自的责任和权利。

三、基地特色

智能电力装备与系统研究生联合培养创新实践基地的专业学位研究生在学期间,必须参加由学校认可的实践项目,提高实践能力。学校认可的专业实践项目包括研究生科研实践基地的实践工作、导师横向科研项目所涉及的现场实验和实践工作。研究生从事的实践内容和毕业论文都与企业和导师的研究课题紧密相关,这些课题大多来自企业的实际生产需求,研究生以项目组成员的方式加入课题组,在校内导师和企业导师的联合指导下,完成项目研究。这种实践基地内的项目协同模式打破了学校和企业的界限,打破了课程学习和实践研究的界限,以明确的校企合作项目为纽带,有效汇集高校和企业的资源、要素,实现了校企培养人才的新模式。

四、建设成效

实践基地由大连理工大学牵头组建,目前基地内有校内研究生导师 40 人,其中教授 16人,企业指导教师 11 人,近三年进入实习基地实习的研究生人数达 54 人,已毕业研究生 13

人,基地每年提供适合专业学位研究生培养的项目数 10 余项。通过基地建设,在人才培养、"产学研"科研合作等方面取得了丰硕的成果。近三年,指导教师和研究生申请专利 10 余项,发表论文 40 余篇。研究生的实践能力和创新能力显著提高,就业竞争力明显提升,就业率达 100%,其中 50% 以上进入了国有大中型企业,研究生的素质获得了企业的高度认可。

五、典型案例

典型案例 1

高功率密度永磁同步电机设计与磁热耦合分析

本研究生实践课题来自国网辽宁省电力有限公司电力科学研究院的四旋翼无人机架空线故障巡视项目,根据实际工作要求,设计了一台额定功率 12kW、额定转矩 72.8N·m 的专用特种永磁同步电机,该电机与普通永磁同步电机的区别在于功率密度高、工作情景要求工作时间不超过 1h,质量要求不超过 20kg。该课题有 2 名研究生参与研究,图 1 和图 2 所示为八极九槽永磁同步电机的设计和仿真结果,该结果为企业解决技术难题提供了数据支持。

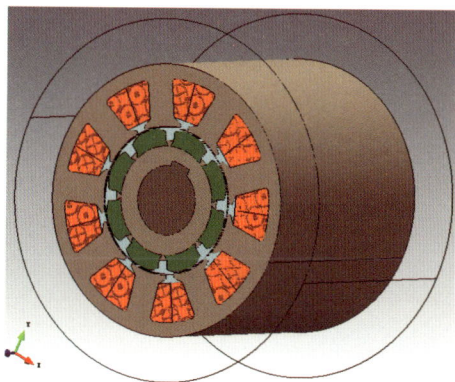

图 1　永磁同步电机三维仿真模型　　　　图 2　二维磁通密度仿真结果

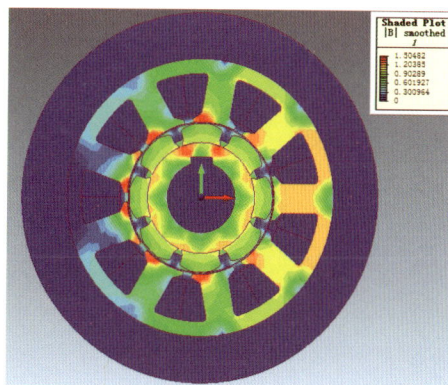

典型案例 2

基于模糊控制的直流电机控制器设计

本研究生实践课题来自国网辽宁省电力有限公司检修分公司,主要目的是解决机械式电机启动器噪声大、故障率高等工程问题。直流电动机在启动时会产生 10~20 倍额定电流的启动电流,较大的启动电流使绕组由于过热而损坏,并且对电网造成冲击,污染电源。本设计不仅实现在整个起动过程中无冲击而平滑地起动电机,而且可根据电动机负载的特性来调节起动过程中的参数,如限流值、起动时间等。此外,它还具有多种电机保护功能,这就从根本上解决了传统的降压起动设备的诸多弊端。该课题有 3 名研究生参与了研究,目前该控制器已实际进入工业应用,图 3 和图 4 为原方案与新的设计方案。

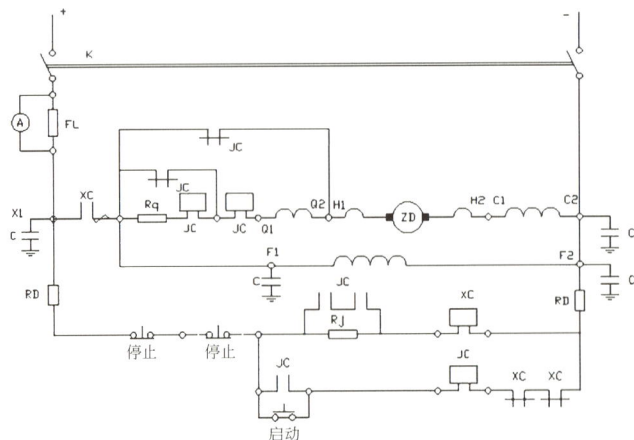

图 3 机械式电机启动器方案图

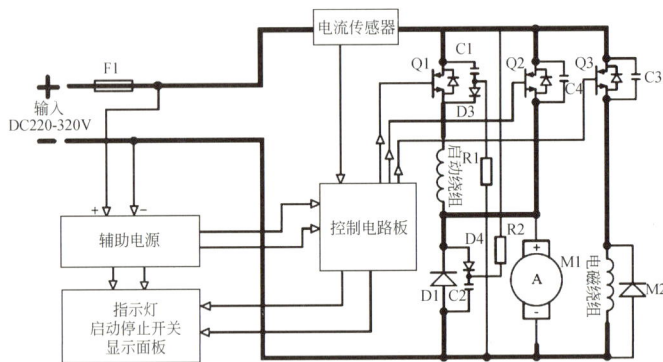

图 4 模糊控制的电机启动器方案图

典型案例 3

新型多针式垂直接地系统的应用

　　大连理工大学电气工程学院孙长海带领的课题组长期致力于电介质理论基础、绝缘材料微观老化机理探索,其中有 6 名研究生参与了课题研究。在与国网辽宁省电力有限公司大连供电公司的长期合作中,针对所提出的复杂地势中建筑群的接地问题进行实践研究,其中前期研究获得了大连市科技计划项目"新型建筑群多针式垂直接地系统"的资助;相关研究成果在国网辽宁省电力有限公司大连供电公司的协助下结合变电站需求进行拓展并推广,最终形成应用成果"新型多针式垂直接地系统"(专利号:201520862725.1)。该系统是一种能够有效降低接地网接地电阻,防止接地体腐蚀的全新接地系统。该系统以研发的基 Cu 合金 CrNi 复合材料作为垂直接地体,有效增大电流泄放速度,而且复合材料耐腐蚀性能强,有利于延长接地系统寿命。该项目成果成功应用于 110kV 日新变电站,有效解决了 110kV 日新变电站原接地网电阻过高、接地体严重腐蚀的问题。此外该成果已被列入国网山东省电力公司 2017 年科信部科技项目进行转化应用。图 5 和图 6 分别为新型多针式垂直接地系统现场施工图和示意图。

图 5　新型多针式垂直接地系统现场施工图

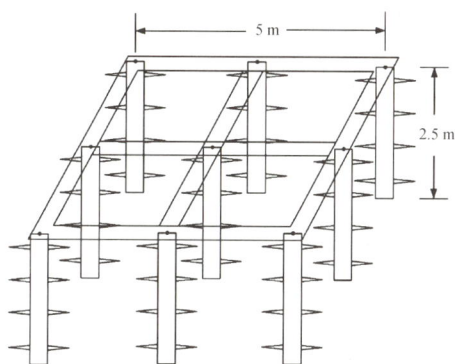

图 6.　新型多针式垂直接地系统

大连理工大学电气工程领域工程硕士生在智能电力装备与系统
研究生联合培养创新实践基地进行"电缆故障探测"项目实践

大连理工大学电气工程领域工程硕士生在智能电力装备与系统研究生联合培养创新实践基地进行"变电仿真"项目实践

大连理工大学电气工程领域工程硕士生在智能电力装备与系统研究生联合培养创新实践基地进行研究生实践总结

大连理工大学电气工程领域工程硕士生在智能电力装备与系统研究生联合培养创新实践基地进行"电力金具"现场培训

吉林大学机械工程专业学位研究生培养实践基地

一、基地简介

　　吉林大学机械科学与工程学院和长春机械科学研究院有限公司于 2013 年开展合作,并于 2013 年 6 月签订协议共建校外实习实训创新创业基地——机械工程专业学位研究生培养实践基地。组成"产学研"合作共同体,通过"产学研"合作培养高层次、创新型实用人才,为高等学校高层次、创新型实用人才的培养提供了合理的途径。提升了专业学位研究生培养质量,以"产学研"合作平台建设为手段,从高校、学院和企业之间的合作模式到完善"产学研"合作教育的建设体系进行探索,实现了优化专业学位研究生培养机制,达到了提升高层次、创新型实用人才培养质量的目标。

　　在研究生导师与企业的科研合作中,根据学生研究课题的内容,选聘学术功底深厚、实践经验丰富和科研能力强的企业专家担任指导教师,开展"双导师制"模式,即学校的"学业导师"和企业的"职业导师"共同指导和培养学生。

　　机械科学与工程学院和长春机械科学研究院有限公司双方共同承担国家重大科学仪器设备开发专项、国家 863 计划重大项目、吉林省战略新兴产业重点项目等一系列高水平科研项目,以"产学研"用合作创新模式为基础,以优势互补、合作共赢为出发点,以培养创新实践型高水平人才为目标,开展人才培养方面的深入合作,稳步将长春机械科学研究院有限公司建成机械工程专业学位研究生实践教学和科研训练基地。

　　结合长春机械科学研究院有限公司人员规模、场地、仪器设备以及办公生活空间等情况,依据合作协议,基地每年可容纳 150 名左右的专业学位硕士研究生进行实习实践,以机械科学与工程学院近五年平均每年招收 80 名专业学位硕士研究生的规模,完全满足需求。实习期间,长春机械科学研究院有限公司除提供常规参观、讲授、报告及文化交流等内容外,还安排有经验的工程师带领学生在生产线上分组从事实际操作。

二、建设情况

1. 师资队伍建设

　　长春机械科学研究院有限公司和吉林大学机械科学与工程学院建立有长期的合作机制,在国家重大科学仪器设备开发专项、国家 863 重大项目等项目上保持了长期的合作关系,同时共同建立了博士后流动站和院士工作站,这些都为专业学位硕士实习实践环节提供了保障和基础。

为满足机械工程专业学位研究生的培养要求,结合"学位研究生培养实践基地"建设的需要,我院对师资队伍进行了调整,建立了双导师培养制度,即学校的"学业导师"和企业的"职业导师"共同指导和培养学生。建设"双导师制",其目的在于提高研究生的实践及创新能力,并将理论与实践充分结合,实现"产学研"的统一。

(1)导师遴选。对来自高校的导师应该侧重于考察其对研究领域前沿理论的探索或创新性的学术成果;而对来自企业界的导师则应该侧重于考核其对先进技术或管理的应用成效。

(2)责任分工。"双导师制"的优势在于具有不同专业特长的导师可以从不同的领域对学生进行指导,因此,明确导师的责任分工将更有利于创新人才的培养。

(3)指导内容。学业导师负责向学生传授前沿知识和学习方法,并构建课程学习体系,引导学生创新性地解决科学问题,让学生在学习和从事科研活动中,逐渐培养对科研的兴趣,领悟科学研究方法,提高自身的专业技能与创新能力;而企业导师指导学生完成项目的设计、可行性分析和实践,训练研究生的综合系统科研能力,从而提高人才培养的质量。

双导师制的建立,能有效增强双方的交流合作,促进校企双方的人员交流,通过探讨,共同制定涵盖从设计到生产销售的十大板块,为专业学位硕士研究生的个人能力提供保障,确定设计实习实践内容,导师、学生人员配置(以"一带三"的模式进行),确定实践课程规模(实践课程以 20 人的规模进行),确立学生质量保障体系(加强教学成果反馈机制,跟进学习进度)以及完善资金保障体系,保障基地的持续运行。

2. "十大板块"实践项目建设

为全面提高专业学位硕士研究生的综合素养,根据十大板块的内容,吉林大学机械工程学院专业学位研究生培养实践基地针对性地开设十大板块共 50 个实践项目,在培养的同时也注重学生的学习兴趣,充分调动学生的学习兴趣与热情。具体十大板块见表 1。

表 1 专业学位研究生实习实践十大板块架构体系

实践创新能力	职业综合素质
机械装备设计分析实践	机电产品技术经济性分析
传感器/执行器研制调试	职业道德与综合素养
机电系统综合设计实践	产品工程化产业化分析
机电系统集成调试实践	产品的行业市场需求分析
机电系统误差分析与校正	产品可靠性可维护性分析

3. 基地运行管理模式建设

学院专门成立了"机械工程专业学位研究生培养实践基地"工作组,由学院研究生管理人员、教学管理人员和企业总经理、人事部门职员、营销部职员等共同组成,负责研究生赴基地从事实习、实训活动以及开展科研和创新创业训练的具体安排,保证学院和企业的良好沟通,做好各种管理和筹备工作,确保专业学位研究生校外实践实习的顺利进行。在成立工作组的基础上,双方共同负责制定基地的建设规划和各种规章制度,并定期组织召开工作会议,推进实践基地建设以及人才培养的顺利进行。

在工作组的基础上,双方共同制定基地的建设规划和各种规章制度,并定期组织召开工作会议,推进实践基地建设以及人才培养的顺利进行。组织管理体系是机械工程专业学位研究生培养实践基地的决策、指挥和执行系统,包括校外培养实践实习基地领导小组和工作小组两个部分。

三、基地特色

面向国家人才培养的重大需求和实现东北振兴的现实,需要形成机械工程专业学位研究生联合实习实践环节的优势和特色。

(1) 稳步建设了产品市场需求分析、产品设计分析、部件开发、集成调试、工程化产业化实施、产品可靠性与可维护性等覆盖产品整个生命周期的全方位实习实践内容体系,且具有显著的行业特色;

(2) 兼顾创新实践能力与职业综合素养的实习实践内容体系;

(3) 研究生联合培养的十大板块内容设置,充分兼顾了基础、专业、实习实践、人文道德和职业精神的综合培养;

(4) 符合专业学位研究生人才培养规律的校内外实践环节建设;

(5) 校内外兼顾两条主线的实践基地建设。

"机械工程专业学位研究生培养实践基地"的建设,就是要在当前高等教育大规模发展、质量问题日渐突出的背景下,高校和企业综合运用各自的特色和优势,通过共建"产学研"合作平台,解决人才培养目标与社会需求脱节、人才培养方向与科技发展脱节、人才培养过程与社会实践脱节的问题。整体培养体系覆盖市场需求分析、产品设计开发到可靠性分析与可维护性分析等产品整个生命周期的十大内容板块,又将其分为以下四部分:

第一,产品设计分析实践。从产品的工业市场需求分析入手,由师生共同完成分析和诊断,提出需求点和解决方法,进行机械装备设计分析实践、机电系统综合设计实践以及机电系统集成调试实践,并确立最终方案。

第二,实践调试。通过已完成的装备设计与机电系统集成设计,进行模拟仿真、集成调试以及传感器与执行器调试,获得实验数据,并进行机电系统误差分析与校正,不断优化产品。

第三,职业道德与综合素养。树立正确的人生观、世界观、价值观,进行正确的思想政治教育,增加学生东北振兴与人才强国的责任感和社会使命感,全面提升专业学位硕士研究生各方面能力。

第四,市场分析。进行产品技术经济性分析、产业化分析,通过对产品可靠性与可维护性进行分析,以及对产品的经济性、可靠性和可维修性进行分析,减少产品的故障率,缩短生产周期,保证产品的可靠性、可互换性、结构简单性以及安全性,进而降低生产成本,实现均衡生产,提高生产效率,实现具有高可靠性、高可维修性的经济实用型产品。

四、建设成效

结合长春机械科学研究院有限公司人员规模、场地、仪器设备以及办公生活空间等情况,依据合作协议,基地每年可容纳150名专业学位硕士研究生进行实习实践,以机械科学与工程学院近五年平均每年招收80名专业学位硕士研究生的规模,完全满足需求。依据实习实践计划,每年安排超过50位(近三年实习人数分别为51、62、72)专业学位硕士研究生赴长春机械科学研究院有限公司开展现场实习实践工作。实习期间,长春机械科学研究院有限公司除提供参观、讲授、报告、研讨、现场实习实践、技术交流与研讨等常规实习实践内容,还特别配备了创新实践能力培养与职业综合素养提升的十个板块的实习实践专题,涵盖了50个具有"产学研用"合作特征的专题实践项目。学院在研究生培养中,先后聘请长春机械科学研究院有限公司高级技术人员74人次作为企业合作导师,聘请长春机械科学研究院有限公司董事长庄庆伟教授级高工任机械科学与工程学院研究生培养指导委员会委员。

吉林大学机械工程专业学位研究生培养实践基地自建立以来,秉持以培养人、吸引人、使用人、发掘人为核心的人才战略目标,解决人才培养目标与社会需求脱节、人才培养方向与科技发展脱节、人才培养过程与社会实践脱节的问题,并树立工程教育"新理念",打造具有竞争力的工程教育"新质量",建立中国特色工程教育"新体系",在加强技能训练与岗位能力需求的对接和增强学生实践能力的过程中培养出了许多优秀学生。基地培养的学生就业前景广阔,对就业公司的选择性多,包括各大国企、私企以及外企,已就职的学生在企业中皆担任要职。

五、典型案例

典型案例 1

马敬春(工程博士)

2013年考取机械工程学科先进制造领域工程博士,主要从事材料试验机与精密校直装备的研制开发及产业化实施工作。现任国机集团中国农机院副院长、长春机械科学研究院有限公司总经理。马敬春博士是我国材料试验机领域培养的首个工程博士。经过工程博士联合培养后,马敬春个人能力和综合素质有了显著提升,2015年开始任长春机械科学研究院有限公司总经理,2016年开始兼任国机集团中国农机院副院长,并任国家材料试验机标准化技术委员会副主任委员和国家仪器仪表学会试验机分会副会长。

典型案例 2

周华(工程博士)

2016年考取机械工程学科先进制造领域工程博士,现任国家轿车质量监督检验中心主任,中国汽车研究中心汽车试验研究所所长。先后担任试验所发展规划室主任、宁波汽车零部件检测有限公司总经理、卡达克机动车质量检验中心(宁波)有限公司总经理、中国汽车技术研究中心汽车试验研究所所长等职务,期间被中国汽车技术研究中心评为机械工程专业的高级工程师。长期致力于与汽车检测技术研究与开发工作,是国家发改委汽车新产品审核专家、国家工信部汽车准入审核专家。

典型案例 3

史成利(专业学位硕士)

吉林大学本科毕业后以优异成绩被推荐免试攻读硕士学位。研究生期间连续两年综合成绩排名第一,累计发表中英文论文 9 篇,其中作为第一作者发表 SCI 论文 3 篇,授权国家发明专利 5 件,参与发明的专利在企业得到转化实施(作价入股 2748 万元),作为主要完成人获吉林省自然科学学术成果奖二等奖,获国家奖学金、国家励志奖学金、博世奖学金和吉林大学优秀研究生等奖励和荣誉称号。现作为主要研发骨干任职于森萨塔公司。

哈尔滨工业大学机械工程领域专业学位研究生联合培养示范基地

一、基地简介

此次申报的"机械工程领域专业学位研究生联合培养示范基地"由哈尔滨工业大学机电工程学院(简称哈工大机电学院)作为培养单位,北京空间飞行器总体设计部(简称总体部)和北京卫星制造厂(简称529厂)作为企业联合单位共同申报。

总体部和529厂均为我国航天领域的主干企业,在航天器设计、研发、制造、试验等方面具有雄厚的科研水平和技术实力。哈工大机电学院与总体部和529厂具有长期稳定的"产学研"合作关系,2007年和2010年,分别与总体部和529厂联合成立了"空间机械科学与技术联合实验室"和"宇航材料与制造技术联合研发中心",标志着哈工大机电学院与总体部和529厂在产品开发、技术攻关和人才培养方面进入全面合作阶段。以此为基础,2012年哈工大机电学院分别与总体部和529厂签署了"机械工程领域研究生校企联合培养协议",创建"机械工程领域研究生联合培养实践基地",每年安排20~30名专业学位研究生进驻联合培养基地进行6个月以上的工程实践,研究生参与实际工程项目中,在企业导师和校内导师的联合指导下完成硕士论文工作。联合培养基地经过5年来的实际运行,形成了"产学研"结合的培养体制和管理体系,取得了良好的培养效果。

二、建设情况

1. 双师队伍建设及培养模式探索

以提升学生的就业竞争力、职业胜任力和职业发展潜力为主线,引入动态调节机制,制定了导师遴选及管理办法、师生互选、校内与企业导师的职责以及异地分段式双导师培养流程等系列培养规范和措施,确保了学生快速适应工程环境。目前基地的导师人数为112人,其中校内导师70人、企业导师42人。

2. 实践条件建设

总体部建有帆板、机构、机械臂、综合测试等专业实验室,529厂建有复合材料、试验检测、特种工艺、流体工程、天体采样探测等专业实验室,形成了对培养基地研究生开放的专业实验室集群,使联合培养基地拥有世界先进、国内领先的航天器研发与试验条件。

3．实践项目及实践教学设置

基地实践项目分为企业工程项目、校企合作项目和企业预先研究项目等，相比于校内培养模式，学生直接置身于实践教学现场，实践项目更丰富，实践教学内容更贴近工程，实践考核方式更明确。

4．管理制度建设

签署了"机械工程领域研究生校企联合培养协议""研究生校企联合培养实践基地管理办法"等系列文件，制定了研究生资助与奖惩制度，形成了若干管理规范和细则，确保了联合培养基地的高效运行。

三、基地特色

协作牵引、优势互补的领域强强联合是基地建设的核心；立体化合作框架、全方位支撑体系是基地建设的制度保障；企办神舟学院与学校的无缝对接是基地管理模式的创新；多方共赢愿景与航天育人文化的结合是基地良性运行的动力；政治思想教育与航天精神传承是基地建设的灵魂。

四、建设成效

1．培养规模

自 2010 年起，哈工大机电学院向总体部和 529 厂派遣研究生总数达到 110 人，其中近三年在培养基地实践 6 个月以上学生人数累计达 72 人，参加实践学生人数逐年增长，2017 年已达到 30 人。

2．建设成效

近三年来，联合培养研究生解决了若干技术难题，参与的科研项目达 52 项，总经费达 1.35 亿元，申报国家发明专利 66 项（已授权 38 项），发表学术论文 68 篇，成果已应用到实际工程任务中。联合培养基地获得国家科技奖励 2 项、省部级科技奖励 2 项。

五、典型案例

典型案例 1

空间机械臂研究团队

近三年来共有 10 名硕士研究生参与基地团队中，如 2012 级周诚、尹斌和 2014 级宋少华提出了冗余机械臂的避障控制方法；2013 级夏严峰、陈少帅创新设计出关节控制器、柔性关节及小型谐波减速器；2012 级高文锐研制出空间机械臂多种末端操作工具。

典型案例 2

月面采样技术团队

近三年来共有 21 位硕士研究生参与月面采样技术团队中,如 2012 级秦艺伟、唐均跃、戴均、陈化智,2013 级王刚、朱伟伟、胡翔凯、王国星等,攻克了月面采样机构、采样机具等方面的技术难题,取得的研究成果已用于"嫦娥五号"月面采样任务中。其中王国星被 529 厂聘用,现已成为现代制造中心研发组组长。

典型案例 3

空间折展机构研究团队

近三年来共有 10 位硕士研究生参与基地团队中,如 2012 级李洪信攻克了可展开平面天线机构仿真与地面试验技术;2013 级李忠杰、史创、李冰岩分别设计出固面式聚光镜机构、环形桁架天线机构和张拉式天线机构;2014 级高明星完成了光学主镜展开机构样机的设计与实验,相关成果应用于空间站某演示验证项目中。

典型案例 4

连接与分离技术研究团队

近三年来共有 6 名硕士研究生参与基地团队中,如 2012 级周少程、吴君分别研制出飞行器舱门可重复锁紧机构和大承载分布式空间机械臂锁紧释放机构;2014 级彭金圣提出一种重载飞轮螺母低冲击解锁触发装置。其中吴君已被 529 厂聘用,现任技术组组长。

哈尔滨工程大学与环境保护部核与辐射安全中心联合培养研究生实践基地

一、基地简介

1. 培养单位

哈尔滨工程大学是我国"三海一核"领域重要的人才培养基地,是国内最早设置核专业的高校之一。核学院是国内重点高校设立的第一个"核学院",专门为我国培养核动力领域从事科学研究、设计开发的专业人才;拥有"核科学与技术"一级学科博士后科研流动站、"核科学与技术"一级学科博士学位授权点和硕士学位授权点;拥有国家外国专家局、教育部"111学科创新引智基地"、国家级虚拟仿真实验教学中心、国防重点学科实验室、黑龙江省高校重点实验室、黑龙江省实验教学示范中心等,实验室总面积1万余平方米;现有教职工69人,专任教师54人,其中正高级专业技术职务16人,副高级专业技术职务15人;现有博士生导师12人,硕士生导师36人;聘请国内外知名学者15人,兼职(客座)教授9人,中国工程院院士2人,国际学术大师2人;拥有国防科技创新团队1个,教育部科技创新团队1个;拥有"新世纪百千万人才工程"国家级人选1人,省部级有突出贡献专家2人,享受国务院政府特殊津贴专家2人,"龙江学者"2人,教育部教学指导委员会副主任委员1人,国务院学科评议组成员1人,国防科技工业"511"人才1人,黑龙江省优秀中青年专家2人,省部级有突出贡献专家2人,黑龙江省教学名师1人,实验技术岗位教师7人,师资队伍数量充足,整体水平较高,结构合理,能够为学生提供足够的支持和指导。

2. 联合培养单位

环境保护部核与辐射安全中心是我国唯一专业从事核安全与辐射环境监督管理技术保障的公益性事业单位,为我国民用核设施及辐射环境安全监管提供全方位的技术支持和技术保障,现有人员600人,拥有一支政治素质好、专业学科齐全、技术力量雄厚的核与辐射安全技术队伍,每年可接受硕士研究生20人左右开展工程实践。

3. 基地概况

哈尔滨工程大学与环境保护部核与辐射安全中心联合培养研究生实践基地是依托哈尔滨工程大学和环境保护部核与辐射安全中心共同建立的专业学位研究生培养基地。哈尔滨工程大学与环境保护部核与辐射安全中心是多年的战略合作伙伴,在人才培养、科学研究等方面开展了多方位深度合作。

二、建设情况

实践基地负责落实全日制工程硕士培养方案中的企业学习阶段的任务,为了形成稳定的运行机制、管理与运行规范,基地建立了一整套基地管理制度和运行模式。

1.成立基地管理委员会

实践基地管理委员会设主任 1 名,主持基地日常管理工作;副主任 1 名,负责研究生在校期间管理工作;委员 3 名,分别为两家单位以及研究生院领导。下设基地办公室,具体负责基地的实践教学管理和学生管理工作。

2.管理模式

研究生联合培养实践基地的管理委员会下设办公室在环境保护部核与辐射安全中心研究所,主任、副主任分别为研究所所长以及人事处领导和哈尔滨工程大学研究生院副院长。办公室具体负责完成各项任务的落实工作,包括制度的建立、保密责任书的签订、联合培养导师的分配、培养计划的制订、开题及答辩等培养环节的落实。其中涉及的培养环节完全实行双导师负责制,实践环节由基地指导教师进行合理的分配与布置,将实践内容与学分计划结合起来,形成互为支撑、互为促进性的培养模式。

结合核能与核技术工程领域研究生的实际情况,基地在建设过程中不断探索和研究,总结出了一套核能与核技术工程领域校企联合培养全日制专业学位研究生的模式,特别是针对全日制专业学位研究生培养的关键环节工程实践,建立了一整套管理制度。

三、基地特色

基地采取了"产学研"结合的培养模式,课题与工程实际接轨,全日制专业学位研究生利用所学专业知识,学以致用解决实际工程问题,同时在工作中学习相应的软件知识和工程经验,参与研究核领域民用技术,对相关专业技术进行模拟、实验、评价,为我国民用核设施及辐射环境安全监管提供技术支持。

(1)培养方案方面:企业专家参与修订培养方案。目前实施的 2014 版硕士研究生培养方案,是在 2013 版培养方案的基础上,广泛征求专家、教师以及研究生的意见修订而成的,特别征求了实践基地的企业专家们的意见,包括课程设置结构、选课范围、学时安排等方面,专家们从应用型、复合型、高层次工程技术和工程管理人才应有的基本素质出发,依据行业的特殊背景,给出全日制专业学位研究生应该学习的专业基础课和工程领域技术课建议,以及研究生应掌握的软件知识。

(2)课程设置方面:为开阔学生视野,拓展科研思路,特别设立"核科学与技术进展讲座",包含核燃料循环技术进展、核技术应用最新进展、辐射防护与环境保护技术进展、核能科学与工程技术进展等内容,并邀请企业专家参与授课。以 2014 年春季学期为例,邀请了包括欧阳晓平院士、夏佳文院士、李建刚院士(2015 年当选)、中核集团严叔衡研究员、顾忠茂研究员、清华大学唐传祥教授、中船重工第 719 研究所郭智荣研究员等在内的 15 名校外著名专家来院讲课,课程以讲座的方式开设,着重介绍核工程领域的最新技术、研究成果等,以拓宽专业学位研究生的知识面,使他们能开阔思路,了解核能与核技术工程领域的前沿动态,提高创新能力。

（3）工程实践方面:在培养过程中,针对工程实践环节,总结出了"三结合"的经验,即"企业实践与培养目标相结合,学生实践选题与企业实际科研相结合,校内导师指导与校外导师指导相结合",并在实践中运用。

第一步,前期计划。学生外出实践前要与导师商讨实践计划,拟定实践的题目。实践计划包括参与项目情况（项目来源、项目性质等）、实践内容及要求、进度安排、预期成果等。

第二步,与实践单位沟通,看上述题目是否可行,实践单位可否提供相应的科研项目以支撑实践课题。以环保部核与辐射安全中心为例,每年学生派出前,环保部核与辐射安全中心都会派出校外导师代表团到校与研究生及导师对接座谈,现场考查学生,商讨实践计划可行性,确保实践工作落到实处。

第三步,三方共管。学生确定了实践单位后,要签订"全日制专硕生外出实习协议",该协议由学生、导师、学院、实践单位共同签署,涵盖了各方的权利与责任,为学生外出后的各项事务提供保障,要求学生定期汇报,遵守安全、保密规定等。学院专门为所有的专硕生购买为期 1 年的人身保险。

第四步,后续跟进。学院建立双导师制度,由实践基地专家担任研究生校外导师。要求学生到达实践单位后每月通过电话或邮件方式向校内导师正式汇报课题进展,以便遇到问题及时解决。学生的实践课题与毕业论文相结合,为毕业论文提供支撑。学生毕业论文答辩期间,校外导师来校参加答辩,并在答辩期间为学生举办专家讲座、技术交流会。

第五步,建立交流机制。学院于适当时机到实践基地走访,与在外实践的学生座谈,了解实践的进展以及面临的问题,发现问题及时解决。

四、建设成效

研究生通过在实践单位参与具体科研项目的研究工作,既积累了论文数据,又锻炼了学生的科研能力,同时为学生毕业后进入行业工作做好准备,取得了良好效果。学生毕业后全部进入核电企事业单位工作。

五、典型案例

典型案例 1

2012 级全日制专业学位研究生唐济林,实践课题"AP1000 失去厂外交流电源事故分析及敏感性研究",为 AP1000 失去厂外交流电源事故核安全审查提供了依据,为进一步深化 AP1000 系统优化提供了有力支持;作为第一作者发表论文 1 篇。

典型案例 2

2013 级全日制专业学位研究生汤烨鑫,实践课题"钠冷快堆柱状流钠火仿真研究",基于该仿真模型可以对柱状流钠火的燃烧特性进行详细分析,研究不同因素对柱状流钠火的影响,为柱状流钠火事故的防护和安全分析提供一定参考;作为第一作者发表论文 1 篇,软件著作权登记 1 项,排名第三。

典型案例 3

2013 级全日制专业学位研究生徐宇翔,实践课题"二回路模块化建模仿真平台技术研究",针对新型核动力装置论证评估,开发了一款可实现快速建模、通用化建模、参数化建模的建模仿真评估平台,该平台具备良好的可视化操作性能、较高的计算精度和强大的数据管理功能等特色,良好地满足了实际科研工作的需求。

东华大学—中国化学纤维工业协会
联合培养实践基地

一、基地简介

1. 基地名称

中国化学纤维工业协会联合培养实践基地。

2. 联合培养单位

中国化学纤维工业协会。

3. 培养单位

东华大学。

4. 建设时间

2009 年。

二、建设情况

培养单位东华大学材料学科的特色是"纤维材料",与中国化学纤维工业协会的合作源远流长,早在 2009 年双方就开展了研究生联合培养工作。该协会拥有联合培养研究生的丰富经验,并拥有研究生进行科研的坚实的软硬件基础。校企双方联合培养研究生已形成了稳定的合作关系,形成了多方共赢的研究生培养方式。

通过基地建设和实践,加强以"产学研"为特色的实践基地的建设,培养以工为主、以纤维为特色,为材料行业培养具有创新意识和动手能力、综合素质高的材料领域工程技术人才。

培养规模初定为 20～30 名/年,毕业生能够达到本领域大中型企业的工程技术所需的能力。

三、基地特色

中国化学纤维工业协会联合培养实践基地积极适应国家经济建设和社会发展对应用型

创新人才的迫切需要,遵循高层次应用型人才培养规律,积极探索化纤特色鲜明的多工程领域相结合的综合性基地建设的方法。引入协同育人理念,以产学结合为途径,建立了以提升学生创新能力、创业能力、实践能力和职业素养为核心,多工程领域相互融合的研究生培养平台,学校为企业培养人才和科技攻关力量,企业为学校提供人才培养和项目运转环境,实现资源共享、成果共享,形成了长效的双赢机制。

四、建设成效

中国化学纤维工业协会自2009年起与东华大学开展研究生联合培养工作,在与东华大学的合作人才培养过程中,始终坚持立足地方经济发展,以实践创新和就业为导向,以解决企业难题为研究方向,采取"一人一题"的模式,使学生在基地有所作为。

自2014年至2016年共有82名全日制工程硕士在中国化学纤维工业协会会员企业进行课题研究,课题全部围绕工程实践问题展开,学生参与的课题帮助企业进行了技术的积累与成果的转化,并创造了经济效益。部分进入实践基地的学生学位论文还荣获了2014年东华大学优秀工程硕士论文、2015年东华大学优秀工程硕士论文、第二届"工程硕士实习实践优秀成果获得者"等荣誉称号,获奖成果都来源于中国化学纤维工业协会联合培养实践基地的实际项目,直接为企业带来良好的效益。在联合培养的过程中,校内导师与企业导师进一步加强对学生在项目研发过程中专利创意能力的训练以及知识应用能力的提升。近三年来通过与中国化学纤维工业协会联合培养基地研究生申报的专利近30项,部分专利已获授权并被投入实际应用,多项获得发明专利奖。此外,通过基地实习实践,在解决工程实践问题的同时取得丰硕的成果,近三年来共获国家和省部级成果奖励8项,基地实践成果参加各类竞赛,近20项成果在各类竞赛中获奖。

学生通过在实践基地的培养锻炼,近年来,在进入基地联合培养的学生就业率达到100%,毕业后在市场上具有极大的竞争力,毕业生中有部分留在中国化学纤维工业协会或会员企业,部分学生进入其他优秀企业如上海轮胎橡胶(集团)股份有限公司轮胎研究所、埃克森美孚亚太研发有限公司、杜邦(中国)研发管理有限公司等。学生就业后能够快速地进行角色转化,很快成为企业的技术骨干,获得公司领导及同事的好评。

南京大学环境工程硕士联合培养实践基地

一、基地简介

南京大学盐城环保技术与工程研究院(以下简称"盐城研究院")由南京大学和盐城市人民政府于 2010 年 8 月 4 日签约成立。盐城研究院是南京大学在淮河流域与江苏沿海环保科技成果转化与科技创新的战略基地,也是国家水体污染控制与治理重大专项在淮河流域的重要产业化基地。其宗旨是控制沿海开发对区域环境与近海海洋的污染,发展环保战略新兴产业,保障区域生态健康和饮用水安全,支撑淮河流域与江苏沿海社会经济的可持续发展。研究院致力于环境治理技术研发与服务和环保科技成果产业化,主要研发方向是流域水污染控制与治理、环境功能新材料的研发与应用以及饮用水安全保障技术与装备。盐城研究院拥有一支专业技术水平较高的高素质人才队伍,现有专业技术人才 162 人,其中高级职称 24 人,中级职称 30 人。

南京大学环境工程硕士联合培养实践基地,是南京大学为联合培养环保产业高级技术人才,与南京大学盐城环保技术与工程研究院合作共建的工程专业学位研究生培养基地,于 2012 年 1 月 1 日签约建立。

二、建设情况

联合培养基地有效整合了南京大学的学科优势和盐城研究院的技术优势、市场资源,致力于发展成为集人才培养、技术开发、社会服务等功能于一体的协同创新平台。基地已持续建设多年,具备了专业的企业导师队伍,能为研究生提供支撑实践的科研条件、生活保障等。

1. 实践条件保障

基地承担了一批国家和地方重大技术研发项目,累计科研课题 36 项;基地服务工业园区约 12 家,承担企业项目 300 余项,为研究生提供了丰富的实践课题素材。基地具有 7000 平方米以上的办公研发场所、超过千万元的大型分析仪器设备和面积超过 1000 平方米、配套齐全的宿舍,为研究生提供了工作、科研和生活条件。

2. 基地管理模式与制度建设

南京大学与盐城研究院分别指定人员成立"实践基地管理委员会",负责落实专业实践活动计划、安排指导教师、专业实践考核等具体工作。为规范研究生管理,确保研究生实践的顺利进行,南京大学与盐城研究院基地先后出台了一系列管理制度文件,明确界定了学校、校内导师、盐城基地、企业导师、研究生的责任与义务,并通过工作月度小结、季度汇报、时间期末考核等环节,加强对研究生实践的全过程管理。

三、基地特色

1．构建了"课程、论文、实践并行互动式"的培养体系

针对专业学位研究生培养,基地与南京大学从招生到课程教学、课题设置、实习实践、就业创业等多方面开展了紧密合作,共同提高研究生的培养水平。研究生第一学年在学校进行课程学习,同时进入校内导师课题组和实验室,根据研究生联合培养基地发布的题目开展论文准备工作。研究生在第二学年全面进入研究生联合培养基地,由企业导师指导开展项目创新研发及工程实践工作。

2．形成了协同创新、成果转化的产业化机制

自基地建立以来,盐城研究院与南京大学深化了科研合作,协同进行创新环保技术开发。基地针对产业链中待攻关的共性关键课题,面向高校科研人员招标,截至目前,南京大学已有 8 名研究人员拿到基地科研课题,提升了基地的创新水平。

基地 2015 年获批建设江苏省产业技术研究院水环境工程研究所(盐城),成为江苏省产研院下设的 14 家正式研究所之一。江苏省产研院对下属研究所制定了包括支持人才引进、技术转让、孵化、衍生企业等一系列奖补政策,为基地进一步推动高校成果转化提供了有力支撑。

基地支持南京大学研究人员在基地进行创新创业。目前,学校已有数名研究人员在基地创业,成立了江苏国创饮用水净化工程中心有限公司、江苏国创新材料研究中心有限公司等科技实体,实现了学校科技成果的成果转化。

四、建设成效

基地充分发挥在工业三废治理、饮用水安全保障、环境风险评估等领域的技术优势,每年培养环境工程专业学位研究生 20 名左右。南京大学 2014—2016 年 3 届专业学位研究生共有 60 人先后到基地进行实践。经过基地培养,研究生的工程实践能力大幅提高。2014—2016 届在基地实践的毕业生就业率为 100%

2012 级环境工程专业学位研究生沈科在基地实践期间,开展了芬顿流化床装置的开发及其在工业废水深度处理中的应用研究,并参加了双灯纸业有限公司 2 万吨/天芬顿流化床深度处理工程的设计、调试、分析工作。该同学获批的一种芬顿流化床处理装置及其废水处理方法(ZL201410056665.4)专利荣获 2016 年中国专利优秀奖。

2013 级环境工程专业学位研究生丁新春在基地实践期间参与了工程项目滨海沿海化工园区污水处理厂的调试和代运行,同时开展了课题研究工业废水生化处理污泥膨胀原因及调控技术,提出了污水厂生化系统优化方案,被污水厂采用。2014 年在盐城研究院磁性树脂示范工程现场调试及运行,保证了 2 项磁性树脂工程的顺利验收,该项工程作为重要技

术示范工程获得 2016 年国家科技进步二等奖。成果获批国家发明专利 2 项,发表 SCI 论文 2 篇。该同学毕业后,在盐城研究院支持下开展自主创业,成立了江苏国创环保科技有限公司。

南京大学环境工程领域工程硕士生在南京大学环境工程硕士联合培养实践基地进行污水厂优化运行项目实践

南京大学环境工程专业学位研究生在南京大学环境工程硕士联合培养实践基地进行课题研究实践

南京大学环境工程专业学位研究生在南京大学环境工程硕士联合培养实践基地进行调研考察

南京大学环境工程专业学位研究生在南京大学环境工程硕士联合培养实践基地进行课题研究实践

南京大学授予南京大学环境工程硕士联合培养实践基地"南京大学国家双创示范基地盐城基地"

南京大学授予南京大学环境工程硕士联合培养实践基地"南京大学国家双创示范基地大学生实践基地"

东南大学桥梁工程研究生联合培养工作站

一、基地简介

桥梁工程研究生联合培养工作站(以下简称"工作站"),是东南大学(培养单位)和苏交科集团股份有限公司(联合培养单位)于 2009 年共同建立的合作培养研究生的基地。

东南大学是我国"985"重点高校,土木工程是其优势学科。

苏交科集团的前身是江苏省交通科学研究院,在股份制改造后,企业发展迅猛,公司于 2012 年上市(苏交科 300284),目前是我国交通行业的科技领军企业之一。公司涉足公路、市政、水工、城市轨道、铁路、航空和建筑、环境等行业,形成了以规划咨询、勘察设计、科研、试验检测及新材料、新技术和新产品研发为核心业务领域的企业集团,其中,桥梁工程是其主要的技术领域,拥有科技部设立的"在役长大桥梁安全与健康国家重点实验室"、桥梁工程博士后工作站和企业院士工作站等平台。

二、建设情况

1. 建设理念和目标

(1) 构筑理论与技术的实践平台,培养研究生解决实际问题的科研能力;

(2) 通过高校与企业的强强合作,提升企业的集成创新能力与竞争力。

2. 培养模式

主要有两种培养模式。一是苏交科集团将技术需求凝练为相应的研究课题,通过工作站以项目的形式,委托给东南大学由导师带领的研究生研发。二是东南大学研究生导师根据研究生培养的需要,选择一定数量的研究生进站参与课题的研发工作。两种合作模式的课题内容都应与研究生学位论文密切相关。

3. 实践项目与实践教学

(1) 苏交科集团每年有数百个桥梁工程勘察设计、检测、加固、施工和监理等项目,其中有科研需要的桥梁工程课题 30～40 项,能够满足桥梁工程专业学生实践需要;

(2) 校企双方每年互派教授、研究员级高工,给联合培养工作站的研究生及企业工程师授课。

4. 社会责任教育

校企双方导师要引导研究生把自我价值和社会价值有机结合起来,摒弃"单纯利己"的道德标准,承担起更多的社会责任,实现更大的社会价值。培养社会责任感就要从具体工作做起,在具体的活动中培养,在实践中了解社会、加深对书本知识的理解,从而树立起主人翁的责任感和使命感,树立职业意识,加强职业责任感。

5．生活条件保障

苏交科为在站研究生提供与在职人员相同的工作办公条件、午餐补贴、宿舍等,保证研究生在站期间的学习、工作和生活。

三、基地特色

1．带领研究生参与国家重大工程科研,增强自豪感与能力

近年来围绕一批重大桥梁建设需求,工作站导师和研究生先后参与了润扬长江大桥、苏通大桥、泰州长江大桥、南京长江四桥、马鞍山长江大桥等大型桥梁工程课题研究;南京地铁2号线、S8/S10线、宁天城际、宁溧线等轨道交通高架桥设计施工关键技术研究。

2．带领研究生参与行业技术标准编制,提升技术认知高度

东南大学与苏交科集团强强合作,承担了一些国家与行业技术标准的编制工作。例如在编制交通运输部《公路工程混凝土结构耐久性设计细则(JTG/TB07-01-2017)》和中国公路学会《公路桥梁体外预应力加固技术规程》的过程中,让研究生参与背景工程研究与校核计算等工作,提升研究生对行业技术发展水平及趋势的认知。

3．以工作站为基地,培养大批研究生走向全国桥梁建设主战场

研究生经过在站桥梁工程科研锻炼,显著提高了专业素质,毕业后大部分走向我国桥梁设计及施工行业的龙头企业,主要集中在中交公路规划设计院、中铁大桥设计院、上海市政设计研究总院和一些省级交通规划设计院,以及大桥局、中交二航局等国内著名桥梁施工企业,表1是部分毕业研究生的就业企业。

表1　部分毕业研究生在我国桥梁工程著名企业就业情况表

在站培养的研究生	就业企业
李国亮、谭皓、李淮华、赵桉、马增、李涛	中交公路规划设计院
王恒、刘厚军、薛雄、陈志涛、郑建超、李林	中铁大桥设计院
李鹏、徐舒、洪浩、陈爱荣、余浩、黄华琪、李毓龙	上海市政工程设计研究总院
李甲丁、陈志文、周剑、王建龙、朱森林、谢俊龙、张书兵、晁成冉、魏明	江苏省交通规划设计院(中设集团)
方圆、戴玮、孙莉、武东超	安徽省交通规划设计院
冉鬼、孟杰、陈家勇、李磊、谢炼	林同棪国际工程咨询(中国)

四、建设成效

近三年培养研究生约60人,同时,也帮助企业培养技术人才,促进企业优秀高层次创新

人才成长。共同承担国家与行业发展的重大课题攻关,共同解决重大工程中的技术难题。在国内外核心刊物上发表数十篇论文、申报专利十余项。

五、典型案例

典型案例 1

依托苏交科/东南大学共同承担的江苏省交通厅重大研究专项"桥梁工业化与标准化建造关键技术",联合培养了多名卓越工程师人才,输送到全国各大型设计院或施工企业,包括陈家勇(林同棪国际)、马增(中交公路规划设计院)、田飞(中交二航局)、魏明(中设集团)、花逸扬(苏交科集团)以及汪逊(美国加州大学戴维斯分校深造)。

典型案例 2

以苏交科/东南大学为主共同承担了交通部《公路工程混凝土结构耐久性设计细则》的编制,在本项目开展的 5 年期内联合培养了仝腾、李毓龙等多名研究生。仝腾毕业后,在美国匹兹堡大学继续深造,现已被引进回东南大学从教;李毓龙毕业后,在上海市政设计院工作,是多座大桥设计的技术骨干。

典型案例 3

依托苏交科/东南大学联合承担的交通部"体外预应力加固技术规程研究"项目和国家自然基金项目,贺志启(硕博两阶段)在混凝土桥梁基本理论研究方面取得了具有国际影响的研究成果,被美国科技媒体以"东南大学为土木工程领域增加一项新发现"进行报道,分别于 2010 年获得江苏省优秀硕士论文和 2015 年江苏省优秀博士学位论文。

序号	设站单位名称	合作高校名称	设站时间
1	昆山桑莱特新能源科技有限公司	南京大学	2012
2	江苏凤凰出版传媒集团有限公司	南京大学	2012
3	江苏省交通规划设计院股份有限公司	东南大学	2010
4	中国能源建设集团江苏省电力设计院有限公司	东南大学	2009
5	江海环保有限公司	东南大学	2010
6	斯迪克新型材料(江苏)有限公司	东南大学	2012
7	苏交科集团股份有限公司	东南大学	2009
8	张家港保税区灿勤科技有限公司	南京航空航天大学	2009
9	常熟市华德粉末冶金有限公司	南京航空航天大学	2010

东南大学—苏交科桥梁工程研究生工作站于 2016 年度获得江苏省优秀研究生工作站称号

苏交科张宇峰副总工程师在给工作站研究生做学术讲座
项目课题：长大桥梁结构监控监测关键技术与对策

东南大学桥梁工程硕士生花逸扬在进行预制拼装桥墩试验
（苏交科/东南大学合作项目）
项目课题：桥梁工业化与标准化建造关键技术

东南大学桥梁工程硕士生李林在云南金东大桥现场（苏交科/东
南大学合作项目）
项目课题：云南金东大桥悬索桥施工监控技术研究

东南大学桥梁工程硕士生在苏交科结构实验室进行钢桁腹组合
梁桥节点试验(苏交科/东南大学合作项目)
项目课题：钢桁腹组合梁桥节点抗剪承载力试验研究

苏交科与东南大学承担编写交通部行业标准,其中东南大学桥梁工程硕士生仝腾、李毓龙参与了混凝土桥梁部分的编写工作

项目课题：公路工程混凝土结构耐久性设计细则

南京航空航天大学—天奇股份工程专业学位研究生联合培养基地

一、基地简介

南京航空航天大学—天奇股份工程专业学位研究生联合培养基地起始于 2002 年,于 2007 年签订省级工程中心共建协议,融合技术研发与人才培养,正式建立有计划、有目标、长期稳定的"产学研"合作基地;2012 年成功合作申报"江苏省研究生工作站";2013 年针对专业学位研究生培养特点,双方又签订协议进一步规范联合培养工作;2015 年获评江苏省"优秀研究生工作站"。

二、建设情况

1. 工程专业学位研究生培养模式方面

提出"动态互动式优化、双导师协同式培养、问题导向式研学"的人才培养新模式,有效解决研究生培养从知识到应用的"最后一公里"难题。将培养基地"产学研"成果以"企业课程"等形式向教学传递,丰富教学内容;推行双导师协同指导模式,企业导师参与培养方案修订、学位论文选题、开题、过程指导、评阅和答辩等培养全过程;实行问题导向式研学,将企业技术需求凝练为研究课题,促进研究生在项目实战中提升创新实践、沟通表达、社会责任感、国际交流等全方位素质。

2. 导师队伍建设路径方面

培育"专兼结合、优势互补、知能互促、深度协同"的双导师队伍,着力缓解工程专业学位研究生培养的师资困境。将项目合作优势转化为导师队伍建设优势,大力支持校内教师进驻基地,参与企业技术攻关和工程实践教学,不断提升教育教学水平。固化校企导师交流制度,建立企业导师跟踪研究生招生、培养的深度参与机制,切实发挥双导师作用。

3. 培养基地运行机制方面

构建校企联动、互利共赢的长效建设机制,有效解决培养基地可持续发展的难题。以"服务需求为导向、人才培养为主线"为指导思想,以"多元评价为机制、指标激励为抓手"为保障举措,以"资源共享为支撑,互利共赢为理念",通过平台共建、资源共享、成果共创、人才共培,解决校企合作育人中各方权益难以平衡、资源共享缺少协调等长效机制缺失难题。

三、基地特色

1. 特色一：构建了校企"需求牵引、资源共享、成果共创、人才共培、互利共赢"的研究生联合培养基地运行机制

以国家重大战略需求为引领，以育人为主线，构筑互利共赢的长效机制，统筹培养基地的建设，将技术攻关与人才培养有机融合，推动基地可持续发展。

2. 特色二：建立了"专兼结合、优势互补、知能互促、深度协同"的双导师队伍

以项目合作为载体，以资源共享为纽带，提升校内导师工程实践指导能力，同时促进企业高水平人才培养，培育产业教授为代表的高水平校外导师队伍。

3. 特色三：提出了"动态互动式优化、双导师协同式培养、问题导向式研学"三位一体的培养模式

以培养方案的动态互动式优化契合人才培养要求；以双导师深度协同指导保障企业深度参与人才培养；以问题导向式研学提升研究生创新实践能力。

四、建设成效

1. 培养基地研发平台层次高、条件好，育人成果突出

建有国家级企业技术中心、省级工程技术研究中心等高层次研发平台。近三年参与培养研究生累计 100 人以上，其中工程专业学位研究生 60 名以上，参与实践平均时间 6～12 个月。培养基地的研究生一次性就业率达 100%。联合培养的研究生典型张炯，在培养基地的研究成果被成功应用于"汽车装配的摩擦驱动自动化输送装备"，目前该产品累计产值达到 198 亿元，张炯被天奇股份高薪聘为核心骨干，获中国优秀专利奖，先后创新研发自行小车技术、无接触供电技术等，为企业发展做出突出贡献。

2. 双导师队伍数量充足、结构合理、业务水平高

现累计有专兼职导师 35 人左右，其中企业导师 13 人。师资队伍中入选国家万人计划 1 人、享受国务院政府特殊津贴专家 1 人、江苏省有突出贡献专家 2 人、省特聘教授 1 人、省知识产权领军人才 1 人、入选省部级人才工程 15 人次，企业导师杨雷和郭大宏获聘江苏省产业教授。

3. 科研项目充足，研究生参与度高，研究成果突出

联合申请国家及省部级科研项目 20 多个，合作成果获国家科技进步二等奖 1 项，省部科技进步一等奖 2 项、二等奖 1 项；授权专利获日内瓦国际发明金奖、中国优秀专利奖等。

李培根院士参观联合培养基地中南京航空航天大学机械工程领域工程硕士生的创新实践研究作品

南京航空航天大学—天奇股份工程专业学位研究生联合培养基地的工程实践试验线

南京航空航天大学—天奇股份工程专业学位研究生联合培养基地的工程实践中心

南京航空航天大学机械工程领域工程硕士生在联合培养基地讨论汽车总装输送装备智能维保技术项目

南京航空航天大学研究生院领导考察调研联合培养基地，并与基地的校内导师、企业导师以及工程硕士研究生交流

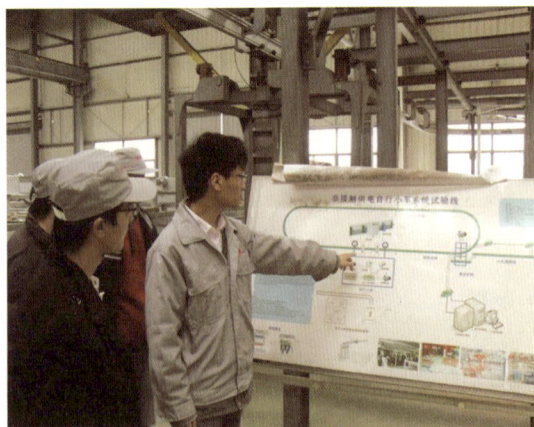

南京航空航天大学机械工程领域工程硕士生在联合培养基地开展无接触供电输送系统项目的学习实践

南京理工大学先进制造与高端装备研究生联合培养实践基地

一、基地简介

先进制造与高端装备研究生联合培养实践基地是由企业出资建设并引入南京理工大学教授研究生团队开展技术研发的机构,也是研究生培养的重要创新实践基地。工作站由六家企业工作站联合组成:南通润邦重机有限公司企业研究生工作站、江苏腾宇机械制造有限公司企业研究生工作站、南通锻压设备有限公司企业研究生工作站、扬州市江都永坚有限公司企业研究生工作站、扬州市海力精密机械有限公司企业研究生工作站和润邦卡哥特科工业有限公司企业研究生工作站。其中江苏腾宇及南通锻压研究生工作站始建于 2010 年 12 月,南通润邦研究生工作站始建于 2011 年 11 月,扬州市江都永坚有限公司企业研究生工作站始建于 2012 年 8 月,扬州市海力精密机械有限公司企业研究生工作站始建于 2012 年 5 月,润邦卡哥特科工业有限公司企业研究生工作站始建于 2014 年 6 月。

2016 年江苏省省长石泰峰一行视察了润邦卡哥特科工业有限公司,在相关技术人员的带领下参观了核心产品海工折臂式起重机的加工车间,肯定了润邦卡哥特科工业有限公司先进的制造生产技术。2016 年 12 月,廖文和副校长莅临江苏腾宇机械制造有限公司考察指导,与田先春产业教授深入交流,并肯定了工作站的建设。2016 年南通锻压设备有限公司企业研究生工作站及南通润邦重机有限公司企业研究生工作站被评为江苏省优秀企业研究生工作站。

实践基地建设理念和目标:通过建立先进制造与高端装备研究生联合培养实践基地,实现高校与企业在课程教学、科学研究、导师互聘、资源共享等方面的密切合作和优势互补,有效提高研究生的创新实践能力和培养质量。企业借助在站研究生这支重要的科技自主创新力量,进一步提升企业的技术创新实力,导师带领的研究生团队在实践基地既完成企业交付的研发任务,又可开展前沿性、创新性、理论性相关课题研究。在实践基地,研究生能得到企业导师的实践指导教学,也能切实开展在先进制造与高端装备领域的科技研发创新,实实在在地参加企业技术创新和成果转化实践,提高创新能力和实践能力。

二、建设情况

近年来基地承担的主要科研项目见表 1。

表1　近年来基地承担的主要科研项目

起止年月	科研项目、课题名称	项目类别及经费	完成情况	实践成果获奖、专利及效益情况
2010.1—2012.12	1200吨全自动粉煤灰增压砖成型装备及生产线研制（2009GJC10009）	国家科技部科技人员服务企业行动计划，45万元	通过验收	获2013年度江苏省科学技术三等奖，获发明专利2件、软件著作权1件
2010.10—2014.11	大型高性能框架精密成型液压机研发及产业化（BA2010102）	江苏省科技成果转化资金项目，700万元	通过验收	获2015年度江苏省科学技术三等奖，获发明专利3件、实用新型专利6件
2011.7—2013.12	大型精密成型液压机的嵌入式智能监控与维护单元研制(BY2011104)	江苏省产学研前瞻性联合研究计划，50万元	通过鉴定	获2015年度江苏省科学技术三等奖，获发明专利3件
2011.10—2014.12	面向海上风电作业的超大型多功能吊装装备研发及产业化（BA2011088）	江苏省科技成果转化资金项目，900万元	通过验收	获江苏省科学技术二等奖1项，获发明专利2件、实用新型专利12件、软件著作权1件
2012.1—2013.12	TY-1000T型液压自动压砖机(2011GH040550)	国家火炬计划，50万元	验收通过	获2013年度江苏省科学技术三等奖1项（排第一），获发明专利2件、软件著作权1件
2012.9—2015.8	镁合金复杂结构零件超高压热流变高效控制成形技术(2012ZX04010-101)	国家科技重大专项，780万元	通过验收	获发明专利2件、实用新型专利5件、软件著作权1件
2013.1—2016.12	超大型海上风电吊装装备故障诊断与预报的多尺度方法研究(51275245)	国家自然科学基金，80万元	通过验收	获得发明专利3件，发表SCI论文4篇、EI论文6篇
2013.7—2016.6	新型建材生产数字化成套装备研发与产业化（BA2013143）	江苏省科技成果转化资金项目，500万元	通过验收	获得发明专利3件、软件著作权2件，获宿迁市科学技术一等奖1项
2014.7—2016.6	超大型海上风电吊装装备的嵌入式智能监控与维护系统研发(BY2011104)	江苏省产学研前瞻性联合研究，30万元	通过验收	获发明专利2件，发表SCI论文2篇、EI论文3篇
2014.7—2017.6	海洋船舶智能后收式减摇鳍研发及产业化（BA2014130）	江苏省科技成果转化资金项目，900万元	通过验收	获得发明专利3件、软件著作权2件，获扬州市科学技术一等奖1项
2015.1—2017.12	QT12-15型面向固体废弃物资源化的砌块成型智能化生产线(2014GRC10020)	国家重点新产品计划，60万元	项目实施中	获发明专利1件、实用新型专利3件
2015.4—2018.3	智能型多功能移动式港口起重机研发及产业化（BA2015125）	江苏省科技成果转化资金项目，1200万元	通过中期检查	获发明专利2件、实用新型专利8件、软件著作权1件

起止年月	科研项目、课题名称	项目类别及经费	完成情况	实践成果获奖、专利及效益情况
2016.4—2019.3	绿色重组材成形智能化装备的研发及产业化	江苏省科技成果转化资金项目，1000万元	通过中期检查	获申请发明专利2件、实用新型专利5件、软件著作权1件
2016.4—2019.3	面向深海作业的超大型智能化折臂式起重机研发及产业化(BA2016113)	江苏省科技成果转化资金项目，1000万元	通过中期检查	已申请发明专利3件，获得实用新型专利6件、软件著作权1件
2016.4—2019.3	超大型智能化高效精密粉末成型机研发及产业化(BA2016155)	江苏省科技成果转化资金项目，1000万元	通过中期检查	已申请发明专利2件，获得实用新型专利5件、软件著作权2件

导师队伍：

学校导师队伍：由机械工程学科的陆宝春、袁军堂、李迎、张登峰4名教授和张卫、滕燕、汪振华、王茂森、孙中圣、彭斌彬、胡小秋、黄晓华等10名副教授以及工业工程学科的汪惠芬、李东波2名教授和袁红兵、徐骏善、王益祥、童一飞4名副教授总计20名教师组成的导师团队，通过深入企业，与南通润邦、南通锻压、江苏腾宇、扬州海力、扬州永坚、润邦卡哥特科等企业导师共同指导在站研究生的科研和实习工作。

企业导师队伍：学校聘请了江苏润邦重工股份有限公司董事长、南通润邦重机有限公司执行董事吴建先生，南通锻压设备股份有限公司董事长郭庆先生，国务院特殊津贴专家获得者、江苏腾宇机械制造有限公司董事长田先春先生等江苏省产业教授，以及南通锻压设备股份有限公司技术总监宋拥政研究员级高级工程师等20名企业技术专家担任南京理工大学兼职研究生导师，他们在海洋工程装备、精密成型装备、高端装备用精密基础部件、新型环保装备及智能化成套生产线设计、制造、试验和试制方面具有丰富的实践经验，并具有与国际知名公司合作研究的经历，极大地充实了指导教师队伍。

三、基地特色

1. 完善了人才培养计划，构建培养应用型、复合型人才的教学体系

依托企业研究生工作站，把握企业对高层次人才在知识框架和实践能力方面的具体要求。结合研究生的培养任务，制定出了一套培养目标符合企业需求、研究方向与企业技术攻关基本一致、课程体系合理、突出实践环节的研究生培养方案。研究生课程体系中的课程设置以实际应用为导向、以职业需求为目标、以综合素养提高为核心，强调理论性课程与应用性课程的有机结合。突出实践研究，针对具有不同学科和实践背景的研究生，安排合适的课程体系，搭建科学、针对性的知识框架。

2. 保证毕业论文理论高度，培养学生的科研能力和创新能力

在保证研究生学位论文理论高度的基础上，更加注重实践性。鼓励研究生在学位论文选题时与企业研究生工作站的相关技术人员探讨，以解决企业生产实际难题为突

破口,结合学校指导教师的理论水平,吸收企业技术人员的实践知识,提高对论文研究工作实用价值的关注。进站研究生根据研究计划的进展,定期向企业导师、校内导师汇报在站工作、学习情况,企业导师、校内导师有针对性地提出相关研究思路,鼓励研究生大胆创新。

3. 结合企业的产品开发,积极承担科研项目

一方面,进入基地的研究生,在企业导师的带领下,深入开展专业实践,增强对工程的感性认知,提高学生解决实际问题的能力;另一方面,设站企业将所需解决的工程难题凝练为相应的研究课题,与高校研究生及其导师团队一起进行具有理论性、前沿性、创新性的项目研究。通过这些项目的研究,研究生能够积累工程研究的宝贵经验,将理论研究转化成实践的应用,提出有利于企业发展的产品技术研发方案,为企业的产品研发做出贡献。

4. 充分发挥"政产学研"的协调创新作用

先进制造与高端装备研究生联合培养实践基地建设得到了江苏省各级人民政府有关部门和领导的关心和支持。石泰峰省长莅临润邦卡哥特科工业有限公司,廖文和副校长莅临江苏腾宇机械制造有限公司考察指导,与吴建董事长、田先春董事长等深入交流,听取了企业研究生工作站的运行情况汇报。领导充分肯定了联合培养实践基地建设取得的成绩,希望能继续把这项工作做得更好。

5. 提高科研成果转化率,让科研成果真正转化为生产力

基于先进制造与高端装备研究生联合培养实践基地平台,南通润邦重机有限公司和南京理工大学合作开发的海上风电工程吊装装备实现销售 8 台,销售额达 34 924 万元,利税 5202 万元。产品已广泛应用于黄海海上风电施工吊装、东海大桥风电场施工等重大项目。根据 2013 年 5 月 22 日《中国船舶报》等媒体对该产品在东海大桥风场的海上风电安装作业的报道:该产品安装于我国首台自主设计建造的自升式海上风电安装平台,只用 6 天时间完成了原计划 15 天在东海大桥风场的海上风电安装、维护工作,受到业主及同行业的广泛好评。

四、建设成效

南京理工大学先进制造与高端装备研究生联合培养实践基地自建立以来,已培养研究生 150 名(其中工程专业学位研究生 70 名),已毕业研究生 85 名(其中工程专业学位研究生 36 名),承担国家科技重大专项、自然基金、江苏省科技成果转化等国家和省部级科研项目 23 项,校企合作经费累计约 1700 万元,发表论文 45 篇(其中被 SCI 收录 10 篇、EI 收录 24 篇),获省部级科技进步二等奖 3 项、三等奖 8 项,已申请发明专利 40 件,获授权发明专利 26 件、软件著作权登记 12 件,荣获江苏省优秀硕士学位论文 6 篇(其中优秀硕士专业学位论文 1 篇),被评为 2016 年江苏省优秀研究生工作站。

五、典型案例

典型案例 1

2011 级全日制工程硕士刘星同学

实践内容:高精度全自动码坯机的研究与设计、液压机主机上下梁有限元分析与结构优化设计、加气混凝土生产线控制系统研究与设计。

需解决的实际问题:改善码坯机机架的稳定性,提高水平定位精度和竖直定位精度,实现柔性码坯过程,提高码坯效率,减小码坯周期时间。

刘星同学的成果已在江苏腾宇机械制造有限公司产品研制中得到成功应用,取得了良好的经济和社会效益。在读工程硕士期间,获得发明专利 3 件,发表学术论文 1 篇,其硕士论文《高精度全自动码坯机的研究与设计》被评为 2015 年度江苏省优秀硕士专业学位论文。硕士毕业后刘星同学以优异的成绩考入西安交通大学机械工程学院,师从梅雪松教授继续攻读博士学位。

典型案例 2

2011 级全日制硕士程焕兵同学

程焕兵同学在攻读硕士学位期间,参与了江苏省科技成果转化项目"大型高性能框架精密成形液压机研发及产业化"(BA2010102),针对南通锻压设备股份有限公司和南京理工大学联合开发的大型高性能框架精密成形液压机产品进行液压集成块参数化 CAD 优化设计系统研发(获软件著作权登记),选择插装阀块作为对象,对其进行结构 CAD 优化设计研究,将有效的经典算法、人工智能技术与插装阀块的设计问题紧密结合,实现满足工程规则约束、性能要求的设计方案生成,从而为南通锻压提高插装阀块的设计效率和质量提供了有力的技术支持。程焕兵同学的硕士论文获得 2015 年度南京理工大学优秀硕士论文,毕业后在中国和瑞士合资的桌朗智能机械有限公司从事研发工作。

典型案例 3

2012 级全日制工程硕士钤亚丽同学

钤亚丽同学参与了扬州市海力精密机械有限公司的国家科技创新基金项目"5000KN 高效精密粉末成型机研发",通过对 500T 粉末成型机生产工艺流程及其控制需求的分析,综合利用工业控制、人机交互、远程监控以及故障诊断等理论和方法,开发了一套包含底层控制级、现场监控级和远程维护级的粉末成型机控制系统,实现了粉末成型机全自动压制运动控制。研究成果获得发明专利 1 件、软件著作权 1 件,发表学术论文 1 篇。钤亚丽同学毕业后在南京康尼机电股份有限公司从事新产品研发工作。

典型案例 4

2013 级全日制工程硕士王宇恒同学

王宇恒同学在攻读工程硕士学位期间,申请发明专利 1 件,获得软件著作权 2 件。王宇恒同学毕业后在中船重工无锡 702 研究所从事研发工作。

王宇恒同学参与了扬州市江都永坚有限公司和南京理工大学合作承担的江苏省科技成果转化项目"海洋船舶后收式减摇智能装备研发与产业化",进行了减摇鳍用液压缸性能检测试验系统设计。他从结构、测试方法、液压系统三方面完成了试验装置和检测项目设计;针对现场装配和调试过程中出现的问题,对试验台加装了辅助器件,解决了水平度不足和电缆油管交错的问题;研究并制定了一套由 6 项试验组成的侧向力试验。

该成果应用大大缩短了扬州市江都永坚有限公司海洋工程装备用液压油缸等新产品的研制周期,取得了良好的经济和社会效益,成果荣获 2016 年度扬州市科学技术一等奖。

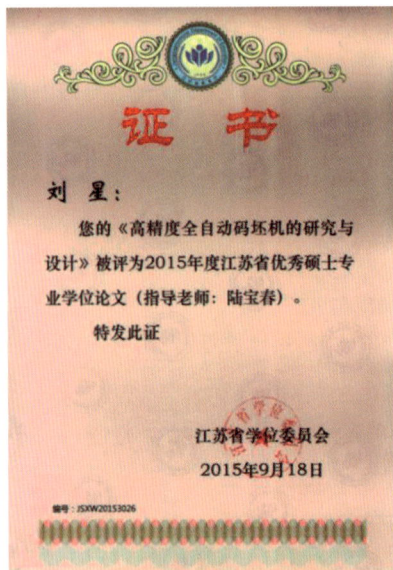

2011 级全日制硕士刘星同学毕业论文被
评为 2015 年度江苏省优秀硕士专业学位论文

南通润邦重机有限公司及南京理工大学荣获 2013 年度江苏省科
学技术二等奖

江苏省省长石泰峰一行视察了润邦卡哥特科工业有限公司

南京理工大学企业导师彭光玉、戴炼和学校导师陆宝春指导研究生工作站学生 2015 级博士姚佳琛、2016 级学术硕士翁朝阳和 2016 级工程硕士张可可进行海工折臂式起重机相关知识的学习

南京理工大学企业导师张鸿鹄和学校导师陆宝春指导 2015 级学术硕士潘彩霞和 2015 级学术硕士彭韧进行液压缸相关的性能分析和需求分析

江苏润邦重工股份有限公司董事长、江苏省"产业教授"吴建先生在南京理工大学作学术报告

河海大学—中国电建集团华东勘测设计研究院有限公司研究生培养基地

一、基地简介

中国电建华东勘测设计研究院有限公司(以下简称"华东院")成立于1954年,是隶属于世界五百强企业中国电力建设集团有限公司的中央企业。华东院持有工程设计综合甲级、工程勘察综合甲级、工程咨询甲级、施工总承包资质一级等十多个国家最高等级资质证书,是中国勘察设计综合实力百强单位。2006年以来,连续蝉联《工程新闻纪录》杂志和《建筑时报》联合推出的"中国工程设计企业60强"。2016年获得"中国承包商80强"及"最具效益承包商"的荣誉。

河海大学—中国电建华东勘测设计研究院有限公司研究生培养基地(以下简称华东院基地)是我校最早建设、培养规模较大的研究生培养基地之一。2011年4月22日,河海大学与华东院举行了研究生联合培养基地签约暨揭牌仪式,并成立由双方主要负责人担任主任的研究生基地管理委员会,下设基地管理办公室挂靠人力资源部,共同解决研究生培养基地运行中及联合培养中的问题。

本着"协同培养、开放共赢、共同发展"的基地建设与管理理念,经过几年的建设,华东院基地已成为集人才培养、科学研究、社会服务等多项功能于一体的综合性协同创新平台。华东院基地充分发挥在水电与新能源、城市建设与环境发展、大坝与工程安全等方面的技术优势,联合培养学生主要涉及水利工程、环境工程、工业工程、建筑与土木工程、计算机技术等众多专业领域。目前,华东院基地已形成专业学位研究生人才培养的规模效应,每年稳定培养专业学位研究生20人左右。我校2011级到2016级6届全日制专业学位硕士研究生共126人先后到华东院基地进行顶岗实践,其中,2011级18人、2012级21人、2013级17人、2014级15人、2015级20人、2016级35人。截至2017年3月,已有39名在华东院实践的研究生留院工作。

2015年12月,华东院联合培养基地被授予"全国示范性水利工程领域专业学位研究生联合培养基地"(全国共3家)。浙江工业大学、宁波大学等高校专程来华东院基地学习我校与华东院联合培养经验,并进行应用。

华东院现有基地导师99人,其中教授级高级工程师90人、高级工程师9人、享受国务院政府特殊津贴专家2人、浙江省勘察设计大师2人、浙江省有突出贡献中青年专家2人。

二、建设情况

1. 严格导师选聘，建设导师队伍

为保障培养质量，华东院基地严把导师遴选关，严格按照学校基地导师选聘文件要求执行。基地导师经个人申报、所在部门把关、基地办审核、院领导审定后，向河海大学推荐，经河海大学学位委员会评审后正式发文聘任并纳入学校导师考核体系。目前我校聘任华东院基地导师 99 名，其中教授级高工 90 人、高级工程师 9 人、享受国务院政府特殊津贴专家 2 人、浙江省勘察设计大师 2 人、浙江省有突出贡献中青年专家 2 人。

为促进"双导师"交流，学校与华东院基地共同制定了校内导师到基地参加论文开题，学生定期向校内外导师汇报，基地导师到学校参加论文答辩制度，固化了双导师交流机制。

2. 强化科研平台，依托项目培养

依托项目培养，确保基地学生培养工作扎实有序。华东院基地在制订培养计划时，明确要求导师必须有项目依托，确保研究生来了以后有事可做，有学习发展的载体。学生进入基地后，结合导师承担的课题和华东院以及各子公司实际工作任务，确定论文选题，并在导师指导下参与具体工作。华东院拥有浙江省抽水蓄能工程技术研究中心、华东海上风电省级高新技术企业研究开发中心、浙江省工程数字化技术研究中心、国家能源水电工程技术研究中心-抽水蓄能工程分中心等多个实验平台，与美国著名软件公司 BENTLEY 联合成立华东院/BENTLEY 中国工程设计软件研究中心，这些为研究生开展实践工作提供了良好的科研实践条件。

3. 搭建信息平台，强化管理效率

借助华东院在电力行业一流的网络化、集成化计算机应用（OA）系统，联合培养生自入职起，即建立个人 OA 档案，含考勤、培训、考核、津贴保险补助、图档借阅、导师配置、导师阶段性跟踪指导等信息。全过程、全信息及时跟踪监督，加大管理精细程度、压缩管理成本，极大提升了管理效率。

4. 遵循完善的"选用育留"培养流程，严格高效管理

选——按图索骥，有的放矢。以内部用人单位实际招聘需求为出发点征集培养计划，同时结合专业方向明确导师配置和培养目标等，由人力资源部组织专人进校开展宣传和选拔，选拔录用流程和标准同招聘标准或者更高。

用、育——匠心独运，精心培育。入院后进行企业文化、各项管理制度、安全管理等专项培训方可上岗，同时请前届实践优秀留院的联合培养生交流学习、实践经验；上岗后请用人部门视同新员工管理直接顶岗锻炼，基地导师做好针对联合培养生的工作指导、学习辅导与论文写作，定期系统内上报沟通指导记录。联合培养生毕业论文选题与研究均要求充分发

挥实践特色,与实践基地承担的工程项目问题紧密结合,解决实际工程规划、设计、施工、运行和管理等方面的技术难题,保证高质量实践成果。为了拓宽研究生的视野,在实践同时要求学生多参加针对锻炼岗位所需的相关培训和学术讲座,了解工程前沿知识,提升"实战"水平。同时,华东院内所有公开的教育培训资源均向联合培养生开放。

留——严进严留,严格把关。实践结束,华东院、学校双考核机制评估联合培养生实践成绩。除了与导师逐一沟通学生实践情况,鼓励用人部门将联合培养生单列招聘计划,考核结果作为录用依据,对于实践考核优秀的研究生,可直接留院工作。

5. 强化服务保障,突出精细管理

基地管理办公室在学校严格选拔导师的基础上,进一步结合华东院发展布局,遴选责任心强、创新能力突出的各专业技术带头人扩充到基地导师队伍,为学生营造更好的学习氛围。同时,基地管理办公室把联合培养生视同新员工管理,做好各项保障服务:在联合培养期间提供免费公寓、工作餐,提供实践所需的办公用品和设备,出差有专人配备的劳保用品等。开通内部 OA 系统登录和信息查阅权限,正常参加团队党工团活动,按月发放生活津贴和出差补助,购置意外伤害险和交通意外险,定期沟通、反馈联合培养生遇到的工作和生活问题,保证学生实践环节的顺利开展。

三、基地特色

随着华东院培养规模的扩大,每年可提供全产业链上 40 余个岗位供联合培养生接受为期 1 年以上的实践培养。近三年,每年平均 20 人进入基地实践,涵盖水利工程、建筑与土木工程、地质工程、测绘工程、计算机技术、物流工程、国际商务、工程管理、会计硕士等十余个专业(领域)。

1. 依托重大工程项目,搭建应用型人才培养平台

脱虚入实,寓学于用,提高科研成果转化率。研究生实践所依托的工程项目,大部分是国内外重点重大水电项目,具有"规模大、技术强"的特点,其技术问题的研究解决,往往代表着水利水电行业的先进技术水平,如白鹤滩水电站、杨房沟水电站 EPC 项目、深圳茅洲河水环境处理项目、巴基斯坦风电项目群、地铁市政等项目。每年华东院投入到学生参与实践项目中的经费约为 50 万元,用于技术创新或者重点关键技术的研究突破等。联合培养生直接以顶岗形式参与到上述项目的建设中去,边学边实践,压力与机遇并存,既培养学生的科研和创新能力,又极大地激发了学生的工作热情和职场应变处理能力。经过为期一年的顶岗实践,学生对工程实体的认识和实践能力都较学术型硕士更强,这些项目的实践经历让学生更加自信地面对就业,也在行业内更受用人单位欢迎。

2. 依托国际化项目平台,打造行业国际化人才梯队

华东院国际化业务迅猛发展,基本覆盖了水利水电、新能源、建筑等专业,通过有意识地选拔具有语言优势的专业复合型人才入院联合培养,或者入院之后选拔具有语言优势的学

生参与华东院海外项目,给学生提供更高的锻炼平台,帮助行业人才走向国际舞台。目前已有6位学生参与了国际项目实践锻炼,毕业留院从事国际业务的学生有5人。

3．组建稳定的基地导师团队，保障实践的可持续开展

华东院与河海大学在"产学研"方面有着深厚的合作基础,众多工程骨干均是河海大学校友,这为联合培养生的实践成果输出创造了良好的软环境。校企双方的导师借助基地管理模式,进一步健全合作培养机制,使沟通更加便捷,从而保证了论文的理论高度和质量;具有丰富工程管理和技术管理经验的专家团队作为基地师资队伍,如河海校友单治纲等行业领军人物亲自指导联培生,其重视程度都深深鼓励了参与实践的学生全心投入。这些专家不仅指导学生技术能力的提升,还以自身为榜样,将工程人的匠心精神,献身、求实、负责的水利精神传授给学生,培养学生职业生涯上踏实严谨的态度。

4．构建信息化管理平台，提升基地研究生管理效率

华东院注重以信息化带动技术和管理现代化,目前已建成电力行业一流的网络化、集成化计算机应用(OA)系统,同时连续6年被评为"全国电力行业实施卓越绩效模式先进企业"。借助这一成熟的管理系统,直接应用于联合培养生管理平台,形成完整的个人信息管理系统,引导学生以主人翁精神加入华东院大家庭,并以身边榜样约束自己,管理成效显著。

四、建设成效

经过几年的探索与建设,华东院已累计开展10多个工程领域共计120多名联合培养生的校企联合培养工作,通过参与50余个重大工程项目,取得了包括技术、专利、论文、成果产业化等一批实践成果。其中,6位联合培养生参与国际项目;钱塘同学毕业论文获评"浙江省优秀论文";姜方洋同学毕业论文获评"河海大学优秀专业硕士学位论文"。

通过联合培养,学生实践能力及就业竞争力显著增强,已有39名研究生留院工作,占比高达42%,该模式培养的学生受到用人单位一致好评,学生就业率高达100%,到行业重点单位(企业)就业的比例超过80%。

随着华东院基地培养模式的成熟和规模的扩大,华东院基地每年可提供全产业链上40余个岗位供联合培养生进行为期1年以上的实践培养,预计未来5年,培养总人数将超过200人。

五、典型案例

典型案例 1

2010级水利工程专业学位研究生陆健健

陆健健,河海大学水利水电学院2010级联合培养硕士研究生,2012年实践结束留院工作。联合培养期间,由校内导师周建旭教授与基地导师教授级高工江亚丽共同指导培养,以

华东勘测设计研究院勘测设计的世界第二大水电站白鹤滩水电站为实践项目平台,对垫层蜗壳、充水保压蜗壳及直埋蜗壳三种方案进行研究分析。

实践成果:白鹤滩水电站安装 16 台单机容量 1000MW 的水轮发电机组,单机容量居世界第一,地下厂房洞室群规模为国内外已建、在建电站之最。结合白鹤滩水电站这个大型项目平台,完成论文《白鹤滩水电站垫层蜗壳研究》,对垫层蜗壳、充水保压蜗壳及直埋蜗壳进行甩负荷工况下的受力分析,在满足机组运行稳定,并考虑施工工期、机组安装方法等因素情况下,垫层蜗壳结构形式最优。

心得体会:联合培养模式为学校与企业间搭建了一座人才沟通的桥梁,感谢河海大学为我提供了到华东院实践的机会,让我有机会以学生的身份去感受社会的包罗万象,去了解什么是优秀的企业,去思考自己应该如何选择今后的职业道路,走好人生的每一步。

留院发展:毕业留院后,在白鹤滩水电站从事水电站及库区水利项目设计工作,目前是水工院的技术骨干,担任团支部副书记职务,并完成核心论文 2 篇、实用新型专利 2 个,获得华东院"优秀团员"称号 1 次,华东院优秀成果一等奖 1 次,并取得注册一级建造师执业资格。

典型案例 2

2015 级水利工程专业学位研究生杨伟程

杨伟程,河海大学 2015 级水利工程联合培养研究生,实践期间担任联培生班长,积极配合做好学校、基地、学生之间的联系工作。在校内导师徐力群和基地导师任金明的悉心指导下,顺利完成茅洲河整治工程现场设计工作及白鹤滩导流隧洞科技论文撰写工作,实践成果突出,2016 年留在华东院工程施工设计所工作。

实践期间,结合实践项目在《华东工程技术》导流隧洞专刊上以第一作者发表了《白鹤滩水电站导流隧洞进口闸门井结构有限元分析》《基于 Microstation 的白鹤滩水电站导流隧洞三维设计应用》《围堰最优经济断面稳定复核》《白鹤滩水电站导流隧洞进出口围堰设计》等 4 篇文章,以其他作者发表文章 6 篇,参与编写了《施工专业三维设计操作手册(第四版)》及《施工专业三维设计校审手册(第二版)》;绘制茅洲河水环境综合整治工程技施图共 60 张,编写可研、初设报告共 20 份。

杨伟程在实践报告中写道:"实践期间,通过多个大型项目的历练,在业务水平、知识技能以及团队协作等方面有了大幅提升。在撰写白鹤滩水电站导流隧洞工程科技论文中,最大的收益就是让我培养了脚踏实地、认真严谨、实事求是的学习态度及不怕困难、坚持不懈、吃苦耐劳的精神。"

典型案例 3

深化合作,实现共赢

研究生培养基地作为一个交流载体,进一步深化了华东院和河海大学在科学研究、技术创新和人才培养等方面的深度合作。近三年,双方合作完成了《白鹤滩水电站技施阶段高坝坝基渗流应力耦合作用下的工程安全研究》《杨房沟水电站招标阶段坝身泄洪孔口、闸墩结构静动力分析及配筋研究》《风电场潮流和短路电流实用计算研究与软件开发》《金寨抽蓄可研输水发电系统水力过渡过程计算分析研究》《哥斯达黎加圣巴勃罗水电站枢纽整体水力学模型试验研究》等近二十项国内外工程合作项目。

联合开展了《长引水系统巨型差动式调压室关键技术》《公伯峡面板坝三维有限元计算模型开发研究》《盾构穿越可液化地层影响物理及数字模型试验研究》《河道原位治理技术研究》等 10 余项科研项目,其中《长引水系统巨型差动式调压室关键技术》项目获得 2015 年度中国电力建设集团有限公司科技进步奖一等奖。

通过联合培养,学生的就业竞争力显著增强,优化了华东院的人才结构,研究生的实践成果给企业带来了直接的经济效益,学校的办学空间得以拓展,真正实现了学生、企业、学校的"三赢"。

河海大学华东院基地白鹤滩项目组实践学生合影

河海大学水利工程领域工程硕士生在华东院基地进行杨房沟项目实践

河海大学水利工程领域工程硕士生在华东院基地进行白鹤滩项目实践

河海大学华东院基地实践学生参加文体活动

河海大学华东院基地实践学生举行项目研讨会

南京林业大学工业设计工程专业学位
研究生联合培养示范基地

一、基地简介

1．基地名称

南京林业大学工业设计工程专业学位研究生联合培养示范基地。

2．联合培养单位

宜华生活科技股份有限公司(广东省宜华木业股份有限公司)及其两家子公司：汕头市宜华家具有限公司、梅州市汇胜木制品有限公司。

3．培养单位

南京林业大学。

4．建立时间

2012 年 3 月 20 日。

二、建设情况

基于"产学研用"合作教育理念,把生产、教学、科研和应用有机统一起来,以培养工业设计工程专业学生综合素质、提高实践能力和创新能力为重点,充分利用以传授高级专业知识为主的学校和直接获取实际生产实践经验、科技开发经验和创新能力为主的企业,充分利用在人才培养方面的理论优势和实践优势,形成大学教育与产业实体有机结合的高层次应用型人才培育模式,实现南京林业大学工业设计工程专业学位研究生校企联合培养创新目标。

三、基地特色

公司于 2011 年斥资 7000 万元,在莱芜领海工业园区宜华木业城建成占地 3200 平方米的"宜华木业研究开发院"。其中,工程试验占地 2000 平方米,配套设立物理实验室、化学实验室、环境实验室、燃烧实验室、气候仓实验室等,办公用房 1200 平方米,配设有总值超过 4000 万元的 186 台先进科研仪器设备,主要包括锥形量热仪、气相质谱联用仪、气相顶空进样器、家具测试专用综合台架、地热地板试验箱、气体分析法甲醛测试仪、超声波水浴装置、可程式恒温恒湿试验机、材料产烟毒性试验装置、铺地材料燃烧试验装置等。在实践基地建立学校与企业共享的专业实验室或合作研究中心,为执行"产学研"合作过程中的专业教学、企业职工培训以及解决企业实际技术问题提供硬件实践条件。

(1)联合培养基地拥有一支具有核心力量的科研队伍,先进的科研设备及科研条件,充裕的研发项目经费支持,强化技术开发机构的建设。邀请科研院校权威性、极具影响力的特聘院士、高层次专家指导研究工作,并通过工程中心、技术中心、博士后创新基地引进一批研发成果突出、具有指导研究生能力的国内外优秀科技人才。目前,公司已设有院士工作站、博士后科研工作站、工业设计中心、工程技术研究中心和企业技术中心等多个研究机构,为科研实践提供了良好的平台。

(2)联合培养基地自主创新能力较强,拥有核心技术创新体系。内部打造多层次人才梯队,掌握以新型材料技术、先进制造技术、资源回收利用技术等为支柱的核心专利技术,外部借助"产学研"项目合作等参与各类技术创新战略联盟。自2012年以来,公司围绕敏捷制造、木材资源循环利用等绿色制造关键技术领域,积极开展新技术研究,积极开发新产品,获得了丰硕成果。

(3)联合培养企业具有丰富的"产学研"合作经历和良好的"产学研"合作培养研究生的工作基础。高度重视与国内重点林业院校、科研机构的"产学研"项目合作,参与不同层次、不同形式和不同深度的各类技术创新研发。

四、建设成效

自2012年以来,基地与我校家具设计与工程学科、工业设计工程专业学位领域的专家、教师及研究生开展多层次的"产学研"合作项目。其中,包括全国木竹产业技术创新战略联盟2012年科技计划项目"次小薪材用于实木家具制造的增值技术及产业化"、2014年广东省"产学研"项目"木材资源综合利用技术集成及产业化"等省部级项目,以及"木制品中挥发性有机化合物(VOC)集成控制技术研究与应用""家具用速生树种木质基材高疏水性处理技术的研究与应用""纳米材料改性聚氨酯仿木材料的研发与产业化""实木家具配料作业工艺技术规范研究与应用""实木家具产品图形数据库构建与应用""实木家具产品制造工艺技术(工序)规范数字化管理平台构建与应用""天然木材纹理及材色图样采集与数码化处理技术研究与应用"等60余项公司内部立项项目。同时,所有校企合作项目均有工业设计工程专业的研究生参与科学研究与产业化应用,累计培养研究生近60人。

实践成效主要表现在家具用木材改性、制造工艺、干燥技术、涂饰技术、先进制造技术等方面产生了重要的应用价值和巨大的经济效益。通过校企合作研发,宜华集团的三家公司均已成为高新技术企业,仅退税补助这一项,集团每年可从政府获取近6000万元。另外,2012年以来,联合发表学术性论文55篇,其中SCI收录论文2篇;校企联合申请专利38项(发明专利21项),其中已授权专利32项(发明专利15项)。

江苏大学流体机械行业人才联合培养实践基地

一、基地简介

　　江苏大学流体机械行业人才联合培养实践基地由江苏大学与蓝深集团股份有限公司（简称蓝深集团）于 2010 年 4 月合作建立。基地为江苏大学依托流体机械及工程国家重点学科、国家水泵及系统工程技术研究中心、江苏省产业研究院流体工程装备技术研究所和动力工程及工程热物理江苏高校优势学科而建，依托企业蓝深集团为国内流体机械行业的领军企业。

　　工程的核心是实践与创造，工程实践是创新的基础。改革传统的学术型人才单一培养模式，注重研究生培养过程与生产实践、社会需求的紧密结合，是工程专业学位研究生培养的关键。动力工程作为江苏大学的传统学科，在业内具有深厚的行业背景，肩负着人才培养、服务区域经济建设和社会发展的重大职责。江苏大学积极拓展与地方政府、企业全方位、多层次的合作，探索形成了学科与企业、地方政府优势互补、协调发展的"产学研"结合长效机制，通过共建研究院所、技术中心以及加盟国家产业技术创新战略联盟等形式，建立了10 余家联合培养基地，积聚形成了研究生培养的丰厚、优质的社会资源。

　　近三年来先后入驻蓝深集团联合培养实践基地开展联合培养的硕士研究生有 50 余人，共参与申请专利 30 余件，其中授权专利 20 余件，发表学术论文 25 篇，制定行业标准 3 部。各个实践基地联合培养的专业学位研究生真正做到了"研究做在工程中、成果出在企业里、论文写在产品上"，经过企业实训锻炼的研究生深受实践单位的好评。联合培养基地架起了企业与学校沟通合作的桥梁，在有效解决企业技术、生产重大问题的同时，促进了学校的科学研究和技术开发，成为高层次实践型人才培养的前沿阵地，真正实现学校、企业和学生的多方共赢。

二、建设情况

　　为切实提高工程硕士培养效率，强化校企联合培养合作关系，江苏大学与各个合作企业共同成立了各基地联合培养管理小组，明确了合作各方责任和义务，落实了专门管理人员，共同商定基地研究生培养计划和制定基地管理办法，协助安排校企导师交流与培训，协调解决基地实践与合作研究中出现的问题，负责落实基地各项具体培养管理工作，保证了联合培养高质、有效运行。

　　江苏大学目前围绕动力工程专业建立起了一支教学水平高、业务能力强的教师队伍。

教师队伍中包含教师 89 人,其中兼职教师 21 人。教师的学缘结构和知识结构合理,其中具有博士学位的教师超过 60%。近年来,动力工程专业教师获国家教学成果奖 2 项、江苏省教学成果奖一等奖 1 项、首届中国学位与研究生教育学会研究生教育成果奖二等奖 1 项;获国家科技进步二等奖 2 项,省部级科技奖励 30 余项;培养研究生获全国优秀博士学位论文 1 篇、提名 1 篇,获江苏省优秀博士学位论文和优秀硕士学位论文各 8 篇。

蓝深集团股份有限公司(以下简称"蓝深集团")创建于 1958 年,是国家环保骨干企业、国家级高新技术企业。与江苏大学"产学研"合作成立的江苏大学南京蓝深流体技术研究所为国内泵行业第一家国家博士后科研工作站、江苏省企业院士工作站、江苏省企业研究生工作站,并被认定为南京市水泵工程技术研究中心,目前正在积极申报江苏省水泵工程技术研究中心。"产学研"合作十多年来,研究中心坚持科技自主创新,拥有 20 多项国家专利,获得中国驰名商标、国务院颁发的国家科学技术进步二等奖以及国家免检产品等荣誉,同时承担了国家"863"计划项目,并被认定为国家科委火炬计划项目验收合格企业,国家科委"潜水排污泵"技术依托单位。现有本科以上科技研发人员 85 人,其中享受国务院特殊津贴 2 人、江苏省 333 高层次人才培养对象 1 人、全国泵技术委员会委员 2 人、在站中国工程院院士 1 人。2010 年,江苏大学南京蓝深"产学研"联合培养研究生基地荣获江苏省"产学研"联合培养研究生优秀基地,2016 年,获批为江苏省优秀研究生工作站。进入蓝深集团联合培养基地的研究生主要围绕井用潜水泵、大型轴流泵、潜水泵等水力机械开展设计开发、理论分析和试验测量研究。

江苏大学与蓝深集团自 2010 年共建硕士研究生联合培养基地以来,先后有 70 余名江苏大学动力工程专业学位硕士研究生进入实践。

三、基地管理模式与制度建设

为切实落实研究生进站后的各项管理工作,确保实践基地可持续发展,校企双方针对进站研究生制定了比较完善的规章制度。学校先后出台了《江苏大学研究生实践基地管理办法》《江苏大学校外研究生指导教师聘任与管理暂行办法》等一系列管理文件;联合培养基地也对研究生进企业的招收、工作场所配置、住宿管理、补助发放、研究项目的建立、中期考核、最终考核、研究生的奖惩等培养过程制定了详尽的规章制度。

江苏大学与蓝深集团签订的《共建研究生联合培养实践基地协议》,明确了联合培养基地的运行基准和规则制度。进入实践基地研究生的培养方式采取双导师制,即由校方导师和企业导师共同指导研究生。企业导师参与研究生实践过程、项目研究、课程与论文、日常管理等多个环节的指导工作,具体工作内容由双方导师协商确定;校方导师负责根据实践内容制订研究生的培养计划、课程学习、学术指导、论文指导和日常管理。校企双方导师建立交流机制,及时解决研究生在科研和日常生活中出现的问题。研究生在实践基地期间应定期返校(一年至少返校两次),向学校及导师汇报学习、工作与生活情况,并参加学校的有关活动;研究生返校答辩前应向研究生培养处、学院和导师提交《江苏大学研究生实践环节总结考核表》,作为研究生的主要考核依据。

为解决研究生后顾之忧,提高研究生参与实践、科研的积极性,企业为在站研究生提供免费住宿、免费用餐,并按月发放生活补贴,确保研究生能够安心学习、实践和生活。

四、基地特色

专业学位研究生深度介入企业生产研发,在联合培养基地解决企业技术、生产重大问题,正成为科学研究和技术创新的助推器。研究生参与开发的多个产品荣获了国家重点新产品荣誉,研究生参与申报的科研项目获得国家和部省资助,各个联合培养基地同时也收获多项科研奖励,这些都极大地提高了企业研发水平和能力,较好地推动企业实现自主创新,增强市场竞争力。联合培养基地通过遴选并聘请一批理论基础扎实、实践经验丰富、具有高级职称的企事业专家担任工程硕士导师和实践课程教师,共同参与实践培训、项目研究、课程与论文等环节的指导工作,实现了"校内与校外互补、专职与兼职结合"的专业学位师资队伍建设模式,形成学校导师和企业、科研院所高级技术人才之间有序、合理的"流动"制度,促进了"理论"和"实践"的有效结合,带动了企业骨干和学校导师共同成长,为提高专业学位研究生培养质量提供了队伍保障。

江苏大学建立流体机械行业人才联合培养实践基地的主要目标是组织动力工程领域、流体机械行业骨干企业围绕我国流体机械产业技术创新的关键问题,深入"产学研"开展合作,突破流体机械产业发展的核心技术;联合建立国家、省级技术创新平台(国家博士后科研工作站、省级企业技术中心、企业院士工作站、江苏省企业研究生工作站等),实现创新资源的有效分工与合理衔接,实行知识产权共享;联合培养高级研究与应用人才,加强校内科研人员与企业一线工程师的交流互动,提升研究生的理论素养和工程实践能力,有效提升我国动力工程行业的核心竞争力。经过近些年来与国内动力工程行业多家领军企业的合作和摸索,形成了具有鲜明特色的合作模式,初步建立起多层次、立体化持续创新的研发平台。

1. 以"产学研"合作为宗旨推进研究生进驻企业联合培养

江苏大学通过"产学研"合作模式,科研单位和企业双方联合建立起了国家和省级科研创新平台(国家博士后科研工作站、江苏省院士工作站、企业研究生工作站、企业技术中心等),以科研平台为载体,企业和高校、科研单位双向定期借调、互换技术人员,联合成立技术攻关组,或针对某一项目进行合作,取得了显著的成绩。目前江苏大学每年均派送研究生进驻企业进行联合培养,并聘用企业技术骨干作为研究生的兼职导师,研究课题可选定校企双方的合作项目,架起高校、企业深入合作的沟通桥梁,促进了"产学研"的不断深入,也大大提高了研究生培养质量。

2. 宽广的合作领域带动了基地建设可持续发展

与以往"短期、松散、单项"的合作模式相比,联合培养实践基地与江苏大学以人才培养为中心、以项目合作为纽带,在企业生产、新品研发、科研合作、学术交流、队伍建设、员工补充等方面均实现了深度融合与合作。目前,进入企业的高校人员,不但包括专业学位研究生,还包括青年教师和资深教授,学校导师和企业导师通过定期举行企业生产过程讲座、专业知识讲座等活动,真正实现了"产学研"的合作。

3. 完善的组织体系保证了联合培养基地健康运行

江苏大学与企业共建的联合培养基地由企业技术中心负责,下设不同的项目组,根据项目内容配备相应的企业技术人员、导师和学生,形成了较为合理的团队协作模式。同时,技术中心单独设立了外联组,负责企业和学校的各种联系,包括企业生产设备的使用、产品的取样,以及学校各种资源的调用、技术难点的研讨分析等。

五、建设成效

江苏大学与蓝深集团共建硕士研究生联合培养基地以来,先后有 50 余名江苏大学动力工程专业学位硕士研究生进入实践,硕士研究生共参与申请专利 30 余件,其中授权专利 20 余件,发表学术论文 25 篇,制定行业标准 3 部。各个实践基地联合培养的专业学位研究生真正做到了"研究做在工程中、成果出在企业里、论文写在产品上",经过企业实训锻炼的研究生以其"工程基础厚、实践能力强、工作作风实"的良好品质深受实践单位的好评,也受到了用人单位的一致欢迎。联合培养基地架起了企业与学校沟通合作的桥梁,在有效解决企业技术、生产重大问题的同时,促进了学校的科学研究和技术开发,成为高层次实践型人才培养的前沿阵地,真正实现了学校、企业和学生的多方共赢。

在硕士研究生的带动下,蓝深集团在行业内率先将高校科研所用的 PDM 技术、CFD 流场分析技术、有限元分析应用到公司的实际工作中,提高了产品研发效率,提升了企业的自主研发能力,对国内泵及水处理设备行业的技术发展起到了积极的推动作用。联合培养研究生参与研发的环保用潜水排污泵(污水污物潜水电泵)、潜水轴/混流泵、无堵塞纸浆泵、立式排污泵等四大类多个规格的系列产品,其结构新颖、可靠性好、效率高,平均效率比相应标准及国内同类产品高 5%~10%,近三年新增产值 11 560 万元、利润 920 万元、税收 680 万元,节支总额 600 万元。

六、典型案例

典型案例 1

江苏大学动力工程专业的硕士研究生白玲,2012 年 10 月至 2013 年 9 月在蓝深集团围绕"轻巧型多级离心泵的设计开发"开展研究,在校内导师和企业导师的共同指导下,申请专利 2 项,撰写学术论文 2 篇,其研究成果成功应用在企业产品中,获得了企业技术人员和行业专家的一致好评,作为完成人之一荣获 2013 年度全国大学生"挑战杯"课外作品竞赛一等奖和 2013 年中国机械工业科学技术奖一等奖。

典型案例 2

江苏大学动力工程专业的硕士研究生季磊磊,2014 年 10 月至 2015 年 9 月在蓝深集团开展联合培养,结合在企业实践的课题,先后申请发明专利 3 项,在《排灌机械工程学报》《机械工程学报》等行业期刊发表学术论文 4 篇,获得了教育部颁发的硕士研究生国家奖学金。

江苏大学动力工程硕士生在蓝深集团股份有限公司基地进行泵振动实验测量项目实践

江苏大学动力工程硕士生在蓝深集团股份有限公司基地进行泵装配与调试实习项目实践

江苏大学动力工程硕士生在蓝深集团股份有限公司基地进行水力部件机加工项目实践

江苏大学动力工程硕士生在蓝深集团股份有限公司基地进行泵性能在线测试项目实践

浙江大学建筑与土木工程专业学位研究生联合培养实践基地

一、基地简介

工程实践是专业学位研究生培养的重要环节,充分的、高质量的工程实践是专业学位教育质量的重要保证。为了提升建筑与土木工程专业学位研究生的工程实践能力,推进专业学位研究生培养模式改革,浙江大学与浙江大学建筑设计院有限公司(以下简称浙大建筑设计院)于 2008 年签署了共建实践基地合作协议,2012 年共建实践基地获批成为国家级工程实践教育中心,2014 年与浙江大学建筑设计研究院联合成立了"协同创新研究中心",2016年,经浙江大学校务会议讨论,由建筑工程学院、浙大建筑设计研究院、浙江大学城乡规划研究院共同组建成立了建筑规划设计学科"产学研"联盟。校企共建联合培养实践基地为浙江大学人才培养和学科建设提供了强有力的支撑,取得了较好的社会声誉和经济效益,得到社会各界和建设单位的赞扬和好评。

二、建设情况

近五年来建筑与土木工程专业学位研究生联合培养实践基地共招收专业学位工程硕士434 人,每年培养专业学位工程硕士 90 人左右,一般在每年 3 月初,浙江大学建工学院会同浙大建筑设计院召开联合培养启幕,浙江大学将 90 名左右研究生派驻到建筑设计院,跟随企业导师进行实践学习。为了确保实践教学质量,达到培养目标要求,联合培养实践基地采取以下举措:

(1)成立管理委员会,由学校和设计院共同选派管理人员、教授代表组成,并配备思想政治教育辅导员,成立专业学位教学指导委员会,负责专业学位研究生的教学和实践教育,尤其是强化专业学位研究生的思想政治教育;

(2)建立、健全教学基本文件,包括培养方案、课程教学文件、实践教学文件、教学工作量统计表等;

(3)正式聘请浙大建筑设计院 60 位具有丰富工程经验的优秀设计师担任企业合作导师,与校内导师组成导师组,形成高水平的"双师型"研究生导师团队;

(4)根据建设需要配套建设经费,为专业学位研究生提供场地和工作、生活设施,保证在基地进行的教学活动正常开展;

(5)建立完善培养质量监控体系,定期开展"关于专业学位研究生培养的调查",定期采集毕业生就业信息,了解实习单位和就业单位对毕业生的用人评价,征集各方意见和建议,对专业学位研究生的培养质量进行监控。

三、基地特色

建筑与土木工程专业学位研究生联合培养实践基地自建设以来,取得了良好的建设成效,形成了以下特色:

1. 创新师资队伍建设,校内设置实践教授岗位,建立实践导师机制

为充分利用设计院高端技术人员工程实践经验丰富的资源优势,建工学院聘请设计院部分工程设计经验丰富、业绩突出的高端技术人员参与校内教学,开设工程实践特色课程,开展常规性的学术讲座,承担高质量研究生课程教学工作,同时承担一定的科学研究工作。人事关系不在学校的外聘教学教师,主要包括获得国家及省勘察大师、设计大师、建筑大师称号的工程师以及知名建筑师。通过改革师资队伍管理模式,创新建立实践导师机制,设置实践教授岗位,基地取得了良好的教学效果。

2. 以实践基地"产学研"联盟为契机,探索多渠道"产学研"互动互融路径

从 2008 年开始,为了培养学生的创新实践能力,浙大先后与浙大建筑设计院共同建立了学生校外实践基地、协同创新中心和学科发展"产学研"联盟,在人才培养、人才服务和智库服务等方面开展了良好的互动,实现了校企全方位的深度合作模式,形成了"产学研"良好的互动互融,取得建设成效。

3. 规划、设计、建筑施工等项目全过程实战

专业学位研究生课程学习结束后,进驻浙大建筑设计院,进行为期不少于 6 个月的实践实习,在设计院,全部按照设计院的管理模式,根据实践环节教学要求,参与企业导师的实际工程项目,全方位地了解建筑设计、规划和建筑施工等,通过实战训练,突出培养学生的动手能力、再学习能力和团队合作精神,提升专业学位研究生培养质量。

4. 依托合作企业,建立发展基金,助力人才培养

浙大建筑设计院是国家甲级设计研究机构,具有良好的经济效益,设计院自建院以来,秉承设计、教学、科研相结合,对人才培养给予了大力支持,每年注资土木建筑教育基金,奖励学业和教学优秀的学生和老师,专项资助教学改革和国际化教育,取得了丰硕的教学成果。

四、建设成效

基地每年联合培养研究生 90 人左右,大部分毕业研究生进入高层次的企事业单位,学生就业率达到 100%。部分研究生在工程实践中参与了实践基地一些有代表性的工程项目,进一步锻炼了学生解决工程实际问题的创新思维,提升了项目规划和设计等能力。在设

计方面,实践基地的浙江师范大学仓前校区项目获得了 2015 年教育部优秀建筑电气三等奖、浙江省建设工程钱江杯奖(优秀勘察设计)二等奖和杭州市建设工程西湖杯奖(优秀勘察设计)一等奖,其中 2014 级建筑与土木工程专业研究生万璋、李腾、张洛栋等参与了部分建筑的设计工作。在科研方面,学生以导师研究课题为基础,结合工程实践参与的项目,整合成科研论文发表,毕业生中孙恺祺、王申昊、胡胜楠 3 位建筑与土木工程专业研究生发表了 SCI 论文。毕业研究生中已发表 SCI 论文 3 篇,EI 论文 3 篇,核心期刊论文 10 余篇。

浙江大学建筑与土木工程专业学位研究生联合培养实践基地

杭州电子科技大学—杭州华为企业通信技术有限公司 IT 人才联合培养基地

一、基地简介

1. 基地名称

杭州电子科技大学—杭州华为企业通信技术有限公司 IT 人才联合培养基地(简称杭电—华为 IT 人才联合培养基地)。

2. 联合培养单位

杭州华为企业通信技术有限公司。

3. 培养单位

杭州电子科技大学。

4. 建立时间

2009 年。

二、建设情况

1. 合作内容不断深化

从 2005 年开始,杭州电子科技大学(简称杭电)就与华为公司以研究生实习为纽带,通过"导师学生走出去、工程专家请进来"的方式,强化人才培养与社会需求的对接。2009 年正式与华为公司签订"合作培养专业技术人才协议书",共同制定培养方案、教学大纲和考核标准,联合培养工程应用型人才。

2. 高层次平台建设丰富多元

近年来,联合培养基地的研究生规模不断扩大、合作层次不断提升,通过共同建设国家级工程实践教育中心、设立华为奖学金和成立杭电华为俱乐部等载体,聘请企业导师参与工程实践指导,开展华为嘉年华和参加华为软件精英挑战赛等活动,充分发挥双方在导师师资、科学研究、技术创新、实验平台等方面的综合优势,实现校企资源共享和文化融合,并在制度的保障下有组织地联合培养人才,基地每年可供研究生参与的项目达到三十余项。

3．联合培养学生数稳定增长

自杭电—华为 IT 人才联合培养基地成立以来,杭电共有 943 个毕业生进入华为工作,其中研究生 609 人。2014 年至 2016 年进入联合培养基地的研究生共计 108 人。自 2011 年设立杭电华为奖学金以来,共有 146 人获得华为奖学金。

4．共建共赢机制形成示范

通过基地建设,一方面为企业提供了人才培养和招聘选拔的平台,同时也为学校在工程硕士培养方面发挥示范效应,促进和带动了学校相关学科与杭州众多 IT 企业开展人才培养合作,使更多工程硕士研究生从中受益,进而推动了学校的工程硕士培养机制的改革创新。

5．学生实践创新成果丰富

我校与华为全方位合作成果丰硕,近三年来,我校在"华为杯"中国研究生电子设计竞赛、全国研究生数学建模竞赛等教育部学位中心主办的"全国研究生创新实践系列活动"中,获得一、二、三等奖共 133 项,在全国高校中名列前茅。2016 年,我校学子在华为软件精英挑战赛中获得二等奖和三等奖,成为本次比赛中唯一有多支参赛队获奖的高校。2016 年我校与华为公司的合作模式被中国校企协同"产学研"创新联盟授予"中国校企合作好案例"荣誉称号。

三、基地特色

1．通过多渠道的创新培养方式和多层次、全方位的合作，实现校企育人文化深度融合

通过设立华为专项奖学金、开展"杭电学子在华为"宣讲、成立杭电华为俱乐部等形式,开展华为嘉年华、华为零距离、华为职业规划、华为软件精英挑战赛和华为前沿科技体验等活动,丰富联合培养基地的文化内涵,为工程应用型人才的培养创造了良好的氛围。

2．建立"产学研"协同的学科专业人才联合培养机制，实现强强联合与多方共赢

通过校企合作人才培养基地建设,形成"产学研"科技协同的创新实践平台,研究生通过创新研究、工程实践和技术及工艺攻关,提高了创新精神、实践能力和综合素质。另一方面,联合研发成果也转化为企业的实际生产力,同时每年有数十名研究生在联合培养基地锻炼后被企业留下,成为华为的正式员工。

四、建设成效

1．发挥基地在行业人才培养方面的示范效应，推动专业学位研究生培养机制改革

据浙江省教育评估院调查显示,我校毕业生就业率和就业质量持续领跑浙江省高校排

行榜,研究生就业率连续多年超过 98％,60％以上的毕业研究生在华为、阿里、腾讯、百度、网易、新浪等 IT 名企,以及海康威视、恒生电子、浙大网新、中控集团等著名上市公司工作。杭电—华为 IT 人才联合培养基地的成功,使杭电大量毕业生进入优秀企业,产生巨大的示范效应,有力推动了专业学位研究生的培养与改革。

2. 依托引领产业升级的信息科技,培养适应社会需求的创新拔尖应用型高级人才

互联网＋、工业 4.0、中国制造 2025 均以信息技术为基础。杭州电子科技大学自创建以来,为国家培养输送了 10 万余名优秀人才,众多校友成为我国信息经济领域和 IT 行业的领军人物。杭电—华为的合作,完全切合这一引领产业升级的信息科技领域。进行高端工程应用技术人才的联合培养,必将对我国经济社会发展和信息化人才培养起到积极的推动作用。

杭州电子科技大学电子与通信工程等领域工程硕士生在杭电—华为 IT
人才联合培养基地进行实习生团建活动——拓展训练

杭州电子科技大学电子与通信工程等领域工程硕士生在华为进
行学习讨论和交流——中软杭研分部向新加入实习生介绍部门业务

杭州电子科技大学电子与通信工程等领域工程硕士生在杭电聆听华为技术有限公司研发副总裁陈京为我校研究生做"胜现在、赢未来"专题报告

杭州电子科技大学电子与通信工程等领域工程硕士生2011年在杭电召开华为奖学金颁发大会——颁奖仪式

杭州电子科技大学电子与通信工程领域工程硕士生在企业导师指导下开展研发工作——中软杭研分部实习生与导师开展技术讨论

浙江理工大学—新昌研究院研究生联合培养示范基地

一、基地简介

1．基地名称

浙江理工大学—新昌研究院研究生联合培养示范基地。

2．联合培养单位

新昌县人民政府、浙江日发纺织机械股份有限公司、浙江泰坦股份有限公司、浙江越剑机械制造有限公司、浙江精功科技股份有限公司、浙江拓峰科技有限公司、浙江本发科技有限公司。

3．培养单位

浙江理工大学。

4．建立时间

2007 年，与浙江精功科技股份有限公司建立了研究生合作培养基地，与企业合作培养研究生。

2009 年，"浙江理工大学—浙江精功科技股份有限公司现代纺织装备技术研究生教育创新示范基地"获得浙江省的批复建设（编号：YJ2008019），基地由浙江理工大学和新昌日发、新昌泰坦、浙江越剑、浙江精功共建。

2012 年，与浙江拓峰科技有限公司共同筹建"浙江理工大学—浙江拓峰科技有限公司自动化研究生教育创新示范基地"。

2014 年，新昌县与浙江理工大学正式签署了关于开展全面合作、共同发展的框架协议，2015 年正式成立"浙江理工大学新昌创新技术研究院"，研究生属地培养是研究院的一项主要工作。

2016 年 12 月 8 日，浙江省在新昌县召开"全面创新改革试验区建设暨产学研合作体制综合改革试点"动员会，会上对浙江理工大学新昌创新技术研究院以研究生培养和属地创业为主的"产学研"模式进行了表彰。

二、建设情况

1．导师队伍

现有 22 名企业导师,38 名高校教师。

2．针对工程硕士培养，进行以下改革

(1) 重新制订工程硕士培养计划,提高其解决工程实际问题的能力;
(2) 建立合作导师制,加强对实际工程问题的指导能力;
(3) 选题结合企业需求,培养过程紧密结合企业工程实践活动;
(4) 开展学术合作与交流,开拓研究生视野,活跃创新思维;
(5) 建立工程研究生培养的保障和激励机制,保障培养质量。

3．实验条件和实验项目

"浙江理工大学新昌技术创新研究院"提供教室、教授工作室、研究生工作室、实验室、设备调试场地共 1300 平方米,为学生的学习和工作提供场所;联合单位及新昌中宝、新昌鹤群、新昌宏涛等单位均提供企业实习基地;研究院定期召开工作研讨会,解决教师和学生的生活、学习问题,邀请行业专家讲课和技术交流,为同行提供共性技术和个性技术的研讨空间。

进入基地联合培养的研究生按企业员工标准在企业食堂免费就餐,研究生享受学校规定的生活补贴,同时由示范基地提供每月 500 元的助研补贴;参与企业项目并发挥作用的研究生,根据业绩另行补贴。

示范基地现每年可提供实习和研究项目 30 多项,满足学生培养要求。企业导师和校内导师根据学生兴趣和其具有的技能安排研究项目,项目研究完成后指导学生撰写专利等;企业导师和校内导师共同指导基地研究生撰写学位论文,并共同组织答辩。

三、基地特色

示范基地以与纺机装备制造业特色集聚区的地方政府合作的模式,避免单一合作企业的资源局限性,同时又保留产业特点,较好地融合了产业、学校和企业的各自优势,充分利用资源;在工程领域研究生培养工作中,逐渐凝聚"科研团队-创新平台-科研项目-龙头企业"四位一体的培养模式,使工程硕士的培养紧密契合企业的需求,目的明确,培养的研究生具有很强的实战能力;建立的合作导师制模式,校企导师密切合作,以需求引方向,以项目为依托,以学生为主体,教有分工,学有专攻,教学配合,突出实践创新。

四、建设成效

从 2012 年开始浙江理工大学纺织装备方向领域研究生培养逐渐实施"科研团队-创新

平台-科研项目-龙头企业"四位一体培养模式,近三年进入示范基地的研究生累计达 185 人。经过近五年的摸索和建设,取得了一系列成果:

(1)研究生参与国家级项目 13 项,省部级项目 18 项,项目合同总经费达 7500 余万元。

(2)研究生发表论文 205 篇,其中特级期刊 1 篇,EI 收录 47 篇;研究生参与发表 SCI 论文 20 篇。

(3)获得省"新苗计划"科研课题 8 项。

(4)研究生参与的已获授权发明专利 100 余项、实用新型专利 200 余项、软件著作登记权 80 余项。

(5)获得校级以上优秀硕士论文 12 篇。

五、典型案例

典型案例 1

浙江理工大学新昌创新技术研究院在浙江新昌的科技体制改革综合试点中,起到了重要作用,2016 年 5 月 28 日中央电视台在焦点访谈节目中,对浙江新昌的科技驱动发展做了专题报道,其中就有研究院结合地方企业需求培养工程研究生的内容。

典型案例 2

2008 级学生未印、吕明来,2012 级学生揭由君、汝欣,江苏东台恒舜数控精密机械科技有限公司研制的"HYQ 系列全电脑多功能无缝针织机"控制器荣获 2015 年度中国纺织总会科技进步一等奖。

典型案例 3

越剑研究生实习基地的 2011 级学生胡科桥、陈琳荣参与了新型电加热加弹机研究的全过程,"化纤长丝变形合股关键技术及其在锦纶机上的产业化应用"项目获 2014 年度浙江省科技进步二等奖。

典型案例 4

新昌本发基地的 2013 级学生应志平、2014 级学生丁煌、2015 级学生陆智伟、2016 级学生沈勇,从事复合材料增强层编织关键技术研究和设备研制的课题,在碳纤维三维编织机理和设备研制方面取得初步成绩,发表 SCI 论文 6 篇,研制产品样机两台。

典型案例 5

浙江拓峰基地 2010 级研究生周心阳,开展了印染定型机智能控制系统等项目,获得了研究生国家奖学金和省级、校级优秀学位论文,项目研究成果在绍兴亚太印染公司获得应用与推广。

大专院校在基地进行经验交流

焦点访谈报道示范基地情况和示范基地学生的部分成果

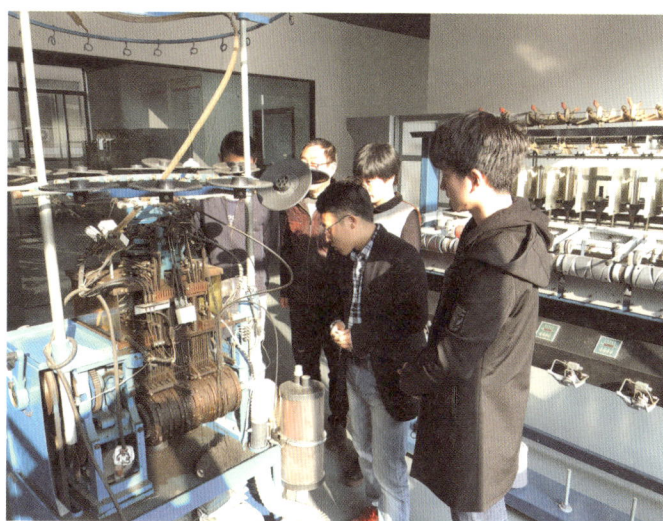

示范基地学生在日发开发的设备

示范基地学生在浙江越剑开发的圆纬机设备

示范基地学生在浙江本发调试设备

中国科学技术大学软件工程专业学位研究生联合培养基地

一、基地简介

1. 基地名称

中国科学技术大学软件工程专业学位研究生联合培养基地。

2. 培养单位

中国科学技术大学。

3. 联合培养单位

科大讯飞股份有限公司。

4. 建立时间

2005 年。

二、建设情况

本基地旨在培养具有从事软件工程开发和设计所需的相关数学、自然科学、软件理论和方法、经济管理以及人文科学知识,且具有软件工程设计经验以及系统集成创新能力的设计型人才;培养具备独立设计、开发和管理具有一定规模的软件产品、工程项目能力以及具备研发团队领导能力的工程管理型人才;培养具备软件产品规划、系统设计和国内外市场分析能力,具备较强的分析问题和解决问题的能力,能够把握行业技术和市场发展趋势,具有国际合作能力的软件工程行业优秀人才。

本基地的建设有效提升了中国科学技术大学(简称中国科大)软件工程专业学位研究生的综合素质和创新能力。科大讯飞的高水平实践活动与中国科大课堂的高水平理论教学形成良性互补。本基地为每位实习生配备企业导师,具有丰富实践经验的企业导师在企业现场为研究生介绍具体的技术与原理,从而使学生将平常所学的理论知识与实际软件研发有机结合起来。

本基地的建设有效拓宽了中国科大软件工程专业学位研究生的创业就业渠道。科大讯飞不仅仅是中国最大的智能语音技术提供商,也是大学生创业的成功典范。在本基地,学生可以接触和了解行业内更多的就业需求信息,切实了解当今企业对人才的需求与要求,对自身能力和状况形成更为清晰的定位,从而形成更契合实际的求职观和职业生涯规划。

本基地的建设有效推动了中国科大软件工程专业学位研究生培养模式的创新。本基地十多年的实践表明,将课堂上的理论知识具体化为专业的研发实践,这种培养方式比单纯的理论灌输更加生动、有效。同时,注重实用性亦是软件工程教育的必然要求和培养创新型应用人才的最有效途径之一,而"产学研"相结合是有效提高高校老师相关业务能力的一种重要方式。

三、基地特色

1. 持续不断地为我国"语音产业国家队"输送优秀人才的重要渠道

科大讯飞先后被确定为我国唯一以语音及语言技术为主要产业化方向的"国家863计划成果产业化基地""国家规划布局内重点软件企业""国家认定企业技术中心""国家级创新型企业",已成为业界公认的"语音产业国家队"。因此,本基地具有明显的行业特色,在语音与语言信息处理方面具有行业领先优势,为我国语音产业的发展输送了大批人才。

2. 拥有安徽省"产学研"联合培养研究生示范基地、语音及语言信息处理国家工程实验室等一批高水平研发平台

本基地合作双方已共同成立了语音及语言信息处理国家工程实验室、安徽省"产学研"联合培养研究生示范基地、计算与通讯软件安徽省重点实验室、大数据分析与应用安徽省重点实验室、讯飞—科大语音联合实验室、中国科技大学企业实习基地、软件工程中心等一批高水平研发平台。这些研发平台既是本基地历史成绩的最好证明,又是本基地未来发展的重要支撑条件。

3. 提供的不仅仅是订单式培养,更是大学生创新创业的成功典范

一方面,本基地教学委员会结合讯飞公司的实际需求,制定了符合科大讯飞和中国科大实际的订单式培养方案,非常有利于实习生锻炼实践能力,快速成长为卓越工程师。另一方面,科大讯飞是一支怀着强烈民族责任感的大学生创业团队,于1999年成立,中文语音产业亦由此起飞。"大众创业、万众创新"作为国家战略,已经成为时代的主旋律。本基地高度重视实习生创新创业能力的培养,并以科大讯飞的成功经验为基础,引导和鼓励实习生开展创新创业活动。

四、建设成效

随着科大讯飞与中国科大合作的不断深入,二者之间已建立起了工程硕士研究生联合培养的常态化机制。数据显示,自2013年至今,科大讯飞与中国科大共计联合培养实习研究生达到198人次,其中实习实践时间不少于6个月的实习研究生有91人;有60余名优秀实习生毕业后留在科大讯飞工作,其中部分人员已经成为公司研发岗位的中坚力量。

五、典型案例

实习生：牛鑫（科大讯飞 2016 年优秀实习生）

实习部门：科大讯飞大数据研究院

实习时间：2015 年 12 月至今

企业导师：谭昶

学校导师：陈恩红

突出表现：作为芜湖智慧城市项目的骨干成员，完成了芜湖区域流量 OD 矩阵计算、芜湖人口属性划分（区分过境、差旅、常住人口）、移动序列专利撰写等工作；作为骨干参加联通举办的店铺推荐大数据比赛，并且以公司的名义夺得了比赛的第二名。

中国科学技术大学软件工程专业学位研究生联合培养基地进行"讯飞超脑"项目实践

中国科学技术大学软件工程领域工程硕士生在中国科学技术大学软件工程专业学位研究生联合培养基地进行车载语音项目实践

中国科学技术大学软件工程领域工程硕士生在中国科学技术大学软件工程专业学位研究生联合培养基地进行软件测试项目实践

中国科学技术大学软件工程领域工程硕士生在中国科学技术大学软件工程专业学位研究生联合培养基地进行语音处理项目实践

中国科学技术大学软件工程专业学位研究生联合培养基地进行软件测试项目实践

安徽工业大学—马钢(集团)控股有限公司、马鞍山钢铁股份有限公司研究生联合培养基地

一、基地简介

马钢(集团)控股有限公司、马鞍山钢铁股份有限公司(简称马钢)是我国特大型钢铁联合企业,拥有矿产资源业、钢铁主业、非钢产业三大板块,是安徽省最大的工业企业,技术力量和硬件设施基础都非常雄厚,是高层次人才培养的良好合作企业。长期以来,安徽工业大学在自身发展的同时,坚持面向包括马钢在内的行业企业,培养基础扎实、实践能力强、能扎根基层的高层次人才,积极与企业合作开展新产品研发、技术攻关和设备改造等,主动在服务中求支持,在贡献中求发展。

第一阶段,基地筹建、成立。2010年1月学校与马鞍山钢铁股份有限公司签订"产学研"合作协议,5月商定建立联合培养基地。2010年6月10日下午,安徽工业大学与马钢(集团)控股有限公司、马鞍山钢铁股份有限公司研究生联合培养基地揭牌暨双方导师与研究生对接仪式在学校学术会议中心隆重举行。

第二阶段,基地初期运行模式集中在马钢技术中心。揭牌暨双方导师与研究生对接仪式后,马钢指定技术中心为联合培养研究生的基地,本次联合培养共计37位研究生和28位安工大导师、19位马钢导师参加。学生分为板、带、冶金工艺组,长、材、综合组和管理类组进行分类培养,并于2010年7月初进入联合培养基地马钢技术中心,就马钢导师所提出的研究课题进行前期研究工作。随着规模扩大,技术中心接纳工程领域和规模受到一定的限制。

第三阶段,基地扩大至马钢各二级厂矿单位。随着专业学位研究生教育的发展,我校工程硕士各领域需要更多的马钢技术人员和二级企业单位加入联合培养研究生的行列。2011年10月19日,学校研究生院与马钢科技管理部沟通"产学研"培养研究生工作,决定扩大企业导师选聘,进一步推进"产学研"联合培养研究生工作,全面铺开与马钢各二级厂矿单位的联合培养工作。

二、建设情况

1. 基地建设目标

学校实施与马钢研究生联合培养研究生的目标:树立开放办学的思想,通过"产学研"合作创新研究生培养模式和体制机制,提高人才培养质量,进一步提升学校服务社会的深度与广度,为区域经济社会发展和促进创新型安徽建设培养一批适应社会和企业需求的高层次创新型应用人才。

2．基地建设主要举措

1）加强联合培养导师队伍建设

我校一直重视企业导师队伍的建设工作。基地建立初期,严格合作准入标准,精心挑选校内外合作导师和联合培养研究生,保证合作培养稳步进行。首先在马钢等企业方面选择导师的标准是教授级高级工程师和公司技术核心部门科技人员,聘请了包括马钢原董事长顾建国和现董事长高海建在内的26名企业导师;其次在学校方面选择具有丰富的"产学研"合作经验并在企业长期承担课题研究的校内导师。

随着全日制工程硕士招生量的扩大,逐年扩大马钢企业导师队伍。近三年我校共聘请78位具有一定学历和研究能力的马钢资深高级工程师和企业管理人员等作为企业导师。

2）加强基地管理制度建设

一是构建开放型的基地管理模式。基地建立前期管理及组织架构为马钢技术中心与学校研究生院具体负责联合培养基地的管理工作。2011年10月以后管理及组织架构为由马钢科技管理部作为管理平台与学校研究生院对接,负责日常联合培养工作。马钢内部,由技术中心和科技管理部建立"产学研"联合培养研究生管理制度,明确企业内部工作职责、工作分工。学校研究生院按工程领域与各单位、部门具体推进工作。

二是构建高校负责企业参与基地的质量管理体系。研究生在基地实践期间,实行全过程的管理和质量评价,以确保实践教学质量。校内外导师共同指导和管理学生,共同对学生的实践成绩以及表现、能力等综合素质进行评定。

三是出台企业导师聘任与考核标准等管理办法。自2014级起全日制工程硕士研究生入校选择好校内导师后,第二学期开始进入企业,在企业导师的指导下进行半年的集中专业实践和后期的论文撰写与科研等工作,学生毕业即对企业导师进行考核。

三、基地特色

1．基地建设有效提升了我校研究生的综合素质，扩大了就业渠道

建立马钢研究生联合培养基地,为学校工程硕士提供了优质的行业工程实践平台。进入基地的研究生通过一线企业的实践,有效提升了行业工程实践经验和解决实际问题的能力,提高了在实际工作中进行相关领域工程研究的意识,也扩大了就业渠道。

2．基地建设有效促进了资源整合

基地建设将高校和企业有机结合,充分发挥校企双方在学术队伍、科研项目、信息资料、实验设备以及科研经费等方面的综合优势,实现了创新资源的优化配置。同时,联合培养基地的建立,还将企业具有较强教研能力和丰富实践经验的高层次技术骨干充实到导师队伍中,优化了导师队伍的结构,缓解了我校教学培养资源尤其是工程实践经验不足的问题。

3．基地建设构建了合作共赢的联合培养机制

一方面,基地建设为我校研究生提供教育教学实践和科研平台,"双导师制"为研究生的实践过程全程护航,有效提升了研究生的综合素养。另一方面,也促进了马钢各二级单位的科研发展,增强了学术氛围,扩大了学校的影响,高校和基地各二级企业单位之间的交流与

合作更加深入,形成了合作共赢的联合培养机制。

四、建设成效

近三年来,基地共计培养我校工程硕士 123 人,成为我校工程硕士重要的联合培养基地。

我校 2014 级冶金工程硕士吴雪健,在基地"双导师"的精心联合培养下,积极参与创新创业活动,申请专利 10 余项,两次荣获"研究生国家奖学金",荣获第十四届"挑战杯"全国大学生课外学术作品竞赛一等奖、全国"冶金青年创新创意大赛"二等奖和中国大学生自强之星(提名奖)、安徽省十佳大学生(提名奖)等奖项,2015 年获得安徽省"创新之星"称号。

2014 级王刘涛等 4 位进入基地进行行业实践的工程硕士,毕业就业时,凭借在马钢联合培养的经历与马钢(集团)控股有限公司顺利签订就业协议。

安徽工业大学机械工程领域研究生龚小俊在马钢基地(表面工程技术有限公司)进行设备备件制造项目实践

安徽工业大学机械工程领域研究生钟海波在马钢基地(轨道交通装备有限公司)进行火车轮对压装选配系统的设计与开发项目实践

安徽工业大学机械工程领域研究生梅振在马钢基地(车轮轮箍厂)进行车轮制造项目实践

安徽工业大学联合培养研究生进入基地时在马钢技术中心进行集中培训

挂在马钢技术中心的联合培养基地牌子

在 2010 年 6 月 10 日马钢与安徽工业大学联合培养研究生对接仪式上,时任马钢两公司董事长、党委书记顾建国与时任安徽工业大学校党委书记李辉生共同为联合培养基地揭牌

厦门大学电子与通信工程研究生培养创新基地

一、基地简介

厦门大学电子与通信工程研究生培养创新基地成立于 2012 年 9 月,设在位于厦门软件园二期的海西工研院通信工程技术中心内。依托厦门大学承建的福建省海西工研院通信工程技术中心近 4000 平方米的工作场地和包括 OTA 暗室系统、EMC 暗室系统、射频一致性测试系统、可靠性检测系统等价值 3000 多万的教学科研设备,利用海西工研院通信工程技术中心内入住的台湾及海西地区知名中小企业的工程研发经验和对工程技术人才和技术的需求,与厦门市摩尔环宇通信技术有限公司、厦门铂士莱信息科技有限公司、台达电子企业管理(上海)有限公司厦门分公司(台资企业)等知名企业建立了稳定的合作关系,共同搭建了以项目研发为驱动、跟踪国家战略部署、响应企业需求的高层次创新人才培养的"产学研"协同创新实践基地。基地设立"产学研"协同创新实验室、通信和导航工程实训平台、厦大火炬极客空间和企业工程硕士继续教育培训中心,逐步建立起由高校导师、企业专家和一线工程师组成的工程专业学位研究生培养导师团队,形成了项目驱动、协同创新的工程硕士人才培养模式。

培养基地秉承"校企共育,工学结合"的理念,以培养复合型高层次工程技术和工程管理人才为目标。依托厦门大学在相关领域的学科、师资和平台优势,围绕北斗导航技术、无线通信技术等研究领域开展项目研发和人才培养合作。引入企业界的专家,并聘用专业工程人员到平台工作,充实工程产业化和工程实践师资队伍,建立了涵盖研发、测试和管理的科研创新实践培养基地,形成由学校教师、"产学研"平台一线工程师和企业专家组成的师资团队,使得培养基地的教育实践既能跟踪学科前沿技术的发展,又能切合区域电子信息产业的人才需求。同时,学生可以很好地了解企业的管理、研发、测试、产业化等需求,熟悉产业化的研发过程和系统的测试技能,掌握电子信息领域的新技术,缩短进入企业的适用周期。同时通过台湾知名企业的专家和工程师参与指导,在培养平台上进一步融入台湾较好的教育科研创新国际化理念,加强了海峡两岸文化和科技的交流与合作。

二、建设情况

基地设有行政管理部、"产学研"协同创新实验室、通信和导航工程实训平台、厦大火炬极客空间和企业工程硕士继续教育培训中心。近五年来,合作企业提供了近 900 万元的经费支持,为进入基地的研究生提供有序的组织管理和生活保障,安排研究生在基地期间的学习、工作、住宿等事项,提供了充足的经费保障。

基地在提升学校导师学术研究水平的同时,注重选聘企业专家和一线工程师担任研究生的协助指导教师,形成了由高校导师、企业专家和一线工程师组成的导师组团队。企业专家和工程技术人员主要侧重于指导学生提高工程研发能力，培养学生形成良好的职业道德。研究生在学校导师的指导下制订培养计划，完成本学科的课程学习计划，由基地协同创新实验室结合学校教师项目和企业科技需求方向，提供适合工程专业学位硕士人才培养要求的科研项目或研究课题供学生选择。

基地制定了《研究生联合培养创新基地管理办法》等一系列管理制度，明确基地建设的宗旨和研究方向、主要任务和各自在基地的责任与义务、相关知识产权归属以及基地建设的运行模式。进入基地培养的研究生由基地统一购买人身意外险，由学校和基地一起监管。基地依照厦门大学有关规定，向研究生发放一定的科研津贴，并对在项目研发、管理等方面表现突出的优秀学生给予奖励，科研津贴和奖励的额度由导师组决定，所需经费由有关课题或合作单位双方协商解决。

三、基地特色

基地凭借厦门大学在电子与通信工程相关领域的学科、人才和平台优势，依托海西工研院通信工程技术中心构建的"产学研"平台，吸引厦门经济特区充满创新活力的中小型高新技术企业入住产业园区内，与其共建联合创新实验室，以学科前沿技术和企业需求驱动技术研发合作，开展项目研发和人才培养合作，建立了以高校导师、企业专家和一线工程师组成的研究生导师团队，形成了以项目为驱动的协同创新的工程专业学位研究生人才培养模式，实现了理论和实践的紧密融合，以及"产学研"的资源互补与合作共赢。其主要经验是：

（1）搭建校企资源共享、共建平台，推动创新人才培养，让培养基地成为创新原动力和人才高地。通过协同创新实验室，校企签订"人才联合培养计划"协议，为研究生人才的培养和企业工程师的继续教育提供了基地保障。

（2）基地以企业长期需求和国家战略发展为导向，组织教师和研究生深入企业，结合电子与通信工程学科发展前沿，有针对性地研究企业产品发展的新技术、新理论和新方法，使得合作企业能更好地保持行业技术领先优势。

（3）基地以"创新意识""创新思维""创新能力"为培养要素，以厦大火炬极客空间为纽带，实现培养基地与产业界的紧密联动，推动创新实践活动向深度和广度发展，既为企业创新注入了新的活力，又为学生毕业后的自主创业提供了良好的孵化平台。

四、建设成效

目前，基地每年可提供 30 个学生实践训练研发岗位，近三年培养硕士生共 59 名，主要涉及电子与通信工程、通信与信息系统信号和信息处理等专业。培养基地与台湾台达集团进行了深入合作，几年来，基地先后有 6 名学生因为在项目开发中表现优秀，被台达集团下属企业聘用为技术骨干，其中 3 位学生已成为企业的核心技术骨干。校企协同创新加强了海峡两岸文化与科技的交流合作，吸引了更多台企到祖国大陆投资，凸显了厦门大学在海峡西岸的对外窗口作用。

培养的研究生积极参与联合创新实验室相关科研项目的研发工作，与合作企业共同研发出"基于惯性传感器的室内定位系统""BD2/GPS 双模导航型基带接收机 SoC 芯片""多星座 GNSS 卫星信号射频采集回放仪""宽带无线自组织网络应急通信系统""MCGSR 多星座 GNSS 实时软件接收机""MCCIFSGNSS 卫星信号模拟器""基于惯性传感器的室内定位系统"等一系列国内先进产品。

基地建立了"厦大火炬极客空间",成为"中美青年创客大赛"训练营,参与2015年教育部组办的"中美青年创客大赛"的学生获奖作品"宠物自拍器",在2016年6月7日召开的中美人文交流活动中,被作为礼物送给到访的美国国务卿克里。2016年"中美青年创客大赛"中研究生的又一力作"儿童智能雾化器"荣获总决赛一等奖,吸引了全球知名芯片巨头英特尔公司的合作,为厦大火炬极客空间引入Intel三创基金、Intel创新套件及开发平台、Intel创新创业课程等资源,成立了"厦门大学-英特尔-火炬创客中心"。2016年"厦大火炬极客空间"通过了科技部火炬中心众创空间认定。

2014年"以产业需求为导向,探索服务海西信息通信产业人才培养新体制"获得福建省教育厅教学成果二等奖。基地建设也为2015年厦门大学获批福建省"海西卫星导航定位技术协同创新中心"起到极大的促进作用。2016年厦门大学电子与通信工程获批福建省教育厅专业学位研究生联合培养示范基地建设。

2015年5月13—15日,在第六届中国卫星导航学术年会及产品展示会上,卫星导航总师范本尧院士参观基地合作研发"多星座GNSS卫星信号射频采集回放仪"

在2016年6月7—10日召开的第7轮中美人文交流活动中,刘延东副总理和美国国务卿克里参观基地学生创客作品"宠物自拍器"

基地创客中心承办 2016 年中美青年创客大赛，参赛研究生荣获一等奖

基地为有突出贡献的企业导师颁发"金牌讲师"称号

基地提供良好的实践环境，导师在基地指导学生开发和测试产品

福州大学建筑与土木专业学位科学实践培养基地

一、基地简介

1. 基地名称

福州大学建筑与土木专业学位科学实践培养基地。

2. 联合培养单位

福建省建筑科学研究院。

3. 培养单位

福州大学。

4. 建立时间

2015 年 10 月 1 日。

二、建设情况

1. 主要解决的问题

(1) 实现"学、用、研"之间的连通性。打破高校、科研院所和用人单位之间的合作壁垒，明晰三者之间的责、权、利关系，真正实现"产学研"结合。

(2) 提高研究生培养经费，注重激励机制的运用。科学实践培养基地将从多方面获得资助，并注重基地成果的产业转化，实现基地经费来源的多元化。

(3) 不断完善联合培养研究生质量评价体系。通过高效的培养模式和评价体系的建立，实现针对性培养，注重提升学生的科学研究和解决实际工程问题的能力。

2. 相关举措

(1) 注重合作机制建设。整合高校、研究机构和一线用人单位的教育资源，需要形成一种良好的具有激励约束性质的制度，明确各方职责，形成比较有效的利益共享机制、风险化解机制和责任约束机制。

(2) 注重研究生和联合培养单位的需求。在满足学生需求方面，注重研究生的就业需要。通过在高校、一线用人单位和科研院所 3 个单位的学习实践，使研究生能做到"以用促学,以研促用,研用互动,三位一体",使学习、科研、能力互相促进。

（3）注重资源整合。联合培养基地将高校、一线用人单位和科研院所有机结合,充分发挥各单位在学术队伍、科研项目、信息资料、实验设备和科研经费等方面的综合优势,实现创新资源的优化配置。

（4）注重考核评价制度建设。在联合培养基地的学生需严格遵守基地单位的各项规章制度,按照导师要求认真开展工作实践、课题研究与学位论文撰写等工作,并承担基地单位一定的工作任务。基地培养单位在培养过程中有较完善的质量跟踪体系及考核制度。对于研究生的实践考核应具有考核内容、考核方式和考核主体多元化的特点。

三、基地特色

（1）合作企业的"产学研"、科技成果的转化经验,有利于依托多样化的科研项目实施人才培养计划,形成系列产业化的研究成果。

合作单位始终坚持以科研为中心,立足科技前沿,致力技术创新,努力解决我省建设领域关键性与共性技术问题。基于这些研究基础和多样的研究课题,本实践基地将可以适时地为科研成果寻求可能的转化途径,更有效地使科技成果转化为生产力。

（2）实践基地建设倚仗校企双方资源优势和平台资源共享,有助于各研究方向之间的交叉研究和创新研究。

福州大学设有先进的三台阵双向地震模拟振动台控制系统、MTS 电液伺服材料试验机、多通道数据采集系统等先进的仪器设备和 ANSYS 及 MATLAB 等软件的分析模块。合作单位设有省级工程研究中心"福建省建筑工程技术研究中心"以及省级重点实验室"福建省绿色建筑技术重点实验室"等研究平台,为研究生在该实践基地的研究活动提供保障。

（3）合作单位雄厚的科研实力,校方与合作单位的长期合作经验,使得人才培养和论文研究选题以实际问题为导向,将科研创新与企业经济效益有机结合。

福建省建筑科学研究院与福州大学一直采取校企合作的方式,通过宽口径、多渠道、深层次的合作,实现学校教育教学质量与企业人才素质的同步提高。坚持优势互补,资源共享。充分发挥学校专业和人才优势,主动为企业提供优质服务,同时充分利用企业工作环境、先进设备、专业人才等资源,为学校培养了很多高技能应用型人才。

四、建设成效

实践基地设立以来,22 名福州大学教师与 10 名福建省建筑科学研究院高级技术人员或专家进入基地担任基地研究生导师,前后共有 54 名研究生进入基地实行联合培养,有 29 名研究生以基地的相关科研项目为依托完成了硕士论文并顺利答辩毕业,同时在实践过程中协助完成了基地的多项科研任务。

五、典型案例

钱海敏以基地的实践为背景,协助完成了一项发明专利。三年来,依托于该实践基地的研究生共发表学术论文 20 余篇。

济南大学—山东开泰集团有限公司研究生联合培养实践基地

一、基地简介

2009 年 10 月,济南大学与山东开泰抛丸机械股份有限公司共建抛喷丸工艺与装备研究生联合培养基地,依托济南大学先进的教学培养理念,承载山东开泰抛丸机械股份有限公司对人才的渴求,利用企业优质教育资源和实习实训资源,提高学术学位研究生独立从事科研的能力和科研训练水平,提高专业学位研究生动手能力和实践能力。依托所设立的基地平台,全面提高机械工程类研究生的综合素质和培养质量。自基地建立以来,联合培养规模不断扩大,现可容纳研究生 60 人。同时联合基地的建立取得了显著成效,近三年承担国家科研课题 6 项,省级课题 23 项,获省部级科研奖励 16 项,获发明专利授权 45 项,发表高水平论文 200 余篇。本基地教师所指导研究生争取获得省级优秀硕士论文 1 项,省级研究生创新成果奖 2 项,学生申报发明专利 100 多项。在合作基地的基础上,校企共建山东省高校机械装备设计与仿真重点实验室、山东省机械构件减摩抗磨与控制工程技术研究中心。

二、建设情况

在联合培养基地建设中,采取聘任基地专家任研究生导师、在校生进入基地实习、联合申报实施科研项目等方式,把优秀的机械工程人才吸引到企业,把先进的理论和技术带到工作一线,加速科技人才培养,进而把研究生培养基地办出特色、办出水平,为全省人才培养和技术创新提供良好服务,在"产学研"结合、人才培养和高端装备制造新突破中实现双赢。

山东开泰集团是一家集科研、开发、生产、安装调试、售后服务于一体的国内最大的抛丸机械、金属磨料、耐磨配件及防腐蚀新材料专业生产商。近年来,山东开泰集团与济南大学机械工程学院在发展战略、科技开发、人才培育等方面有着全方位、深层次的合作。

济南大学机械工程学院有着雄厚的师资力量和较强的实验条件,开泰集团相关技术难题的解决、科技项目的研发、人才培养都和我院专家有着密不可分的关系。我院王守仁教授被集团聘为集团技术总监,郭培全教授、李长春教授、侯志坚副教授等一批具有高级职称的专家在集团担任顾问。集团的部分重点研发项目由我院专家组负责制定研究方案、试验测试、结构设计等,学院毕业生在开泰集团工作并承担项目研发和新产品设计,很多专利、奖励、重大专项申报、申请等均由两家单位协作完成,我院专家组在提升集团科研实力、增加产品竞争力、提高集团行业影响力等方面有着突出的贡献。

我院专家组服务开泰集团涉及的领域主要为新型耐磨材料、耐磨件的制备、抛喷丸设备总成设计。由我院专家组研发的"纳米颗粒物孕育增强抗磨白口铸铁关键制造技术"在开泰集团实现技术转化并获中国技术市场金桥奖优秀项目、山东省技术市场金桥奖一等奖;共同开发的"硅溶胶制壳和水玻璃制壳干燥生产线",使精铸耐磨件实现批量流水线生产,使产能提高了数倍;共同开发的"海上石油钻井平台抛喷丸关键技术与应用"技术,达到国际先进水平,填补了国内空白,并获中国机械工业科技进步二等奖;2016 年度,共同开发的"金属表面抛喷丸处理技术与装备"项目,获山东省科技进步一等奖。

三、基地特色

济南大学机械学院与山东开泰抛丸机械股份有限公司建立了长期的"产学研"合作关系,形成了一种新的校企合作模式,并吸引大学、专科院校学生到企业工作,特别是很多本科生成为企业主要技术骨干。比如济南大学机械工程学院本科生有 200 余人到企业工作,分散到企业设计部、工艺部、生产车间、采购部、信息部等各部门工作,成为企业的中坚力量,8个设计部中有 6 个部长毕业于济南大学机械工程学院,车间主任中有 2/3 毕业于济南大学。这些本科生在企业工作三四年后,感受到知识力量的无穷,感受到继续深造学习的重要性,企业为满足其对知识的渴求,与济南大学举办了工程硕士培养班。济南大学范跃进书记亲自为基地揭牌,全部培养费用由企业承担,以期对本科生员工进行全面创新培养,提高本科员工的工作积极性,形成了一种尊重人才、重视科学的氛围,带动毕业研究生到企业谋职,为在开泰设立山东省研究生就业基地打下了基础。济南大学教授团队深入到企业中,也吸引了大量在校研究生在学位课修完后主动要求到开泰实习实践。

校企双方在"十一五"期间对研究生培养与教育做出了创新性的探索,并在山东省政府、省教育厅支持下于 2012 年成立山东省研究生联合培养基地,对这种创新培养模式进行推广。"开泰"模式真正将高校与企业密切联系在一起,对于学校,通过探索校企新型培养模式,完成研究生培养结构调整,以适应社会发展需求,扩大专业学位研究生招生规模,提高人才培养质量,提升学生的就业竞争力,使研究生尽快落地,实现技术转型,解决当前就业难的问题,提高知名度和社会认可度;对于企业,与高校合作使其自主创新能力得到了大幅提高,近年来发展迅速,目前已成为全国金属磨料和抛喷丸机械的基地,规模不断扩大,达到亚洲第一、全球第三,销量占全国的 1/3 以上,成为国家经济实力的基础和支柱之一。

企业要发展、生存,必须提高企业自主创新能力,加强企业核心竞争力。因此,企业人才素质提升是企业可持续发展的首要条件,只有实现人才战略,企业才能在激烈竞争中立于不败之地。而所谓人才战略,不是指学位层次上的简单提升,而是指在企业自主创新中发挥核心作用的人才素质的升华。企业渴望高校培养出适应企业自身发展的专有人才。因此,学校与企业共同探讨研究生创新培养模式,以学校改革创新为主导,以企业发展需求为目标,共同商讨制订研究生的培养计划,从企业行业发展和技术提升角度,提出课程学习计划和实践计划,构建教授和工程师共同作为导师的培养创新模式,对我国研究生教育的改革和发展、对企业提升核心竞争力都有重大的社会意义和指导意义。

四、建设成效

自基地建立以来,联合培养规模不断扩大,现可容纳研究生 60 人。校企共同建设山东省抛喷丸装备与材料工程技术研究中心和山东省机械构件减摩抗磨控制工程技术研究中心等两个平台,近三年承担国家科研课题 6 项,省级课题 23 项,获省部级科研奖励 16 项,获发明专利授权 45 项,发表高水平论文 200 余篇。近三年本基地教师所指导研究生获得省级优秀硕士论文 1 项,省级研究生创新成果奖 2 项,学生申报发明专利 100 多项。近三年来,共同开发的项目为企业增加产值近 3 亿元,增加就业岗位 300 个,拉动了周边中小装备制造企业,共同开发的产品热销于中船重工、三一集团、徐工集团、中车集团、哈飞工业集团、中联重科等知名企业。

五、典型案例

典型案例 1

李计良就职于山东开泰抛丸机械股份有限公司,2011 年以优异成绩被济南大学录取为机械工程领域专业学位硕士研究生,由机械工程学院王守仁教授和山东开泰集团王瑞国总经理分别担任校内导师与校外合作导师。在两位导师的精心指导下,该同学全面了解了国内外本领域的科技发展现状,准确定位了企业需要解决的科技创新问题。李计良在校期间先后参与了精密铸造技术、金属磨料工艺、抛丸清理机技术等专业技术领域的研发工作,获得省级科技成果鉴定 5 项,发明专利 3 项、实用新型专利 7 项,山东省科学技术奖三等奖 1 项、山东机械工业科技进步奖一等奖 1 项、滨州市科技进步奖 1 项,发表学术论文《基于 B/S 架构的抛丸机选型及抛丸工艺网络平台开发》1 篇。在山东省首届专业学位研究生优秀实践成果奖的评选工作中,李计良申报的题为"QG 系列大口径钢管外壁高效抛丸清理机研制及抛丸工艺网络平台开发"的成果,凭借扎实的理论基础和实际应用中的良好效果,荣获"山东省首届专业学位研究生优秀实践成果奖"。

典型案例 2

宋培龙是济南大学 2007 级本科生,2011 年起继续在济南大学攻读硕士学位,由机械工程学院王守仁教授和山东开泰集团翟永真副总经理分别担任校内导师与校外合作导师,主要研究方向为自润滑复合叠层陶瓷拉拔模具成形及摩擦磨损性能。表面强化处理所用钢丸采用陶瓷拉拔模具制作的钢丝切割而成,但使用中发现,由于拉丝模具在拉拔过程中不断磨损,造成拉丝直径不可控,钢丝表面划痕多,切出来的钢丸粒度不均。宋培龙同学在企业实践过程中对此问题产生兴趣,通过查阅文献资料全面了解了国内外本领域的发展现状,在导师的指导下拟定了课题方向,制定了研究方案。通过 3 年的研究,研发出了用于拉拔钢丝的自润滑叠层陶瓷模具,采用该模具制备的钢丝切丸欧文疲劳寿命大大提高。在校期间该同学以第一作者身份发表 SCI 论文 1 篇,EI 论文 5 篇,获得专利授权 1 件,申请发明专利 2 件,连续 3 年获得济南大学研究生奖学金,并于 2013 年获得研究生国家奖学金,其科研成果自润滑复合叠层陶瓷拉拔模具的研制开发获得"2014 年山东省研究生优秀科技创新成果一等奖"。

河南理工大学—河南能源化工集团研究院有限公司研究生联合培养实践基地

一、基地简介

2012 年,河南理工大学与河南能源化工集团研究院有限公司合作共建的"矿业工程"研究生专业实践基地成功获批首批"河南省研究生教育创新培养基地"。基地设立以来,始终以现场技术课题为导向,以培养应用型人才为目标,通过定期派遣矿业工程专业学位研究生进入基地开展合作课题研究,不断加深与河南能源化工集团研究院有限公司的合作,提高专业学位研究生解决现场技术难题的能力。2012 年以来在基地进行为期一年专业实践的研究生共有 66 人次,目前有 26 人在基地进行现场实践。基地建设总体进展顺利,各种规章制度逐步完善,基地的实验设备齐全,各项学习、办公设备已经购置完毕,进入了管理规范、设施优良、稳步提高的良性发展阶段。

学校和学院一直以来高度重视矿业工程专业学位的实践基地建设工作,本着"面向煤矿企业需求、培养应用型煤炭科技和管理人才"的培养目标,建立了完善的质量监控体系,严把招生、培养及学位授予质量,为大中型企业培养了一大批"留得住、用得上"的高层次、应用型工程技术人才,培养质量得到广泛认可。2011 年我校矿业工程专业获得入选首批"全国工程硕士研究生教育特色工程领域";该领域工程硕士学位获得者马耕荣获首批"全国做出贡献的工程硕士学位获得者"荣誉称号。

二、联合培养举措

为加强专业学位研究生指导教师队伍建设和管理,提高专业学位研究生导师指导能力,学院于 2014 年进行了硕士研究生指导教师分类遴选工作,对能否胜任矿业工程领域专业学位研究生指导教师的条件做出明确规定,加强对校内外导师的岗前、岗中的培训和考核。经严格遴选,选聘 63 名教师作为矿业工程专业学位研究生指导教师。同时要求专业学位研究生严格实施"双导师"制,出台了《关于专业学位研究生双导师制若干问题的规定》,按照规定选聘实践经验丰富、创新能力强、认真负责的行业企业工程技术人员 20 人作为企业导师。

此外,通过采取提高工作待遇等激励措施,加强校内外导师的沟通和交流。一方面,鼓励校内导师积极深入煤矿现场或实践基地,了解研究生实践情况,提高自身专业实践能力和教育教学能力;另一方面,聘请企业导师进校为专业学位研究生授课、做专题讲座、开展学术活动,引导企业导师不断丰富自己的理论知识。通过双师型导师队伍的建设,切实提高了专业学位研究生的专业实践效果,提升了专业学位研究生的综合素质。

河南理工大学矿业工程实验中心为专业学位研究生提供了很好的实践条件,中心承担多种类型、各个层次的科研项目,以科学研究促进实验教学水平的不断提高。近五年来,中心主持(参与)完成国家 973、863、国家自然科学基金、省部级科技攻关等高层次科研项目 40 余项,完成地方政府、企事业单位委托科研或技术推广项目 600 多项,年度科研经费 3000 万元;获省部级以上科技进步奖 15 项;发表论文 560 余篇,其中有 289 篇论文被 SCI、EI 或 ISTP 检索;出版教材、专著 18 部。

三、基地管理模式与制度建设

基地现由河南理工大学与河南能化集团研究院有限公司共同建设、共同管理,主要管理模式如下:

1. 成立基地管理委员会

委员会成员由能化集团研究院和学校领导、相关部门和学院负责人共同组成;下设办公室,成员由研究生处、能源学院、能化集团研究院相关部门的工作人员组成。基地管理委员会负责研究解决基地建设、发展与运行中的重大问题,领导基地办公室开展工作;办公室是基地开展日常工作的组织机构,具体负责基地的日常管理工作。通过成立基地管理委员会确保矿业工程专业学位研究生联合培养实践基地能够顺利开展卓有成效的工作。

2. 相关单位的工作职责分工

河南理工大学研究生处作为校方基地建设和管理的责任部门,工作职责:
(1) 全面负责研究生培养基地建设的规划与组织实施;
(2) 负责基地研究生的经费安排,制定有关管理办法;
(3) 负责与能化集团研究院和学校有关学院的协调工作;
(4) 负责基地导师遴选、培训、聘任、考核与管理工作;
(5) 负责选派研究生到基地培养;
(6) 负责基地研究生培养质量监控工作;
(7) 负责与上级主管部门的联络,及时总结、汇报;
(8) 负责组织开展导师、研究生学术交流活动;
(9) 负责发放基地导师工作津贴和基地管理人员工作津贴。
河南理工大学能源学院作为基地建设和管理的具体实施单位,工作职责:
(1) 落实专门的工作人员负责基地培养有关工作;
(2) 协助研究生处组织研究生进入基地培养;
(3) 负责本学院校内导师的选派和管理工作;
(4) 加强与基地办公室、基地导师、校内导师的联系,掌握研究生培养情况,加强对研究

生的管理;

（5）负责组织开展相关学术交流活动;

（6）负责本学院研究生的培养过程管理与质量控制。

能化集团研究院作为基地建设和管理的主体单位,工作职责:

（1）组织实施基地建设与管理工作、制定有关管理办法;

（2）落实基地管理的具体部门和工作人员;

（3）负责科研平台、办公及学习条件的建设;

（4）负责基地导师队伍的建设,与学校共同进行导师队伍的考核与管理;

（5）负责组织开展导师和研究生的学术交流活动;

（6）负责基地研究生在基地期间的日常管理;

（7）负责基地研究生在基地期间的学习、工作、住宿等安排和党团员组织生活安排,提供必要的学习、工作条件和一定数额的工作津贴或生活补贴。

另外,基地制定了完善的管理制度和管理办法,主要有《河南理工大学、河南能源化工集团研究院有限公司共建河南省研究生教育创新培养基地实施方案》《河南能源化工集团研究院有限公司与河南理工大学关于河南省研究生教育创新培养基地实施细则》等。

四、基地建设

矿业工程领域是我校首批获得工程硕士学位授权的学科,矿业工程领域专业实践基地是我省首批被资助的研究生教育培养基地。校企双方一直高度重视基地的建设工作,本着"面向煤矿企业需求、培养应用型煤炭科技和管理人才"的培养目标,积极探索矿业工程领域专业学位研究生培养新模式,积极开展专业学位硕士研究生培养模式改革,在实践教学、导师队伍及专业实践等方面采取了一系列措施,并取得了初步成效。

1. 校企共建研究生联合培养基地

基地成立管理委员会。委员会成员由煤化集团研究院和学校领导、相关部门和学院负责人共同组成;下设办公室,成员由研究生处、相关学院、煤化集团研究院相关部门的工作人员组成。基地管理委员会负责研究解决基地建设、发展与运行中的重大问题,领导基地办公室开展工作;办公室是基地开展日常工作的组织机构,具体负责基地的日常管理工作。

2. 多渠道保证培养基地生源质量

结合企业需求,扩大生源范围,研一、研二全日制、非全日制专业学位研究生均可申请参与;学生实践方式多样,即包括论文研究、科技攻关,涵盖短期实践、生产实习、课程学习。便于从更大范围内选择优秀的、适合基地培养的学生,保证培养基地生源质量。

3. 面向行业需求修订培养方案

打破培养方案由学校自己制定的惯例,突破联合培养的障碍,给予企业培养学生的主动权。结合研究生培养要求及企业实际需求,规划人才培养目标,制定人才培养方案,开设培养课程,实现人才培养与培养方案的统一。

4.转变导师管理方式,调动企业导师积极性

转变双导师中学校导师为主的方式,改变主要负责导师与学生分离、管理不到位的状况。建立以企业导师为主的导师制,企业导师参与研究生招生、培养方案和培养计划的制订,对学生负主要责任,学校导师协助把关。建立企业导师分类管理制度,分为以学术指导的学术导师和以科研项目指导的论文导师,建立不同的评选标准和管理规范,明确企业导师的职责和权利,给予企业导师与学校导师同等的待遇。

5.强化实践教学,突出专业学位特色

实践教学是专业学位研究生区别于学术学位研究生培养的一个重要特点。为满足专业学位研究生培养要求,提高实践教学效果,学院在课程体系设置、课程建设、教学模式等方面做了大量探索。

1) 优化课程体系,加强课程建设

矿业工程专业学位研究生课程体系的设置以现场实际应用为向导,以职业需求为目标,以综合素质培养和知识与能力的提高为核心,设有培养实践能力的实验、设计和调查分析等相关课程。

同时,学院高度重视专业学位研究生课程建设工作,大力资助矿业工程专业学位研究生核心课程任课教师积极开展课程案例库的建设,积极推进案例教学,改革课程教学内容和方式,促进理论内容与应用实践的有机结合,目前已资助 6 门课程开展案例库建设工作。

2) 优化师资队伍,改革教学模式

在专业学位研究生专业课教学方面,学院聘请了一大批既有理论水平又有丰富实践经验的校外高级技术人员承担部分教学任务。为保持教学工作的持续性、稳定性,学院与行业企业联合建立了老中青相结合的专业化教学团队。

同时,充分利用导师的现场科研项目、研究生实践基地等平台,资助专业学位研究生积极参与现场实践,聘请现场导师开展采矿和安全技术方面的现场教学,确保研究生实践教学效果。

3) 改革考核方式,注重实践能力

在专业学位研究生课程考核方面,改变过去单纯对知识点的考核,采取"小课题大作业、分组研讨、现场答辩"等考核方式,更加注重实践能力和解决实际问题能力的考核,得到了师生的一致好评。

6.激励实践创新,强化质量监控

为激励专业学位研究生积极开展专业实践,提高实践创新能力,学校自 2013 年起开展了专业学位研究生优秀实践成果评选、优秀专业学位论文评选及高水平成果奖励等活动。截至目前,矿业工程领域共获得优秀实践成果 4 项、优秀专业学位论文 7 篇;研究生

在校期间共取得专利授权 37 项,其中发明专利 7 项;发表 SCI、EI 收录论文 29 篇,CSCD 库论文 46 篇。

7. 加强基地研究生思想政治教育,体现时代精神

利用培养基地的人文环境,将校园文化与企业文化高度对接、深度整合,对学生开展以发展意识、创新精神、创业激情、科学理性、人本理念等为主要内容的新时代矿业精神内涵教育,着力培养研究生不畏艰难的科学作风、严谨求实的优良学风、求新探异的创新意识、艰苦奋斗的创业品格、合作沟通的团队精神。

五、典型案例

典型案例 1

基地的学生采用双导师制度,建立了"人才培养与科研创新双赢""导师制度和互联机制""学科交叉培养"等模式,在培养期间,注重专业学位研究生的动手实践能力与创新能力培养,不断调整完善人才培养方案,优化课程设置,汇聚优势资源,大力开展多专业联合培养,建立学科交叉下的人才培养机制,营造良好的学术实践氛围,探索建立了适合中原煤炭企业工程型人才的联合培养机制。经实践证明,通过联合培养出来的专业学位研究生在论文发表、专利申请与授权、科技服务等方面卓有成效,提高了河南理工大学矿业工程学科师资的科研实践水平,丰富了现场实践经历,有效地促进了双方的科研交流合作与人才培养。

典型案例 2

指导教师与研究院根据实践基地具体情况,进行了大量科技开发与科技服务项目,基地的研究生在科研实践过程中得到了较好的锻炼,提高了科研实践能力。指导教师与河南能源赵固二矿合作完成了"大采高工作面煤壁片帮机理与注水防治技术",通过了验收;与河南能源九里山矿合作完成了"九里山井田构造区地应力分布特征与地理信息系统开发",在煤与瓦斯突出防治中具有重要意义,2013 年被省科技厅鉴定为国内领先水平;与河南能源鹤壁公司合作完成的"深井巷道围岩锚固体稳定性的试验研究"2013 年被省科技厅鉴定为国际先进水平,2014 年获得了中国煤炭工业科技进步二等奖;与河南能源焦煤公司科研所合作的"高应力大断面破碎围岩复杂硐室综合支护技术研究"2013 年被省科技厅鉴定为国际先进水平。这些合作科研项目均有基地专业学位研究生参与,在科研过程中申请了多项专利,发表了多篇高水平论文,部分学生考取了 985、211 高校的博士研究生,部分学生留在了实践基地相关单位。2010 级、2011 级、2012 级该实践基地的专业学位硕士研究生目前均在国有大型煤业集团工作,部分已成为骨干。例如,2010 级王明同学在霍州煤电已经任职区队技术员,王昆同学在赵固一矿已经任职机电科科长,张易飞同学在赵固二矿综采队任职技术员。

典型案例 3

科研项目合作(特别是企业委托项目研究)是河南理工大学与实践基地河南能源化工集团研究院合作的主要模式并贯穿始终,基地学生在参与科研项目的过程中得到了学习与锻炼。课题涉及煤炭开采方法、矿山压力与岩层控制、瓦斯抽采与瓦斯治理等特色学科方向,在提升学校科研水平的同时,也使得学校的一批科研骨干围绕煤炭技术开发目标开展长期的应用基础研究。

同时在创新基金、重点实验室建设和人才引进等项目方面实践基地都给予较大的支持,较多学生毕业后留在了实践基地工作。

河南理工大学矿业工程领域工程硕士生在河南能源化工集团研究院有限公司研究生教育创新培养基地进行中马村矿井下介质置换石门揭煤项目实践

河南理工大学矿业工程领域工程硕士生在河南能源化工集团研究院有限公司研究生教育创新培养基地进行水力作业机加工测试(与河南宇建矿业有限公司合作)项目实践

河南理工大学矿业工程领域工程硕士生在河南能源化工集团研究院有限公司研究生教育创新培养基地进行大型水力压裂室内模拟实验（与重庆大学合作）项目实践

河南理工大学矿业工程领域工程硕士生在河南能源化工集团研究院有限公司研究生教育创新培养基地进行地面煤层气勘探开发排采技术交流

中国地质大学（武汉）—国家地理信息系统工程技术研究中心、武汉中地数码科技有限公司研究生联合培养实践基地

一、基地简介

1. 基地名称

中国地质大学（武汉）—国家地理信息系统工程技术研究中心、武汉中地数码科技有限公司研究生联合培养实践基地（也称地理信息工程技术研究生工作站）。

2. 培养单位

中国地质大学（武汉）。

3. 联合培养单位

国家地理信息系统工程技术研究中心、武汉中地数码科技有限公司。

4. 建立时间

2014 年 9 月。

二、建设情况

在工作站申报批准之前，培养单位和联合培养单位就已经依托自身的湖北省地理信息系统软件开发与应用工程中心、教育部地理信息系统软件及其应用工程研究中心、国家发改委地理信息系统国家地方联合工程实验室和科技部国家地理信息系统工程技术研究中心提供的优厚条件和技术优势，在研究生选拔、培养、实践、就业等方面进行了深入的研究，形成了一套行之有效的办法。2014 年工作站成立后，成为专职从事地理信息系统基础理论研究、技术开发和市场转化方面研究生培养的校外实践教学基地，进一步升级了研究生实践教学平台，提升了研究生解决实际问题的能力，提高了素质型研究生的创新能力，满足社会对高层次专业型、应用型人才的需求。工作站注重突出创新思维和实践能力培养，突出"产学研"结合，大力推进学校与企业联合培养人才的新机制。强化以提升职业能力为导向的培养模式，面向职业领域，培养适应专业岗位的综合素质，形成"产学研"结合的培养模式，充分发挥了联合培养单位在培养标准制定、教学改革等方面的指导作用，建立学校与联合培养单位

相结合的专业化教师团队和联合培养基地,强化专业学位研究生的实践能力和创业能力的培养。

主要的举措:

(1)建立和实行学校和公司双导师制。导师人数逐年增加,参与的工程领域更加丰富,包括测绘工程、软件工程、地图制图学与地理信息工程、摄影测量与遥感、资源与环境遥感。

(2)提供更多更开放的创新项目,促进研究生实践能力的提升。2016年共提供50多个项目和产品研发课题,鼓励优秀的研究生参加。

(3)提供更加优美、舒适的办公环境。在加强实践的同时,保证研究生身心健康、素质过硬,全面落实新的办公大楼、办公设备、食堂、健身房和班车等后勤保障。

(4)完善研究生项目激励、考勤管理、论文管理等与其切身利益相关的政策制度修订,为研究生能专心实践提供保障。

(5)提供更多的教育实践经费。企业每年投入的研发经费、差旅费和会议费达150万元,市场的回报和响应也得到相应增加。

(6)建立和丰富研究生教学案例库和跟踪档案。对企业导师、校内导师的教学过程及研究生的入职、学习、实践、考评、就业、市场反馈等进行数字化管理、规范化流程,便于分析、整理和提升教学与实践水平。

三、基地特色

工作站充分发挥双方资源优势,加强在计算机软件开发和测绘地理信息行业技术技能型人才培养与评价、人才队伍建设、人力资源开发与管理、人才就业等方面的合作,共同推进软件工程和测绘地理信息人力资源开发、建设,为测绘地理信息事业发展提供人才保障和智力支持。

通过三年多的实践,工作站建设与管理形成了具有自身特色的培养模式和培养方案。

1. 通过强化队伍建设,提升实践指导能力,健全以双导师为第一责任人的责权机制

通过建立以科学研究为主导的导师责任制,完善学校学术导师和企业实践导师相结合的"双导师制"。加强导师培训,支持导师学术交流、访学和参与企业实践,加强高校和企业之间人才交流和共享,建设专兼结合的导师队伍,重视发挥导师团队作用。此外,专业实践实行"集中实践与分段实践"相结合的原则,除了定期安排实践,还可以采取各种方式灵活进行。同时,研究生可以将实践的收获与论文、专利、专著的写作及软件研发成果结合起来。

2. 通过强化过程管理,改革评价机制,进一步完善以内涵式发展为重点的质量保证体系

为保障学生培养的质量,采取联合管理的模式,注重过程管理,形成双方定期沟通、学生按时汇报的管理制度。同时,切实关注实践能力培养,加大考核与淘汰力度,每个实践阶段完成后,研究生对实践期间的工作进行总结,工作站企业导师审核并进行评价。研究生的专

业实践成绩由企业导师和学校导师综合评分。

3. 打造信息共享平台，实现资源共享，完善以校企共赢为目标的循环迭代发展模式

实践基地作为学校和企业"产学研"联系的纽带，可为研究生、学校和企业带来实际和潜在的利益。研究生通过实践，更加深入地理解专业知识及其应用，为其在本专业的更深层次的研究提供更加开阔的思路。学校可通过工作站的实践项目，更加深入地了解社会需求，进而结合研究生的实际情况，完善研究生的学习培养计划，输出更加符合社会需求的专业型人才。企业可通过工作站完成项目实施和技术创新研究，从而挑选更加优秀的人才作为企业的员工。

通过工作站的迭代建设，进一步调整了研究生导师团队，优化了研究生实践基地条件，进一步扩大了实践教育规模、创新实践教育模式和深化校企实践教育合作等，形成了一套可供示范的教学模式，并取得了有效的经验。

四、建设成效

工作站实行学校和公司双导师制，成立了管理委员会，委员会设立主任 1 名、副主任 2 名，主任由企业分管科研的主管担任，副主任由学院和学校负责研究生相关管理工作的人员担任。管理委员会下设工作办公室，成员由公司和学校的人员担任，负责研究生进站、工作考核、出站等环节的组织和管理工作。工作站设立学术委员会，成员由企业科研主管、高级研发人员以及导师代表组成，负责进站研究生的学术能力评价、研究课题和方向选择、学术指导和进站、出站等学术评审。同时，在已有的《研究生培养三方协议》基础上，制定了《研究生工作站管理办法》《考勤管理制度》和《季度工作评价管理办法》等，形成系统规范的工作站管理制度。进站联合培养研究生规模逐年增加 20%，每年报名人数占当年毕业研究生人数的 60%。出站的研究生毕业后大多到测绘、国土、城建、地质、交通、互联网企业等单位从事科研、设计及生产工作，有的不到 1 年就被提拔为创新技术研发骨干、团队经理。毕业生的专业基础扎实、素质高、实践能力和科研能力较强，深受用人单位的欢迎和好评，就业率 100%，市场反应强烈，供不应求。

五、典型案例

典型案例 1

李静，2014 年 9 月进入工作站，参与"国土空间规划可视化建模技术研究"课题的研究与开发，该课题是国家科技支撑计划课题子任务。在实习期间，她查阅了大量国土规划、可视化最新技术和方法等文献资料，重点研究土地利用数据应用模型方法和技术，自学了软件工程和开发语言，完善了建模引擎和算法的优化，保证了项目的正常验收。从最初的只有软件开发理论知识，到参与实际项目的模块功能开发，实际操作能力大大提升，同时也成为该课题组的重要成员之一。2016 年 7 月毕业后，李静留任武汉中地数码科技有限公司，担任

技术研发中心创新项目新产品开发组技术骨干。

典型案例 2

陈奎沅,2014 年进入工作站,参与公司创新模式的新产品"MapGIS 云平台"研发,该项目隶属于公司"十三五"重点科技创新计划项目。本项目成果旨在凝聚全球的人力、物力和智力等优势资源,瞄准我国地理空间信息产业市场的重大需求,通过互联网,不受时空的限制,都能实现 GIS 服务共享,达到"让人人享有地理信息服务"的目标;研发系列地理信息处理和遥感数据处理工具,协同构建地理空间信息处理工具网络服务平台,为各类用户提供稳定、可靠、开放、可自由组合的各类地理空间信息处理工具服务的"工具超市"。通过参与这个大型科技项目的研发工作,陈奎沅的软件开发、算法模型优化及文档编写能力都有了很大的提高,成为课题组核心骨干成员,并参与了成果专利的研究和撰写。2015 年 7 月毕业后,被国内知名互联网公司高薪聘用,走上了技术改变命运的康庄大道。

湖北大学—贵州地税研究生工作站
研究生联合培养实践基地

一、基地简介

1．基地名称

湖北大学—贵州地税研究生工作站研究生联合培养实践基地。

2．培养单位

湖北大学。

3．联合培养单位

贵州省地方税务局。

4．建立时间

2001年，湖北大学和贵州省地方税务局（简称贵州地税）开始合作共同开发贵阳市地税局发票"以票控税"系统；2012年，为了更好地贯彻高等教育服务于国家经济建设的战略决策，强化高等学校深入开展"产学研"合作，双方的合作进一步深化，签署了税务信息化建设战略合作协议，并成立了"湖北大学—贵州地税研究生工作站"；2013年，"湖北大学—贵州地税研究生工作站"获批湖北省研究生工作站。

基地一方面依托湖北大学校内计算机科学与技术、电子与通信工程、网络空间安全、统计学等多学科资源，打造了集学校软件工程研究所、湖北省教育信息化工程技术研究中心、湖北省应用数学重点实验室、网络中心、计算中心、图书馆为一体的交叉性综合技术平台，为项目研发、技术支持、人才培养等服务工作打下了坚实基础；另一方面依托贵州地税提供稳定的场所、资金支持，建立了一套完整的责任考核制度，对项目运行进行全过程跟踪管理、监控、督导，从而保证基地的平稳运行。

二、建设情况

基地的建设以地方税务发展需求为导向，以贵州地税的信息化建设为主线，以服务贵州经济为目标，开创了适应税务行业需求的校地共赢的"政产学研"联合培养模式，主要围绕系统规划和咨询、税务平台建设、进站研究生培养、税务骨干培训等开展工作。

基地采取的主要举措：提供持续稳定的实践场所和充足的项目资金来源；建立了一套完整的工作站管理制度；创建了一支高水平导师团队，创新了导师团队集体培养和项目驱动式研究生培养模式；提供了一流的实践条件，开展了经费充足的实践项目和灵活多样的实践教学；建立对联合培养研究生的全过程跟踪管理、监控、督导的机制；认真做好联合培养研究生的思想政治教育和社会责任教育；提供良好的生活条件。

三、基地特色

基地基本形成了以提高地方税务人才培养质量为目标，以支撑科技项目合作与研发为动力，以协同创新、互惠共赢为根本，以地方税务机构需求为导向的应用型、创新型人才培养体系的基地特色。

（1）注重学校和地方机构优势资源互补，建立了基地长效稳定运行的工作机制。

（2）以交叉学科布局以及创新团队建设为抓手，以地方税务发展需求为导向，以实际工程为背景，以工程技术为主线，以实际项目为引导，培育了一批科技创新源头。这种创新模式既提高了学校师生的工程创新意识，又为地方机构解决了部分技术难题，实现了校地资源整合与合作共赢。

（3）在科技成果转化全链条各节点设置专门机构，分工负责，协调一致搞好转移、转化，形成了一批重大科技成果转化示范项目和转化模式，如集合多学科理论成果的"云上贵州"税收大数据分析利用的技术服务模式。

（4）全方位的保障机制、规范的系统流程，确保了基地的创新性活力。基地通过资源深度共享、项目深度合作，促使师生进行学术交流、科学研究、自主研发和实践创新，同时以工程实践项目为引导，强化高质量创新研究和实践应用成果的产出，使基地充满创新活力。

（5）多方式落实进站研究生培养，构建既有深厚专业理论基础知识，又有卓越工程应用能力的复合型应用型人才的培养体系。在联合培养、协同创新中，有效提升了研究生的实践能力以及基地服务地方的水平，使研究生具有较强的就业竞争力，并一直保持了100%高就业率。基地建设的逐步完善，对专业学位研究生培养产生积极影响，促进研究生教育事业更好更快发展。

四、建设成效

近五年，依托基地，湖北大学与贵州省地方税务局在培养管理机制和培养模式创新方面取得了积极成效，共培养进站工程硕士108名；完成贵州地税信息化项目总经费3000多万元；荣获3项科技进步奖；累计获得15项软件著作权，12个发明专利和实用新型专利，发表相关论文56篇，获得省级及以上竞赛奖累计18项；税源专业化、税企信息互换平台、第三方信息交换平台的推广工作，累计为贵州地方税务局增加税收200多亿元。

（1）以2013年成立的基地为载体，实现学校地方机构深度融合，完成全省数据交换平台、税源专业化管理系统、税企平台等十多项大型应用性项目，承担了税务数据异地灾备系统的规划、海量税务数据的挖掘与利用等一系列前瞻性的理论课题，促进研究生理论与实践水平的提升，提高了研究生培养质量。

（2）在 2015 年 4 月贵州地税的金税三期优化版上线工作中，以 20 余名工作站联合培养的研究生为主力军，完成税收风险监控平台等特色软件的改造与上线；实现贵州地税委托代征系统等研发；实施金税三期核心征管系统初始配置及数据迁移。这些项目的研发，有效提升了研究生的实践能力和创新意识，增强了研究生的就业竞争力。

（3）从 2013 年开始，先后开展 7 期贵州省地方税务局信息人员培训、税收综合业务人员培训，合计培训近 400 人次，还为贵州地税各级部门培养了 125 名在职硕士研究生，大大提升了贵州地税工作人员的职业素养和信息化税务征管能力，切实将基地打造成人才培养的孵化器。

（4）除了税务领域外，基地也积极在贵州拓展新的研发领域。2016 年基地承担了六盘水"互联网＋司法"信息化平台建设的研发，该平台覆盖市、县、乡、村四级的"互联网＋司法行政"，实现了"线上线下合一、台前台后打通、纵向横向联动"的公共法律服务体系。

湖南大学—威胜集团有限公司研究生联合培养实践基地

一、基地简介

1．基地名称

湖南大学—威胜集团有限公司研究生联合培养实践基地（也称湖南大学—威胜集团有限公司"智能计量与能源管理"产学研创新平台基地）。

2．联合培养单位

威胜集团有限公司。

3．培养单位

湖南大学。

4．建立时间（图1）

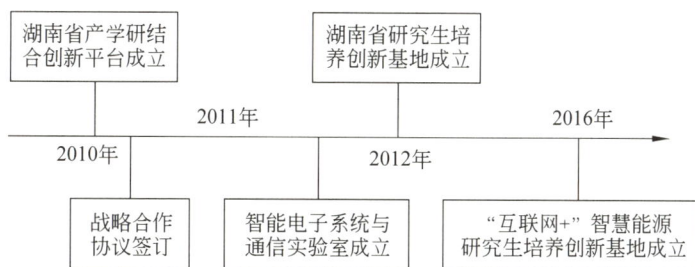

图 1　湖南大学与威胜集团有限公司研究生联合培养发展历史

2010年，湖南大学与威胜集团有限公司共同申报湖南省"产学研"结合创新平台建设项目，进行智能计量与能源管理创新平台建设，开启了湖南大学与威胜集团在学生培养、科学研究、成果转化、社会服务等领域的全方位合作。2011年湖南大学与威胜集团有限公司签订战略合作协议书，并联合成立智能电子系统与通信实验室，从制度上奠定了双方实验设备和科研条件共享的合作基础。2012年湖南大学与威胜集团有限公司进一步深化合作，申报并获批成立了湖南省研究生培养创新基地，把研究生联合培养工作正式纳入政府监管，基本确定了"产学政研"的合作模式。2016年在"供给侧改革"的时代大背景下，合作双方盯住当前科技发展热点,一致同意组建"互联网＋"智慧能源研究生培养创新基地,进一步丰富了研究生联合培养的工作内容,把创新人才培养工作提升到一个新的水平。

二、建设情况

1．主要解决的问题

（1）导师团队的建设科不科学;

（2）培养模式的制定合不合理;

（3）实践环节的落实到不到位;

（4）综合保障的关怀细不细致。

2．相关举措

1）导师团队

基地拥有强大的导师队伍,包括校内导师和校外导师。其中校内导师 29 人,含教授 15 人、副教授 13 人、助理教授 1 人。校外导师 14 人,含高级工程师 3 人、工程师 11 人。雄厚的导师队伍为联合培养湖南大学电气与信息工程学院的工程专业学位研究生提供了强有力的保障。

联合导师队伍由企业导师与高校导师按照 1∶2 左右的比例组建,采用校内导师为主,校外导师为辅的方式。研究生的校内导师担任第一导师,企业导师担任第二导师。第一导师负责研究生全过程培养与指导工作,第二导师重点负责研究生进入基地开展课题研究后的培养和指导工作。企业导师原则上由具有高级职称以上的技术人员与高级管理人员组成,校内导师由具有企业工作经验或科研经验的中青年骨干教师组成,原则上是具有副高以上职称或博士学位的硕士生导师。

2）培养模式

原则上,所有进入联合培养基地实践的学生仍然按照湖南大学研究生学制管理,依照湖南大学研究生培养方案和培养计划执行,其中双方联合培养的研究生在基地进行项目研发的时间不少于 2 个学期。在基地进行长期实践(超过 6 个月)的研究生,一般均会分配到至少 1 个科研合作项目,加强工程实践能力的锻炼。

基地定期组织合作学校相关学科带头人、骨干教师等进行培训,让教师更了解企业在生产经营过程中如何应用理论知识,将理论知识转化成实践经验,掌握最新的设备操作与管理技术。双师型教师是非常好的一种方式,教师既熟悉理论教学又熟悉实操教育。

基地每年将集团的研发项目作为研究生的实践项目,将研究生分配到每一个具体的研发项目当中,派专人指导,让研究生真刀真枪地参与实际项目研发,极大地提高了研究生的科研设计能力和工程实践能力。

3）实践环节

实践及科研实践安排:

（1）基地承担湖南大学相关专业研究生的实践任务,实践时间不少于 3 个月;联合培养的研究生应在基地学习不少于 2 个学期。

（2）研究生在第一学年课程学习结束后，从第二学年开始进基地开展课题研究工作。

（3）根据湖南大学实习规定和要求，不断完善实践体系。

（4）提供设计、实践必需的环境、设备和软件平台，让研究生接触到最新科技成果。

（5）安排好实践指导老师和技术骨干，以及相关的实践负责人、培训老师，保证完成指导研究生实践的任务。

（6）让研究生广泛接触实际应用，训练基本技能，增强实践动手能力。

（7）严格执行科研工作中的各项规范，加强对实践研究生的管理和培训。

（8）负责研究生工程实践期间的日常管理，承担研究生的监护责任，负责研究生安全。

4）综合保障

基地非常重视学生的思想政治教育与社会责任教育，每届学生进入基地时由专人进行思想政治与社会责任教育的专题讲座，培养学生的爱国主义精神和爱校、爱基地的思想，培养学生强烈的社会责任感。在参与实践学生中成立了学生党支部，紧跟中央精神，定期开展诸如学习"八荣八耻""两学一做"等党员主题活动。

威胜集团科技园区拥有现代化的宿舍、食堂、活动中心、图书馆、电子阅览室、健身房、足球场、篮球场等，面向所有员工开放，能够满足研究生日常生活所需，实现学习生活两不误。

三、基地特色

1．强调工程实践能力培养，全力打造创新人才联合培养基地

通过湖南大学和威胜集团有限公司的紧密合作，联合培养基地这个平台已经形成一定规模，培养和合作模式已经基本制度化，形成了依托国家重点实验室、国家工程中心和威胜集团研究所、威胜集团研发中心的创新人才培养体系。针对专业学位研究生的培养目标要求，结合联合培养基地的自身特点，制订了接地气的培养方案和培养计划，对进入基地学习的研究生实施联合培养，组织并指导研究生参加科研开发项目，并依据研发内容提炼学位论文写作素材。

特别强调工程实践能力培养，借鉴了工程专业国际认证的理念，把培养"解决复杂工程问题"的能力放在首要位置。在日常学习和企业实习过程中，减少对纯理论研究的关注，盯住应用推广和实用价值，把项目开发的执行思路和对复杂问题的解决策略展示给学生，并适时地把可持续发展和绿色环保的概念传达给学生，下大力气培养学生的科研实践能力和创新创业能力，形成创新人才的联合培育基地，实现专业学位研究生人才培养的"供给侧改革"。

2．校企合作科研攻关，以项目课题制深化基地合作水平

在联合培养基地建设过程中形成校企结合的研发战略联盟，逐步建立和完善了联合科研攻关机制。以服务本地经济建设和社会发展为目标，基地合作双方紧密围绕智能计量与能源管理中的核心问题，在网络技术、信号处理技术、电力系统传输技术、控制技术、智能电网、智能计量以及节能减排等相关领域开展科研项目"产学研"合作，提高企业的核心竞争力

和自主创新能力,同时实现了学校科研成果的快速转化。在校企合作过程中,专业学位研究生作为研发主体,开拓了思维,增强了能力,提高了在就业市场上的核心竞争力。

通过项目课题制,不同专业方向的学生都能分配到最感兴趣的科研小组,金字塔式的研发团队形成了经验和技术的传承阶梯,新加入的学生很快能够适应基地的实习环境。由于采用项目课题制,一旦研发成果获得市场认可,科研小组的成员均能获得令人满意的物质回报,从根本上解决了部分学生经济压力大的困难。同时,企业也从科研攻关中获得实在收益,增强了对基地的依赖感和信任感,使得联合培养基地能够顺畅运转,实现良性循环。

3. 资源优势互补和共享,为研究生培养提供更为丰富的信息平台

在创新基地共建过程中,整合共建单位双方的优势资源,优化实验室资源服务体系,为研究生培养提供了更为丰富的信息平台。高校拥有完善的数字图书馆资源、较为完备的学科体系和丰富的实验室资源;企业拥有新兴应用技术、专业实验室资源、人才管理制度和市场信息。学生待在学校很难接触到市场对技术的实际需求,通过联合培养基地收到来自企业的信息反馈,学习内容就能与社会的技术发展实现同步。反过来,企业研发人员由于长期接触同一技术,视野逐渐变窄,通过学校不同专业学生的求知欲刺激,有利于双方形成"头脑风暴",激荡出创造性和跳跃性的创新思维。

4. 拓展研究生毕业后就业途径,以"产学研"成果转化丰富基地职能

在基地实习的研究生通过严格的培养,一般都能具备开展独立研发工作的能力,很多研究生都申请了发明专利、软件著作权等知识产权成果。部分学生在毕业后就留在集体依托企业工作,甚至自己创业。通过联合培养基地的建设,高校的最新研究成果通过企业进行转化;企业的技术需求通过高校进行破解和消化。在此基础上,校企联合进行紧密合作,针对重大民生问题和关键技术难题,寻找新的突破口。

四、建设成效

1. 联合培养研究生规模

基地每年联合培养硕士研究生规模为 15～25 名(进入基地至少 6 个月以上),博士研究生每年 3～5 名。到目前为止,该基地共培养硕士研究生 150 人左右,博士研究生 20 多人。联合培养的研究生深受国内外知名企业欢迎,就业率达到 100%。

2. 成效

1)基地建设成效

(1)形成了校企联合的专业硕士研究生实践能力、创新能力培养理论与管理办法,双导师队伍建设规模达 50 人;基地每年校企联合培养学生(含短期)规模达 100 人次以上。

(2)建立了符合校企联合培养目标的专业课程与实践项目、学生实习与学生创新活动计划、结合企业需求的研究生论文选题、学生评价和考核机制、学生在企业期间有关人身安

全保护、知识产权保护管理办法。

（3）威胜集团建成了一个设备齐全的现代化多功能中心实验室,实验室占地面积 600 多平方米,拥有各类试验、检测设备近 100 台套,设备资产原值达 900 多万元。有关设备已实现有条件共享,成为合作双方的"产学研"信息共享平台。

（4）共同创建了湖南大学"智能电子系统与通信实验室",不仅提供各类实验开发平台 35 套,每年还额外投资 10 万元用于支持研究生进行与"智能计量与能源管理"相关的项目预研,受益学生已达 200 人以上。

2）科研项目与知识产权成果

基地经过多年的建设与发展,在高级量测系统（AMI）关键技术、智能计量与传感技术、水气热智能计量仪表基础技术、智能综合能效管理重大关键技术等领域申报科研项目 40 多项,年均科研经费 1000 万元,获国家级科学奖励 3 项、省部级科技奖 8 项;授权发明专利 22 项,实用新型 260 项,软件著作权 325 项,CSCD 以上论文 100 多篇。

3）经济效益与社会效益

通过基地创新平台的科技成果转化和规模化应用推广,在威胜其成果已累计实现销售收入 66 978.56 万元,实现利润 12 179.55 万元,上缴税收 6716.90 万元。

基地形成的湖南省地方标准《数字化电能表》,作为世界首发的数字化电子式电能表标准,其发布与推广实施,在数字化电能计量的发展史中具有重大里程碑意义。

通过本创新平台科技成果的规模化应用,已新增就业人员 562 人,为推动湖南省的经济建设起到了积极作用。

五、典型案例

以 1～2 名博士牵头组建 5～6 人的研究生团队,多年来针对高级量测（AMI）系统关键技术持续进行攻关,研究配电侧和用电侧相关新技术新产品及其系统解决方案,在智能电表、智能终端、通信设备与网络以及电能量采集和管理系统等方面开展了广泛的研究与合作,联合申报了多个国家与省部级科研项目,获得知识产权成果 50 余项,相关研究论文 50 余篇,并实现成果转化,创造了上千万元的经济效益,实现了以就业为导向的在人才培养上的"供给侧改革",实现了学校和企业的"双赢"。

早从 2009 年开始,电子科学与技术学科就派遣刘述钢博士在威胜集团有限公司从事高级量测系统（AMI）关键技术方面的研究工作,2011 年又选派了谷志茹博士。同时,每年派 3～5 硕士生参加两位博士牵头的团队从事研究与开发工作。这样,既保证了团队成员的相对稳定（博士一般在基地工作 3～5 年）又保证了研究工作的持续性,还保证了研究生培养的质量与就业优势。

该团队先后参与或主持申报了国家级科研课题 2 项,省部级科研课题 2 项,获得发明专利授权 8 项、实用新型专利 10 项、软件著作权 34 项,近 5 年在该领域发表论文 50 多篇。在社会经济效益方面,仅 OFDM 载波通信模块装配于远程智能电表中所创造的经济效益每年就可达上千万元,实现了学校和企业的"双赢"。该团队所培养的研究生就业和深造情况良好,真正实现了复合型、创新型人才的培养。

湖南大学电子与通信工程硕士生在湖南大学—威胜集团有限公司"智能计量与能源管理"产学研创新平台基地进行配电线损采集模块项目实践（一）

湖南大学电子与通信工程硕士生在湖南大学—威胜集团有限公司"智能计量与能源管理"产学研创新平台基地进行配电线损采集模块项目实践（二）

湖南大学电气工程硕士生在湖南大学—威胜集团有限公司"智能计量与能源管理"产学研创新平台基地进行开关电源项目实践

湖南大学电子与通信工程硕士生在湖南大学—威胜集团有限公司"智能计量与能源管理"产学研创新平台基地进行代码走读

湖南大学控制工程硕士生在湖南大学—威胜集团有限公司"智能计量与能源管理"产学研创新平台基地进行嵌入式操作系统项目实践

中南大学—山河智能研究生联合培养实践基地

一、基地简介

1. 基地名称

中南大学—山河智能研究生联合培养实践基地。

2. 联合培养单位

基地的联合培养单位山河智能装备集团（简称山河智能）由何清华教授于 1999 年领衔创办，现已发展为以上市公司山河智能装备股份有限公司（证券代码：002097）为核心，以长沙为总部，以工程装备为主业，在国内外具有一定影响力的国际化企业集团，跻身于全球工程机械企业 50 强、世界挖掘机企业 20 强。

公司"产学研"一体化，依靠先导式创新，以差异化产品实现跨越式发展。集团总资产超过 70 亿元，员工 3000 余人。响应供给侧改革要求，公司战略业务定位于"一点三线"（"一点"即聚焦装备制造，"三线"即工程装备、特种装备、航空装备），已创新研发出 200 多个规格型号具有自主知识产权和核心竞争力的高性能产品。职业化的营销服务团队、遍布全球的营销服务网络使集团产品畅销国内外，出口 100 多个国家和地区，"SUNWARD"商标已在数十个国家注册。

山河智能获得"国家认定企业技术中心""国家博士后科研工作站""国家创新型企业""国家技术创新示范企业""国际科技合作基地""国家 863 成果产业化基地""国家工程机械动员中心""国家级工程实践教育中心""国家大学生校外实践教育基地"等荣誉。山河智能还是湖南省重点实验室、湖南省工程中心、湖南省首批研究生培养创新基地、湖南省本科优秀教学实习基地等。党和国家领导人李克强、温家宝等来到山河智能视察、指导，对集团自主创新、"产学研"结合及人才培养等给予了高度评价。

企业秉承"修身、治业，怀天下"的核心价值观。未来的山河智能将继续发挥自主创新优势，为客户创造价值，为人类提高生活品位，不断推出具有世界影响力的产品，成为世界级装备制造企业。

3. 培养单位

基地的培养单位中南大学是一所学科齐全、工学和医学见长、具有优良办学传统的教育部直属全国重点大学、国家"211 工程"首批重点建设高校、国家"985 工程"部省重点共建高水平大学和国家"2011 计划"首批牵头高校，师资力量雄厚，可为在校师生提供理想的研究环境及研究条件。

中南大学依据工程专业学位研究生培养标准,遵循工程的创新特征,以强化工程实践能力、工程设计能力与工程创新能力为核心,转变教育思想和观念,深化教育改革,在人才培养模式上将创新型与应用型进一步融合,优化课程体系和教学内容改革,重视学生创新精神、实践能力和创业能力的培养。

4．建立时间

山河智能与中南大学从 2003 年起就开始开展学生联合培养,并于 2006 年签署了研究生创新培养共建协议书。

2006 年获批湖南省首批研究生培养创新基地(2011 年该基地获得湖南省研究生培养过程质量评估工作先进集体)。

2007 年获批湖南省本科优秀教学实习基地。

2009 年获批湖南省产学研合作示范基地。

2012 年获批湖南省校企合作人才培养示范基地。

2012 年获批国家级工程实践教育中心、国家大学生校外实践教育基地。

2014 年,中南大学与山河智能签署研究生联合培养示范基地共建协议书。

二、建设情况

机械工程、控制工程等学科的指导教师,以及山河智能经验丰富的高级工程师,组成高素质的导师团队。

按照中南大学研究生培养规定,根据机械学科招生情况,结合山河智能实际情况,安排基地当年的工程专业学位研究生招生人数。

基地具有健全的组织架构。学校及院系领导、老师,公司技术中心、行政部、人力资源部、制造部等相关部门的领导组成管理委员会。下设管理办公室,还专门设立研究生院,全程负责研究生的培养与管理。

进入基地的研究生必须通过文献综述、预开题、开题、中期检查、预答辩、正式答辩、论文总结交流等阶段,提高发现、分析、解决问题的能力。

研究生跟随技术人员到生产一线,获得研究与开发的第一手资料,部分还跟随技术人员深入产品销售和使用现场,掌握最准确的问题和最实际的需求。

鼓励研究生对企业产品设计、制造等方面提出意见和建议,使研究生熟悉产品从研发思路、技术储备到资金筹措等过程,参与研发、制造、销售等环节,提升创新创业能力和综合素质。

三、基地特色

1．"产学研"一体化

基地与高校具有天然的合作土壤,本基地最初的发展就是来源于高校老师的科研成果转化,因此本基地的"产学研"一体化自然而且实在,制度及保障也非常得力。

中南大学和山河智能的"产学研"合作互利共赢,中南大学以丰富的人才资源、专业优势和科研成果为企业提供技术支持,山河智能以完整的生产设施、健全的销售渠道为中南大学科研成果产业化提供支撑。基地为高校与企业的"产学研"合作提供创新平台,使双方在产品研发、生产实践、人才培养和使用等方面实现全面对接。

2. 将学生培养融入前沿技术与产品研发过程,提升创新能力

基地及企业导师为学生提供工程实践、新产品开发的培训和指导,以前沿探索、产品研发为载体,做到生产一代、存储一代、研发一代;探索前沿技术,培养创新思维,为企业的后续发展做好长远积淀;利用"产学研"平台,为研发成果的快速转化提供有力保障;研究生全程参与调研、开发、转化等环节,培养创新能力和创业精神。

四、建设成效

示范基地每年培养的研究生都稳定在 80 人以上,学术带头人—教师—企业工程技术人员共同组成指导团队,拥有稳定成熟的导师队伍 50 多人。

研究生参与完成了国家 973、863、自然科学基金、科技支撑计划、省科技重大专项、军品开发等重大项目,研发了高性能的智能挖掘机、通用航空装备、救援机器人、混合动力挖掘机等产品,得到很好锻炼,充当项目负责人或技术骨干的比例超过 25%,毕业后受到用人单位的一致好评。

2014 年到 2016 年共毕业硕士生 246 名,发表论文 295 篇,ESI/SCI/EI 检索 82 篇,专利76 项,其中发明专利 21 项,获省部级以上奖励 7 项。

(1)"超轻型飞机"2014 年获第十六届中国专利奖外观设计优秀奖;

(2)"一种势能回收的液压系统"获 2014 年湖南省专利二等奖;

(3)"分离驱动式套管螺旋钻机及其施工方法"获 2015 年湖南省专利二等奖;

(4)"工作装置势能回收液压系统"获 2016 年中国专利优秀奖;

(5)"滑移装载机关键技术及产业化"获 2015 年湖南省科技进步三等奖;

(6)"工程机械瞬变大负载能量回收与利用关键技术及应用"获 2015 年第五届绿色制造科学技术进步三等奖;

(7)"工程机械瞬变大负载能量回收与利用关键技术及应用"获 2016 年湖南省技术发明一等奖。

五、典型案例

张大庆,男,山河智能技术中心研究生院院长,高级工程师,在本基地攻读博士,毕业后加盟山河智能,近几年获湖南省科技进步一等奖 2 项(排名第二),发表论文 45 篇,SCI、EI检索 12 篇,授权专利 44 项、软件著作版权 1 项,合著专著 1 本,获得湖南省优秀博士后、长沙市劳模、第二届长沙市青年科技奖等荣誉。

程凯,男,南部战区陆军后勤部运输投送处副处长(正团级),上校军衔,本基地硕士毕业,

主管云贵湘粤琼桂 6 省和 3 个集团军的运输投送业务,曾参加"使命行动 2013""联合行动 2015"等重大演训活动,获全军军交运输训练先进个人,荣立三等功 4 次,优秀机关干部 4 次。

中南大学机械工程领域工程硕士生在山河智能基地进行起重机势能回收项目实践

中南大学机械工程领域工程硕士生在山河智能基地进行无人车项目实践

中南大学机械工程领域硕士生在山河智能基地进行动力系统项目实践

中南大学机械工程领域工程硕士生在山河智能基地进行激光雷达项目实践

中南大学机械工程领域工程硕士生在山河智能基地进行液压系统项目实践

中南大学机械工程领域工程硕士生在山河智能基地进行无人直升机项目实践

华南理工大学—宁波拓普集团股份有限公司研究生联合培养实践基地

一、基地简介

1．基地名称

华南理工大学—宁波拓普集团股份有限公司研究生联合培养实践基地(也称华南理工大学宁波汽车零部件研发研究生联合培养示范基地)。

2．联合培养单位

宁波拓普集团股份有限公司、雪龙集团股份有限公司等企业。

3．培养单位

华南理工大学。

4．建立时间

2010 年。

二、建设情况

宁波市是我国重要的汽车零部件生产基地之一,有汽车零部件生产企业 100 多家,其中在上海证券交易所主板上市的企业近 20 家。这些汽车零部件企业大都为民营企业,经过 20 多年的汽车零部件制造、市场开拓积累,这些企业的产品制造能力基本满足了国内外汽车主机厂的要求,亟须开发先进的汽车零部件和提升与汽车厂的同步研发能力。

自 2003 年来,华南理工大学和宁波拓普集团股份有限公司(简称拓普集团)建立了密切的科研合作关系。拓普集团从 2004 年的 3.2 亿的产值,到 2016 年近 50 亿的产值,并于2015 年在上海证券交易所主板成功上市(601689)。随着拓普集团的发展,华南理工大学与其科研合作也从初期个别老师发展成为每年有多个研究生指导老师、多个研究生参与其科研项目的合作模式。

华南理工大学先后与宁波的其他 5 家汽车零部件企业建立了合作关系,这些企业也是本次申报的研究生联合培养示范基地的合作企业。近三年来，参与基地企业研发项目的老师14名，参与专业实践与科研的硕士研究生52名、博士研究生8名。

华南理工大学于2011年与宁波经济技术开发区（北仑区）科技局合作，在北仑地区建立了"宁波北仑汽车零部件研发中心"。2015年7月华南理工大学、宁波拓普集团等共同申报了"汽车零部件技术国家地方联合工程实验室"，2015年12月得到了国家发改委的批准。这些基地的建设和前期与企业的深入合作基础，为本次申报的研究生联合培养示范基地打下了良好的基础。

三、基地特色

本基地是在一个地区的一个产业集群（汽车零部件制造业）中建立研究生联合培养示范基地，学校和企业有多年的合作基础，每个企业每年支付学校几十万元的科研经费，学校和企业的研发队伍中做到了"你中有我、我中有你"，在项目的合作过程中，共建了人才培养体系。

学校和企业共同开发的新产品打破了国外的垄断；建立的产品计算分析与优化设计缩短了产品的开发周期，降低了产品成本，增加了企业的竞争力；研究生专业实践基地的建设促进了宁波地区汽车零部件企业技术水平的提升，同时为我国培养了更多的汽车零部件研发与性能集成方面的专业人才。

在人才培养模式方面，在基地参与实践的研究生，毕业后大都去了主机厂，仍然从事与专业实践相关的产品开发、性能集成等方面的工作，并且原实习单位是现工作单位的供应商，这种良好的主机厂-零部件企业的人员流动关系，增加了主机厂、零部件企业之间的相互了解，建立了两者之间的战略合作关系。

另外，申报单位联合宁波北仑区政府在各个企业建立研究生工作站，建设研究生创新实践基地，与联合企业一起，在学校共建"汽车零部件技术国家地方联合工程实验室"，建立了政府-学校-基地的协同创新、联合培养机制。

四、建设成效

华南理工大学从2003年以来先后与宁波的5家企业进行了合作，共有100多名研究生在这些企业完成学位论文、实验测试等。近三年来，华南理工大学先后有52名硕士研究生在这些企业进行了为期半年以上的实践创新和科研、有8名博士研究生在这些企业完成了与学位论文相关的实验工作。

五、典型案例

华南理工大学研究生的工作为企业的技术进步、新产品的开发、与主机厂的同步开发能力的提升做出了贡献，取得的成效案例见表1。

表 1　申报的研究生联合培养示范基地取得成效的案例

序号	成果名称	内　　容	应 用 情 况	参与的研究生
1	汽车动力总成质心与惯性参数测试试验台	基于宁波拓普研发需求开发的动力总成转动惯量试验台,质心测试误差＜1.5mm,惯性参数测试误差小于1% 开发的大吨位动力总成质心与惯性参数测试试验台获得2011年湖北省重大科技成果	宁波拓普; 东风汽车公司东森汽车密封件厂; 山东美晨科技股份有限公司(深交所); 浙江世泰实业公司	2009级:廖美颖 2010级:王伟 2011级:陈玉华 2012级:郑若元 2015级:李帅领
2	新能源汽车用电子真空泵	打破国外垄断,开发新技术产品。开发的新能源汽车用电子真空泵的抽气速率和真空度达到国内同类产品水平,价格下降1/3。2010年从一个基础的模型开发研发,到2016年产值达到1.7亿元,2017年预期达到2.3亿元	上汽乘用车; 众泰汽车; 吉利汽车	2009级:王今鑫 2010级:程伟喆、杨嘉威、林浩挺 2011级:李滨
3	发动机冷却风扇气动性能计算流程与体系的开发	基于计算流体动力学的方法,建立了风扇气动性能(流量、静压、功耗、噪声与转速的关系)的分析方法与流程,计算值和实测值的误差小于10%,经过计算分析与优化,保证了一次开模制造风扇的性能满足要求,每年节约开模费用500万元以上,每款风扇缩短开发周期1.5月	宁波雪龙集团; 技术应用于东风汽车公司、一汽集团、玉柴集团等多款发动机冷却风扇	2008级:王益有、吴敏 2009级:姚倩、钟守山、王海航 2010级:唐钊 2011级:宋黎明 2012级:莫伟标 2013级:唐彪
4	发动机前段附件驱动系统设计分析软件开发	基于单根多楔带附件驱动系统的设计理论、计算方法,开发了一套发动机前段附件驱动系统静动态计算分析的程序。计算结果和实验测试结果具有较好的一致性,和国际同行Gates、Litens等企业开发程序计算结果一致,打破了他们的技术封锁。为宁波丰茂建立了发动机前段附件驱动系统与主机厂的同步开发能力	开发的程序为江淮汽车、东风小康、北汽银翔等单位近50余款发动机前段附件进行了同步开发,取得了较好的效果,设计的带的横线振动、带与轮的滑移等均满足主机厂需求,和国际同行的水平相当	2011级:陈志龙,胡见 2012级:陈强 2013级:邓建向 2014级:陈友亮 2012级:冯骁(博士生)

桂林电子科技大学—桂林国家高新区大学科技园管理有限公司研究生联合培养实践基地

一、基地简介

桂林电子科技大学—桂林国家高新区大学科技园管理有限公司研究生联合培养实践基地(简称基地),培养单位为桂林电子科技大学,合作单位为桂林国家高新区大学科技园管理有限公司。

本基地主要面向计算机领域的研究生联合培养,依托桂林电子科技大学科技园(简称科技园)。科技园于2011年9月正式运行,学校与桂林国家高新区管委会联合申报的"桂林大学科技园"于2014年9月获国家科技部、教育部认定为广西区首家国家级大学科技园,大学科技园众创空间于2016年10月获国家科技部认定为广西首批国家级众创空间。科技园同时还是"广西壮族自治区级科技企业孵化器""广西技术转移示范机构""桂林市微型企业创业孵化园""桂林市首批小型微型企业创业创新示范基地"。基地涉及的园区企业主要有桂林国家大学科技园、桂林大容文化科技有限公司、桂林明辉信息科技有限公司、桂林方菱信息科技有限公司、广西瀚特信息产业股份有限公司、桂林石英石信息科技有限责任公司等。

二、建设情况

(1)双方联合共建基地指导教师队伍,学院安排相关的硕士导师,园区在各企业选拔经验丰富、责任心强的技术骨干作为桂林电子科技大学企业兼职导师。根据导师的研究方向、研究生专业情况和企业技术和产品研发的需要,选择合适的导师对相应的研究生进行指导;每个研究生分别由一名企业导师和一名学校导师共同指导和培养,实行双向选择制。科技园构建了创新创业导师体系,坚持教师、讲师、创业导师、创投导师"四师制"建设。

(2)学生在校进行一年的理论课程学习后,选择园区企业,进入基地实践学习1~1.5年,实行校企双导师指导制,基地以企业导师指导为主,负责指导学生企业实践过程、项目研究、企业实习、部分课程与论文等环节的指导工作。

(3)研究生论文选题主要来源于企业与学校联合申报的科技项目,或是企业技术攻关、产品研发,以及根据市场需求和社会发展提出的研究课题,为研究生提供培养实践能力的课题,提供可申请硕士学位的研究课题。

(4)学校和科技园通过签订合作协议的方式,建立系统而规范的联合培养基地管理制度,明确"联合培养基地"中各自的职责及合作双方的责、权、利。

（5）学校与园区在大型科研开发设备资源方面按照一定的管理制度进行共享,实现科研资源的充分利用。

（6）利用园区众创空间,为研究生创业提供咨询、服务、资金、场地、推广等全方位的大力支持。

（7）由于学校和科技园物理距离和组织关系都非常近,可以更好地为联培学生提供思想政治教育、生活条件保障等各方面便利。

三、基地特色

（1）完善的导师体制。充分利用学校和企业以及校友资源,为研究生提供丰富的导师配置,同时也为基地研究生创业配备了相应的创业导师。

（2）通过1年的学校理论课程学习和1~1.5年的企业实际项目开发学习,实现了学生理论实践能力的完备学习体系,有利于提高研究生培养质量。

（3）丰富完善的园区企业资源和大量的企业实际需求,为基地研究生选题提供了丰富的题目库,使得学生的选题范围更广同时实际问题针对性更强。

（4）园区以国家级众创空间为依托,为基地内研究生创业提供了丰富而立体的帮扶体系,有利于研究生创新创业能力的培养,并孵化出更好的科技型企业。

（5）学校与园区几乎一体化的物理位置和组织关系,使得双方的协调沟通渠道畅通无阻,有利于研究生的联合培养,同时也更方便地为学生提供生活条件和人身安全保障,也有利于加强思想政治教育。

四、建设成效

每年进入基地进行合作培养的研究生为40~50名。由近三年的就业数据可以看出,参与基地联合培养的学生备受企业青睐,平均薪资比普通硕士毕业生要高出500~1000元/月,部分学生进入华为、中兴等国内知名企业。同时基地于2016年获得了广西区级研究生创新创业联培示范基地称号。

五、典型案例

徐良等4位在校研究生组合的创新创业团队在基地内众创空间"两帮九助"服务体系下经过孵化和培育,获得了科技部举办的创新创业大赛广西赛区团队组第一名的佳绩。该团队申报了2017年广西及桂林市科技计划项目,公司成立4个月,已经卖出了"无线自发电开关"两万套,并且不断获得新的订单。张川同学进入联培基地在"桂林市医疗卫生信息化规划"等项目中发挥了重要作用,在校期间获得了研究生国家奖学金,主持并完成了研究生创新项目,作为参与人获得了广西科技进步二等奖,毕业后以高薪签约了百度公司。黄佳同学于2015年6月进入桂林大容文化科技有限公司实习,在实习中提出"保持细节特性的局部误差渐进网格简化算法"和"局部特征熵的网格非均匀简化算法",实现了三维模型网格简化压缩和渐进式传输,为移动终端的三维模型快速传输和实时打开奠定了一个良好的基础,帮助公司研发核心技术并得到广泛应用;在核心期刊上发表论文2篇,申请软件著作权1项。

重庆大学—云南电网公司研究生联合培养实践基地

一、基地简介

1. 成立概述

2010年3月,重庆大学与云南电网公司签署战略合作框架协议及联合建立研究生工作站协议,全称为"重庆大学云南电网公司研究生工作站",即重庆大学—云南电网公司研究生联合培养实践基地。研究生工作站由国家教育部倡导,经校企双方协商一致后设立,是规模企业与高校"产学研"合作的重要平台、高校研究生培养的重要创新实践基地。

为做实、做好研究生工作站工作,云南电网公司成立了党组书记任组长的"两站"工作领导小组,下设领导小组办公室,统筹领导工作站工作,归口人事部负责;电力科学研究院成立了工作站办公室,具体承担研究生工作站运营工作。云南电网公司人事部牵头,与当时的人力资源部、生产技术部、技术分公司等各相关部门及电力科学研究院密切协作,以务求实效为根本,对研究生工作站进行了顶层设计和系统谋划。

2. 联合培养单位概况

重庆大学云南电网公司研究生工作站位于云南昆明云电科技园内,园区于2008年5月投入使用,园区环境优美,集合办公、试验、宿舍、餐厅、球场等场所于一体。科技园内有高压、计量、系统分析、智能电网、信息软件、动力、金属化学、安全技术、新能源与县农网等9个专业技术研究所和9个综合职能部门;设有电力计量检测中心、防雷安全检测检验中心、云南谐波检测中心、励磁监督中心、超导实验室、电力科技查新中心、电力瓦斯继电器效验中心、六氟化硫检测中心、节能中心、动力化学清洗中心、锅炉压力容器检测中心、发电用煤质量监督检验中心11个省部级检测中心,以及高压计量、电力环境、劳动环境等3个检测站。科技园内聚集了云南电网大部分技术专家,研究生与导师、技术专家交流十分便利。在昆明东郊建有国内领先水平的高海拔超高压直流输电中试基地、国内首个±800kV直流高海拔特高压试验研究基地,每期进站研究生均会到基地参观实习。云南电网公司每年都有充足的科技经费,以解决企业工程难题,提高科技创新能力和核心竞争力,充分发挥科技创新的支撑和引领作用。云南电网公司企业导师基本都是技术骨干,承担着云南电网公司科技项目研发或生产一线的任务,进站研究生均参与到导师项目中,了解电力生产知识,跟随导师到生产一线,实践能力大大提升,或参加到导师所承担的科技项目中,在项目研发、实施中得到锻炼,理论结合实际,提升研究生解决实际工程问题的能力,完成了高质量的有工程实践特色的毕业论文。

进站研究生的办公设施、住宿、餐补、差旅费等标准参照云南电力科学研究院正式职工标准,工作、生活条件优越。两人一间标准间布置,房间内有卫生间、厨房、电视、网络等良好生活设施,相当于高校博士生待遇;在站研究生工作设施参照正式员工配置,有固定的工位、计算机和安全工器具,差旅及补贴标准等同正式员工;每月每人发放伙食补贴、工作补贴。工作站组织丰富多彩的文娱活动,传播校企文化,凝聚团队。研究生在站期间的津贴、学术交流、材料等成本由云南电网公司承担。

3. 导师及管理队伍

重庆大学云南电网公司研究生工作站有一支由 69 名企业研究生导师组成的团队,所有企业导师均为高级工程师以上职称,部分企业导师为教授级高工、云南电网公司技术专家。企业导师均为云南电网公司各单位技术骨干及重要研究领域、科技项目负责人。云南电网公司高度重视联合培养进站研究生工作,担任研究生企业导师需经云南电网公司人事部选拔聘用并发文公布。云南电网公司设置了专业管理机构——工作站办公室,并配备了 5 名全职管理人员全力做好进站研究生联合培养工作。

4. 定位及目标

在定位上,将“两站”明确为云南电网公司“内引外联的人才培养和科技创新工作平台”。其中,博士后科研工作站主要承担高端人才引进、使用和培养任务以及高层次、创新型项目研发;研究生工作站主要承担应用型人才培养和项目研发任务。

在工作目标上,确定了“出人才、出成果、出氛围”三大工作目标和 6 个主要工作方向,即培养、使用和选拔高端人才、应用型人才;实现智力资本的运作和扩张;提升云南电网公司现有技术骨干的学术素养和专业水平;实现重大科研成果突破;构建科技开发新平台;提升企业形象。

二、建设情况

建站以来,云南电网公司研究生工作站从零起步,不断探索,一年一个新台阶,每年都有新突破,顺利实现了从“起步”“发展”到“领先”。

经过七年多的实际运行,云南电网公司与高校的合作深度和范围显著拓展,专业技术人才的培养和引进取得了新突破,科技创新有了新支撑。目前,云南电网公司“两站”已成为云南省和南方电网系统规模最大、培养人员最多、科研成果最丰硕的企业工作站。

1. 加强人才培养

引进、使用和培养了一批高端人才,研究生的应用型人才选人、用人“关口前移”;邀请了中国科学院程时杰院士、工程院院士张勇传以及孙才新、雷清泉、苏君红、潘垣等顶尖专家指导云南电网公司科技项目,智力资本运作和扩张得到了实际体现;组建了一支 69 名高层次技术人员的企业导师队伍,“两站”提供的人力、技术及渠道支撑,对企业导师的激活与带动效益显著,为云南电网公司高端技术人才成长提供了“助推器”。

2．突出科技创新

研究生工作站作为云南电网公司高水平项目的"孵化器"发挥了积极作用,既直接承担了多项重大科研项目研发,也为云南电网公司其他科研课题提供了人力支撑。一批重点科研课题如《超导磁储能系统研究与应用》《2MV 便携式快前沿紧凑型现场冲击试验装置》等由"两站"负责组织实施。一些科研成果已得到应用,例如《基于 X 射线的电力设备数字成像透视检测系统研发与应用》在我国电力行业产生了广泛影响,已广泛应用于生产,成为2013 年云南电网公司 3 个重点推广科研成果之一,目前已推广到了深圳供电局。截至 2015年 10 月,研究生工作站承担了省云南电网公司科研经费 9593 万元,获得省云南电网公司科技进步奖、专利奖 21 项。在站人员共发表论文 332 篇,多篇为 SCI、EI、ISTP 国际检索高水平论文;申报、受理、授权专利 147 项,其中已授权 22 项,成为云南电网公司科研工作的生力军。

3．同步教育改革

2011 年 8 月,教育部明确要求各高校加大工程类硕士培养力度,加强高校与企业联合培养研究生。云南电网公司研究生工作站较好解决了我国研究生教育中存在的理论研究与实际结合不够紧密、工程实践训练欠缺等问题,创新培养方式得到了国家教育部的高度肯定,出站研究生受到用人单位和社会普遍好评。

4．完善体制机制

云南电网公司研究生工作站建设从零起步,许多工作没有先例可循,云南电网公司在工作站建设过程中勇于打破常规,不断创新,建立了云南电网公司、电科院、工作站三级管理体制,明确了岗位职责,配套提供了相关运行机制和制度,使云南电网公司研究生工作站既可进行日常管理,也可组织人才培养和科技项目开发,还可以进行科技成果推广和产业化等工作。同时在人才选拔、使用、培养方面创出了一条新路子,得到了教育部门的高度评价。

5．扩大社会影响

云南电网公司研究生工作站工作顺应了国家要求和时代潮流,已成为云南电网公司人才培养和科技创新工作的亮点,在云南省和全国电力同行中产生了较好影响,《中国电业》《中国博士后》《南方电网报》《昆明日报》等新闻媒体进行了专题报道。云南省人事厅、南网公司等领导专题调研云南电网公司研究生工作站工作。随着工作站科研工作的持续开展,提升了云南电网公司在国际上的技术与学术声誉,美国超导公司、日本住友公司等知名外企先后访问工作站并进行技术交流。在 2012 年教育部工程硕士培养研讨会上,云南电网公司研究生工作站应邀作了经验交流汇报,得到了高度评价,成为高校的"标杆工作站"及校企合作典范。南网电科院、云南磷化和广东、广西、贵州、海南、四川、重庆、河北、河南、江西、宁夏等地电力同行纷纷调研、借鉴云南电网公司"两站"运营管理经验,"建站"已成为我国大型电力企业的共识。

三、基地特色

1. 定位层次高, 紧密结合云南电网公司发展战略需要

研究生工作站建站目标、定位、发展思路和工作措施紧密结合云南电网公司发展战略和重点工作,在站研究生均服务于云南电网公司科研、生产实际工作,激活带动了云南电网公司自有专家队伍提升专业水平和学术素养,在"出人才""出成果""出氛围"等方面收到了较好实效,为云南电网公司抢占电网科技制高点提供了新平台。

2. 优化改革培养方案

改革培养方案,强调工程实践能力,提出了"厚基础、重实践、强管理"的专业型研究生教育理念,构建了分类培养方案与质量保障体系,构建以培养应用型创新人才为目标的专业型硕士培养方案,突出专业实践创新与工程管理能力培养。提出"前沿课程＋专业综合实验＋专业实践"的培养方案,课程设置更加强调工程实践能力:①设立了"3＋1"的专业特色课程,从国外引进"工程项目管理与实践"课程,新建"财务审计"等课程,培养工程管理能力;②开设 12 个专业实践综合实验,新增案例分析课程,邀请 4 位企业专家完成 8 个工程案例的讲解,提高应用能力与专业素养。

3. 学位论文设计与要求强调工程实践

全日制专业学位硕士研究生的论文选题应来源于工程实际或应用课题,要有明确的职业背景和应用价值,能解决现实生活或工程实践中的某些问题,能创造一定的经济效益和社会价值。要使学生通过独立完成学位论文,掌握相关的科学理论和技术方法,切实提高其解决实际问题的能力。论文分为产品研发、工程设计、应用研究、工程/项目管理等 4 种形式,各种类型的学位论文均应具有明确的技术要求和一定的工作量,能体现和反映论文作者综合运用电气工程专业理论、方法和技术手段解决工程技术问题的能力,并有一定的理论基础,具有先进性、实用性。

4. "两站合一、规模效应、人员项目两手抓"

"两站合一":云南电网公司采用少见的博士后科研工作站、研究生工作站"两站"合一的管理模式,实现了"分层次用人",形成高低搭配的合力。博士后作为创新型人才,以形成高端科研成果为主要目标,重点提升项目理论水平、技术前瞻性等;而研究生作为应用型人才,在项目研发中主要承担辅助研究工作。

"规模效应":云南电网公司研究生工作站在站人员众多,在站学习时间长,专业齐全,对重大科技项目、生产专项工作和企业导师的支持、服务能力强。

"人员项目两手抓":云南电网公司工作站既有在站人员管理职能,也能独立承担科技项目,实现了有效管理,提高了项目研发水平和效率。

5. 建立三个平台,打造三种能力

建立了"校企合作""内引外联人才配置"和"科研项目实施和产业化平台"等 3 个工作平

台。通过加大与相关高校合作力度,在人才培养、科技研发相关项目和资金方面向合作高校倾斜,调动合作高校积极性,促成校企导师构建工作伙伴关系;协调调动研究生、专家和高校导师,云南电网公司和高校人才在工作站平台上形成合力;提供项目平台和工作机制,推动项目合作研发,逐步形成长效合作机制。为云南电网公司科研、生产实际工作服务,校企合作、跨单位、跨部门科技项目得以顺利实施,校企合作项目层次和水平得到显著提升,保障了云南电网公司在工作站的投入有实际效益,使得云南电网公司技术专家、重大科技项目、重点专项工作能够得到工作站的有效支撑,形成了"服务专家""重点工作支撑"和"资源整合"三种能力。

6. 不断创新,求实多赢

在研究生工作站抓落实过程中,云南电网公司以机制创新、管理创新和资源整合为抓手,建立了特色和优势,保障了工作站又好又快发展。例如,在机制创新方面,通过精心设计,使云南电网公司研究生工作站既可进行日常管理,也可组织人才培养和科技项目开发,还可以进行科技成果推广和产业化等工作。在管理创新方面,建立了云南电网公司、电科院、工作站办公室的三级管理体制,明确了岗位职责,建立了相关制度和管理办法:要求所有进站人员的研究课题均为云南电网公司已立项或拟立项的科技项目,为工作站人员的研究课题提供了保障,并确保了工作站人员紧密服务云南电网公司科研生产实际;在研究生教育中首创提出"工程实践特色毕业论文""生产实践"和"科技研发"3个培养重点;在资源整合方面,汇集企业内外各方力量,为云南电网公司科研、生产实际工作服务,保障了云南电网公司在"两站"的投入有实际效益。

7. 完善的基地管理模式与制度建设

1)管理组织形式与协调沟通机制

在进站之初,首先由学校负责老师与工作站负责人员联系确定进站学生人数,然后安排学生进入工作站开展科技研发、专业实践等实践内容。学校定期对研究生个人情况进行检查,发现问题及时与工作站人员沟通。具体流程:

企业导师及课题征集公布→确定进站人数→研究生报名选拔→学校择优选取→进入云南电网公司工作站→进站办理→进站欢迎会→进站培训和参观→团队活动→成立班级组织机构→主课题及辅课题选择→课题初步研究→开题报告会→毕业论文研究、科技课题研究、生产现场实践工作→中期评审会→出站评审会议→论文答辩。

依据学科规模及特点、导师人数及分布情况以及上一年度招生计划人数、实际招生人数和报到情况,确定下一年度的招生计划,根据工作站课题数量、实践计划等,确定进站学生人数。然后,由学校组织学生报名,择优推荐进入工作站实践。

2)学生管理

在站实践期间,研究生要按时参加周例会、月例会、项目协调会、技术交流会等,每月进行绩效考评,考评结果体现在研究生津贴及鉴定评语上。

3)制度建设

研究生工作站发布了《云南电网公司研究生工作站管理办法》及《云南电网公司研究生工作站运行管理实施细则》,后根据实际运行情况又进行了修订。其他规章制度还有《云南电网公司企业导师管理办法》《云南电网公司企业导师管理办法实施细则》《进站科研项目管理实施细则》《云南电网公司研究生工作站在站研究生绩效考核管理实施细则》等。

四、建设成效

2011年7月,重庆大学首批2名研究生进站。工作站以"求实效"为根本,以"勇创新"为灵魂,以"谋多赢"为理念,在企业研究生工作站的组织体系、工作机制、运营管理、校企协作等方面创出了一条新路子,确定了"出人才、出成果、出氛围"三大工作目标,以科研项目为载体培养高素质的科研人才,以人才培养为保障进行科研攻关,以团队建设为手段营造良好的科学研究氛围,取得了良好的工作实效。7年来,重庆大学共有130余名研究生进站,涉及高电压技术、新能源控制技术研究、智能电网新技术、电网安全稳定运行、电力系统分析计算、规划设计、电力系统自动化、热能动力工程等多个研究方向。进站研究生科研能力及实践能力得到大幅提升,科研成果奖项突出,就业竞争力突显。

企业的发展归根结底要依靠人才来实现。从实际工作效果看,工作站于国家、社会、企业、个人都是好事情,经过七年多的探索、实践,云南电网公司已经较好把握了工作站工作要素,积累了许多宝贵的经验,收到了良好实效,打造了云南电网公司高端人才培养新平台,为校企"产学研"合作创出了新路子,走到了全国电力同行的前列,实现了创先。无论是从中央企业的社会责任,还是从落实云南电网公司中长期战略出发,或是从增强云南电网公司核心竞争能力出发,都应该坚定不移地将研究生工作站工作持续深入地向前推进。

五、典型案例

典型案例 1

2014级专业型硕士研究生姜雄伟

重庆大学电气工程学院专业型硕士研究生姜雄伟同学,于2015年8月至2016年9月进入云南电网有限责任公司与重庆大学联合建立的研究生工作站,通过参与联合培养企业的在研科技项目、生产现场实验等学习,得到了全面的锻炼,促进了其分析研究问题的专业能力成长和生产实践水平提高。他在站期间学习成效显著,专业水平进步明显,得到了学校的充分认可,这取决于在站期间他参与的如下联合培养工作:

(1) 熟悉专业企业生产,培养专业兴趣。研究生工作站组织姜雄伟等进站研究生参观电科院的实验室,开展安全生产培训和考试,与企业员工和其他研究生进行交流、文娱等活动,让他们深入了解企业生产、企业文化,培养了浓厚的专业学习与到电力行业就业的兴趣。

(2) 充分参与科研,提升理论知识和科研能力。姜雄伟同学在站期间,参与了联合培养企业的"基于有限元法、空间电荷测量技术和电镜扫描技术的35kV并联干式空芯电抗器缺陷综合分析""高压交直流输电电缆全尺寸空间电荷检测评估技术及其应用研究""冲击电压和热老化联合作用对聚酰亚胺和聚酯薄膜绝缘性能和空间电荷分布规律的研究"等科研项目工作。通过企业导师手把手地教他如何撰写项目申报书,如何进行项目的分析研究,并组织中期检查、项目验收资料等,使他能循序渐进地参与到科技项目工作中。这些项目工作的结果,使他成功地在国际绝缘领域权威期刊 IEEE *Transactionson Dielectricsand Electrical Insulation* 上发表了 *Effect of Thermal Ageingon Space Charge Characteristics in Double-layered Polyester Film* 和 *Space Charge Behavior Evolution of Thermal Aged Double-layered Polyimide Films* 两篇 SCI 论文,另有一篇题为 *Investigation on Dielectric Properties of Polyester Film under Different Thermal Ageing Temperature* 的论文在审;在《高电压技术》(EI)上发表《35kV 干式空芯并联电抗器匝间绝缘故障综合分析》和《基于有限元方法的 35kV 干式空芯并联电抗器匝间短路保护特征量的研究》两篇论文;还在其他中文核心期刊上发表论文 4 篇。进站参与企业项目工作和他取得如此成绩是紧密挂钩的。

(3) 参与生产现场学习,专业工程实践能力和团队精神得到培养。姜雄伟同学通过工作站组织开展的"进专业所"学习活动,得到了现场生产作业的锻炼。例如,2016 年 7 月,他参与了文山州砚山 500kV 变电站进行接地网接地阻抗测量现场作业,负责了沿公路布线等工作。同时经过与企业吃苦耐劳的员工同事共同生活,受到了他们不怕艰苦、乐于奉献精神的感染,认识到高学历专业人员也应具备既能握笔杆又能摸牛粪的转变能力。另外,在站上与其他众多不同专业、不同学校的进站研究生一起学习、工作、生活,都较好地锻炼了他的团队精神。这对他今后的职业生涯具有重大意义。

(4) 工作站的互动学习平台有效地开阔了专业视野。工作站上定期组织的"每人一题"内部技术交流活动、不定期经常举办的专家技术讲座或交流活动,开阔了他的专业视野,加强了他对新技术专业的跟踪学习等,并有效帮助他解决在科研过程和学习中遇到的技术问题。

典型案例 2

2011 级专业硕士研究生谢光莉

重庆大学电气工程学院专业型硕士研究生谢光莉同学,于 2012 年 8 月至 2013 年 2 月进入云南电网公司研究生工作站,参与了 3 个主要项目,期间担任项目秘书以及研究生工作站文艺委员。谢光莉同学 2007 年进入重庆大学电气工程学院进行本科学习,还被评为重庆大学电气工程学院优秀学生,2011 年保送重庆大学电气工程学院研究生,连续 3 年获得重庆大学研究生奖学金,专业排名第 4/21 名,平均成绩 86.7858 分。

(1) 参与科研,提升科研及实践能力。在云南电网公司(研究生工作站)实习的半年时间里,谢光莉参与了"含电力电子接口 DG 大规模接入电网的故障特性分析及短路电流计算"和"2MV 便携式快前沿紧凑型现场冲击试验装置"项目,尤其在故障特性分析及短路电流计算上,表现出独有的思维和水准;在"含电力电子接口 DG 大规模接入电网的故障特性分析及短路电流计算"项目中,谢光莉担任项目秘书,独立撰写了一篇发明专利与一篇实用新型专利并已公示;而在"2MV 便携式快前沿紧凑型现场冲击试验装置"项目中,搭建了 2MV 冲击装置的 PSCAD 仿真简化模型,给出了套管不同参数对 VFTO 波形的影响分析结果,为该项目提供了重要的理论数据;还参与了"基于直流激励的 GIS 类设备绝缘状态检测技术及装备研究"项目的实验过程。在站期间跟随项目总负责人多次到工作现场,积累了丰富的实际经验,很好地完成了书本知识与工程实际的过渡。期间在 EI 核心期刊《电力系统自动化》上发表了两篇论文《双馈感应发电机接入电网的三相短路电流峰值评估》和《计及低电压穿越的双馈感应发电机三相短路运算曲面法》,在《电力系统保护与控制》上发表了《感应发电机接入配网的三相短路电流峰值评估》,在《科学技术与工程》上发表了《基于直流脉冲电流法局部放电检测的金属微粒缺陷研究》;"一种适用于感应发电机接入配网的三相短路电流峰值计算方法"项目获得发明专利二等奖(云南电网,2015年),"含感应发电机电网的故障检测系统"项目获得优秀专利三等奖(云南电网,2014年)。谢光莉同学所取得的成就充分显示了她在实践过程中对学习的不断检验与总结,充分显示了她在为丰富其职业生涯而进行的拓展性学习、关联性学习中所表现出来的拓展能力。

(2)全面发展,综合素质同步提升。作为研究生工作站文艺委员,积极参加院里各项活动,并组织策划了2012年工作站"迎国庆,庆中秋"新老生联谊活动,以及主持了工作站内部辩论赛活动,都取得圆满成功,这体现出一个复合型人才所独具的综合能力,得到了企业领导、同事们的一致肯定。谢光莉展现了一名优秀研究生深厚的学术素养和扎实的理论基础,体现了良好的团队合作精神、高度的责任感以及良好的精神风貌。

重庆大学云南电网公司研究生工作站2012年联合培养研究生进站欢迎会

重庆大学云南电网公司研究生工作站2014年联合培养研究生进站欢迎会合影

重庆大学云南电网公司研究生工作站的研究生在云南电科院
超高压试验基地进行《X射线……》项目试验

重庆大学云南电网公司研究生工作站研究生参观南网特高压试验基地

重庆大学云南电网公司研究生工作站研究生参观陆军讲武堂

重庆大学云南电网公司研究生工作站研究生野营

重庆大学云南电网公司研究生工作站研究生"五四"青年节活动

重庆大学云南电网公司研究生工作站内部技术交流会

电子科技大学—中国电子科技集团公司第二十九研究所研究生联合培养实践基地

一、基地简介

"电子科技大学—中国电子科技集团公司第二十九研究所研究生联合培养实践基地"创建于 2002 年,由电子科技大学(简称电子科大)与中国电子科技集团公司第二十九研究所(简称中国电科 29 所)在双方多年高层次人才培养方面卓有成效的合作基础上建立,至今已走过 15 个春秋。培养单位电子科技大学是我国一所完整覆盖整个电子类学科、以电子信息科学技术为核心的多学科研究型重点大学。联合培养单位中国电科 29 所隶属于中国电子科技集团公司,是我国最早建立的专业从事军事电子信息技术研究、重点系统工程研制和装备中试生产的骨干研究所。

基地开展联合培养研究生工作,在中国电科 29 所领导和电子科大校领导的关心和直接领导下,密切合作,从无到有,走过了艰苦初创、共谋发展、调整完善的螺旋式发展历程,逐渐形成了较稳定的培养模式,探索建立并完善了各项管理举措。逐步积累了较丰富的管理经验,建立起一支稳定的有特色的管理工作队伍和专家指导队伍,出台了系列管理规章制度,解决了发展中遭遇的瓶颈问题,目前呈良好的发展态势。

本着所校双方"强强结合、优势互补、共谋发展"的战略思想,基地合理利用所方技术专家丰富的工程经验和校方导师与研究生理论扎实深厚的条件,让研究生在真实的工作环境中学会将理论知识运用到实际工程攻关中去,提高了研究生分析与解决问题和适应社会的能力。基地所校双方以联合培养研究生为基础,通过提升理论,不断完善运行机制,改进工作方法,增强与合作单位的交流沟通和问题对策研究,加大投入培养力度,探索出一条所校共同发展合作的道路,有着起步早、起点高、长期坚持合作、建立了长效基地运行机制的特点,并逐渐积累起丰富的基地管理经验,值得示范推广。

二、建设情况

1. 解决了基地人才培养定位问题,确定培养模式

对基地研究生实行"理论知识＋实践教学"双导师联合培养有机结合,以课题研究项目为实践训练载体,主要采取两种方式选拔基地优质生源,实施"开题报告＋阶段性检查＋结题答辩"考核评价方式,建立良好的组织管理运行机制。

2．加强导师队伍建设，架设导师交流桥梁

校外导师依据学校出台的遴选办法优选高级工程师及以上员工担任；重视导师队伍建设，对导师队伍搭建有培训和学术科研交流平台。

3．确保实践条件和生活条件

提供实践场地、仪器和设备、查询资料等培养条件保障，提供助研生活津贴、差旅报销及生活补助，购买校外人身意外保险。

4．解决实践项目与实践教学问题

实践项目主要来源于工程实践问题和基金项目指南。实践教学以校外导师为主，结合实践项目给予指导，校内导师参与实践考核，辅以生产一线真实工程作业实践机会。

5．重视研究生思想政治与社会责任教育

所校合力开展品德教育及培训，对基地研究生进行思想政治与社会责任教育。通过行前动员会、入基地培训会等方式开展专题思想政治、保密安全和社会责任等教育。

三、基地特色

1．起步早、起点高、受益面广

电子科大是国内率先与科研院所走上联合培养研究生之路的工科高校之一，基地建立于 2002 年，起点高、覆盖面广，同时招收硕士和博士研究生，覆盖多学科专业类别，同时面向国内其他高校发布实践项目和基金指南申报，辐射到其他高校研究生，扩大了受益面。

2．协同合作，管理模式创新

实施"校院共建＋所室共建"协同合作运行机制，各方分工明确，管理制度规范，逐步形成行之有效的管理模式。

3．加强过程管理，建立了保证联合培养质量的考核评价体系

通过加强生源选拔、开题检查、阶段性检查、结题答辩等关键节点过程管理和检查考评，建立起合理的考核评价体系。

4．以项目为载体，促新思想、促科研创新、促共同发展提升

发布"基金项目＋实践项目"模式受到校内导师与研究生积极响应，基地研究生生源质量高，促进双导师之间科研工程技术交流和共同发展，研究生实践效果突出。

四、建设成效

在 2002—2016 年期间，基地培养规模经历起步、发展、调整、再稳定的发展过程，2014—

2016 年 3 年累计招收电子科大工程硕士培养规模超过 50 人。截至 2016 年底,先后招收了来自电子科技大学、哈尔滨工程大学等 7 所高校的 200 多名硕士研究生、15 名博士研究生开展联合培养。

基地研究生将理论知识与工程实践运用有效结合,在双导师指导下攻克了工程实际问题,取得较好成绩。截至 2016 年底,基地研究生累计发表学术论文 500 多篇,完成 200 多个课题。

从基地毕业的研究生就业签约率为 100%,就业质量高,为我国的电子行业和国防重点单位输送了一批合格的高层次、高水平工程技术和工程管理人才。就业单位主要有中电集团第十研究所、华为、中兴通讯、Intel 公司等国内外知名的电子行业或行业电子单位。

五、典型案例

典型案例 1

优势互补,激发科研新思想;理论与应用并重,促进研究生全面提高能力

2014 年,重点实验室情报研究团队提出雷达主动××技术研究;2015 年,电子科大××教授成功申请基金项目,选送优秀研究生进入基地联合培养,重点合作开展该技术研究。研究生架起了所内某技术团队与校内××教授团队合作的桥梁。该研究生将研究问题抽象出来,发表 1 篇高质量的 SCI 论文。同时,促进校内导师团队开辟了一个新的理论研究方向,也使所内技术团队在相关技术攻关中获得新思路,取得了重大技术突破,大大提升了实现工程化的可行性。

以重点实验室为科研实力典型代表的中国电科 29 所,具有丰富的工程研制经验和强大的科研生产能力,而电子科大等高校在理论创新、新技术拓展等方面具有较大的优势,双方通过研究生联合培养的方式开展合作,形成了两种思想的交融以及理论与工程应用的紧密结合。这种模式与先进国家的高校、企业和军队协同创新研究的思路是一致的,也符合我国当前的军队和科研项目改革要求。

典型案例 2

优势互补,推进高功率技术进步

基于优势互补,推进高功率技术进步,联合培养研究生多方面能力的共同想法,2014—2017 年,中国电科 29 所高功率技术组与电子科大物理电子学院持续联合培养硕士研究生。在联合培养研究生过程中,针对所内导师提出的技术研究课题,研究生与高校导师开展前期的理论分析和仿真研究,在工程可实现性方面由高功率技术组共同指导,在条件允许情况下试制样件进行验证。通过这种联合培养方式,促进了中国电科 29 所高功率技术的快速进步,同时联合培养研究生也得到很好锻炼。目前,3 名联合培养研究生已顺利毕业,其中 1 名继续攻读高功率技术方面的博士学位。高校导师及高校研究生对前沿研究方向了解比较广泛,理论研究比较深入,联合培养方式是促进研究所应用技术进步和高校人才培养的双赢途径。

典型案例 3

"双轨"之下的求学之路,助力研究生赢在未来职业起跑线

2015 年 6 月,电子科大××教授成功申报了基地发布的基金课题研究工作,安排硕士研究生进入基地进行联合培养。基地研究生经过近两年的校企联合培养,在双方导师的共同指导下,在科研能力上进步很大,不仅在课题研究中提出了一些创新性的解决方案,而且还积极搭建技术验证环境,顺利完成技术验证工作,取得了较好的试验结果。相关的研究成果以学术论文的形式在国内中文核心期刊和国际会议上发表,还以此为基础申请到了某军队装备发展部实验室基金,为该课题的后续进一步研究奠定了很好的技术基础。正因为上述成绩,该生获得了国家奖学金奖励。由此可见,上述联合培养方式,不仅有利于学生的成长,拓宽了知识面,而且也加深了校企之间的课题合作,碰撞出了一些具有实际工程应用价值的设计方法和思想,发挥了高校在理论仿真研究与企业在工程研制两方面的优势,有效地促进了科研院所与高校的协同创新。

昆明理工大学—钢铁研究总院研究生联合培养实践基地

一、基地简介

昆明理工大学经过六十余年的建设发展,现已形成了以材料科学与工程、地质资源与地质工程、矿业工程、冶金工程、环境科学与工程为优势学科的特色鲜明的"大有色"优势学科群。2016年以来,学校材料科学学科进入ESI排名世界前1%行列。

钢铁研究总院特殊钢研究所(简称特钢所)是我国金属新材料研发基地、冶金行业重大关键与共性技术的创新基地,近年来,承担了70%以上国防重点工程配套冶金新材料和国家重大工程建设急需关键材料的研发、试制、生产推广、应用服务工作,研发的大量新型钢铁材料已成功应用于航空、航天、兵器、舰船、核工程、超超临界火电、石化、汽车、高铁、通用机械、海洋工程等行业,为我国的国防建设和经济发展做出了重要贡献。其研究方向包括工模具与轴承钢、超高强度钢与不锈钢、耐蚀合金与不锈钢、耐热钢与计算材料等领域。初步统计(不含军工项目),特钢所目前每年新立的国家级研究项目(主要为"973"及国家重点项目)十余个,企业委托的大型科研项目数十个,年到账科研经费5000余万元。大量的研究工作需要研究生参与,为了解决研究生人数不能满足科研工作需要这一矛盾,特钢所从2003年开始就与昆明理工大学联合培养研究生的工作。

"昆明理工大学—钢铁研究总院特钢所材料工程专业学位研究生联合培养示范基地"是由昆明理工大学和钢铁研究总院特钢所联合建设的关于材料工程专业学位研究生培养的基地。从2003年开始,昆明理工大学与钢铁研究总院开展"工程性"及"研究型"人才的科教联合培养,本着"科教联合,优势互补、整体协作、共建双赢"的建设理念,以培养在钢铁材料及相关领域中基础扎实、素质全面、工程实践能力强并具有一定创新能力的应用型、复合型高层次工程技术和工程管理人才。

二、建设情况

联合培养基地研究生管理模式采取的是由双方专职指派人员、研究生导师和研究生三方共管的策略,共同制定了《昆明理工大学—钢铁研究总院特钢所研究生联合培养基地管理暂行办法》,对基地内研究生的管理进行了全方位的规范。联合培养基地在培养方案、课程设置、学生选拔、导师选派、科研课题、考核评价及就业指导等方面进行全面合作,建立了"多方参与、有效互动、整体协作"的人才培养新机制。通过大师引领、大平台支撑、大项目引导,采用校—院"双导师"负责制和校—院—校"三阶段"联合培养模式。即第一阶段(一学年)在校内导师指导下,加强基础理论学习并选定专业方向;第二阶段(一年以上)进入钢铁研究总院,进行课题研究和开展毕业论文工作;第三阶段返校进行毕业论文撰写及答辩等。学生在联合培养基地学习和研究的时间超过1.5年。联合培养基地利用钢铁研究总院科研人员和我校硕导队伍不同的科研背景、学术专长,实现优势互补,打造了高水平双师团队。

昆明理工大学作为基地建设的主管单位,近年来从保证合适的研究生生源、合理的课程及授课方式和制订相应的学校导师考核制度等方面积极配合钢铁研究总院开展基地建设工作。钢铁研究总院作为基地建设的合作单位,依托丰富资源明确研究方向、提供先进的科研设备、解决研究生的后勤问题,全力为基地的发展和运行提供各种保障措施。

三、基地特色

1. 专业吻合

昆明理工大学材料学科专业以金属材料及深加工研究为特色,在金属材料研究方面具有悠久的历史和较好的基础,钢铁研究总院是我国最大的综合性钢铁材料研究开发机构,因此,与钢铁研究总院联合成立的研究生联合培养基地,专业方向对口、专业特色明显。

2. 地域互补

地处北京的钢铁研究总院与云南的昆明理工大学联合培养研究生,实现了地域互补,有利于学生综合素质的提高,也有利于实现发达地区对于欠发达地区高等教育发展的支持。

3. 管理模式的创新

本基地采取的管理模式是由双方专职指派人员、研究生导师和研究生三方共管的策略。管理过程中强化研究生个体作用,激发研究生自身约束和自我管理意识及管理人员的责任意识,实现研究生自我管理、自我创新。

四、建设成效

从2003年开始,昆明理工大学与钢铁研究总院开展科教联合培养,现已联合培养毕业硕士研究生300余人。近五年共有65名研究生进入联合培养基地学习,材料工程专业硕士研究生毕业56名。通过这几年研究生联合培养基地的建设与运行,加快了我校材料工程专业学位硕士研究生教育理念的转变,较好地解决了科研与生产脱节、人才培养与企业实际需求脱节的问题。同时,也使学校硕士研究生培养管理体系不断完善,研究生的课程建设不断取得丰硕成果。培养基地的建设,进一步扩大了学校在社会的影响力和辐射力。研究生通过在培养基地的学习,加深了对社会和企业的了解,增强了团队合作意识,提升了职业素养和能力,为研究生个人职业生涯设计和选择提供了支持和帮助。

五、典型案例

典型案例 1

研究生学术论文和专利成果增加

昆明理工大学—钢铁研究总院材料工程专业学位研究生联合培养示范基地为全日制工程硕士培养探索出一条可行之路。工程实践能力、科研创新能力的提升,推动了研究生发表科研论文的水平和申请专利的数量,近三年来共发表各类学术论文100余篇。

典型案例 2

研究生就业竞争力和职业胜任力增大

通过本示范基地建设,研究生在联合导师的指导下,亲自参与钢铁研究总院的工程实践项目,不断提高了工程实践能力。同时,研究生通过在培养基地的学习,加深了对社会和企业的了解。

通过联合培养基地的培养,材料工程专业硕士研究生的工程实践能力和科研研发能力得到了显著的提升,研究生就业竞争力也明显增强。2012年以来,已有近80位研究生在基地开展项目研究和工程实践,其中有20余位同学被基地联合单位钢铁研究总院录用,其余学生多数就业于各大企业和科研院所。

典型案例 3

"产学研"深度合作共赢效应显现

钢铁研究总院每年承担许多国家级研发课题,尤其是国家科技部、发改委以及国防科工局等国家重点、重大课题以及军工攻关项目。本研究生培养基地的建设,搭建起了昆明理工大学与钢铁研究总院科研合作的桥梁,加深了双方科研项目的全方位合作,提高了双方科学研究水平。

西北工业大学—中国飞机强度研究所
航空工程专业学位研究生联合培养实践基地

一、基地简介

西北工业大学是我国唯一一所以同时发展航空、航天、航海工程教育和科学研究为特色的研究型大学,是国家"211 工程"、"985 工程"重点建设大学,航空宇航科学与技术学科实力位居全国前列。中国飞机强度研究所(简称强度所)隶属中国航空工业集团公司,是我国唯一的飞机结构强度研究中心和地面强度验证试验基地,具有代表国家对所有新研制飞机结构强度进行验证试验并给出结论的职能。

"西北工业大学—中国飞机强度研究所航空工程专业学位研究生联合培养基地"(简称基地)于 2012 年开始筹备,2014 年 7 月正式签约成立。基地建设理念:服务国家战略需求,坚持育人为本,产学协作,强化实践,提升职业能力。基地建设目标:产学结合,优势互补,强化学生航空领域专业实践能力、综合应用能力和航空报国情怀的培养,建设全国一流的研究生联合培养示范基地,培养航空工程领域的高层次应用型人才,造就行业领军人才。

二、建设情况

(1) 在导师队伍建设方面,采用校内导师和校外导师共同指导的"双导师制"培养方式,建立严格的导师准入与激励机制,建立高水平导师队伍。

(2) 在实践条件方面,强度所向联合培养研究生开放相关实验室、重大型号任务及重点科研项目,为实施高水平的实践训练项目提供支持。

(3) 在管理制度方面,成立联合培养指导委员会,下设联合培养办公室,分别挂靠西北工业大学航空学院及中国飞机强度研究所人力资源部,指派专人实施日常运行管理。通过制度约束,保障合作单位全链条参与培养过程。

(4) 在资助体系方面,双方共同投入日常运行专项经费,保证学生实践期间的日常开支,保持基地顺利运行。建立激励制度,对联合培养和实践训练做出突出成绩的导师和学生给予奖励。

(5) 在成果与知识产权归属方面,签订协议,明确联合培养研究生在基地训练期间的成果知识产权归属。

三、基地特色

1. 完善的联合培养机制，调动企业积极性，全链条参与保证培养质量

结合基地实际，建立联合培养机制，明确企业导师和联合培养基地指导委员会在培养方案制定、招生录取、相关课程建设、实践训练、学位论文撰写、质量评价等方面全程参与研究生培养的合作方式。

2. 总师、长江学者领衔的高水平双导师队伍

目前强度所 12 名总师、副总师及 8 名集团特级、一级专家均已受聘为企业导师，西工大校内导师队伍由 3 名长江学者等 10 余名高层次人才领衔。高水平双导师队伍的建立，一方面直接为学生投入重大型号工程及重点科研任务实践创造了便利条件，另一方面提升了联合培养指导水平。

3. 直接参与重大型号研究，提升综合应用能力，增强学生职业素养

自 2012 年以来，学生以参观见习、实际参与项目、联合研究等形式，不同程度参与了我国第四代战斗机"歼-20"、大型战略运输机"运-20"、舰载战斗机"歼-15"、新型支线客机"ARJ21"和大型水陆两栖飞机"蛟龙-600"等国家重大型号飞机的强度分析与试验等相关工作，提升了学生的专业实践能力和综合应用能力，增强了航空报国使命感及行业认同感。

4. "产学研"深度融合，团队式协同，形成特色化的联合培养方向

基地的建立促使两家单位由原来"点对点"协作升级为全面的"团队对团队"产学协作模式，促进双方开展了一系列的有组织的联合科研活动，形成了 6 个特色化的联合培养方向，成功实施了多项国家级重大科研项目的联合申报与攻关，取得系列突破性进展，在若干方向建立了国内领先的优势地位，促进两家国家级重点实验室的联合论证申报。

5. 资源共享，协同培养研究生动手能力和创新能力

校企双方以各自优越的实验设施条件为基础，实施资源开放共享，以高水平创新竞赛为牵引，组织开展"自行设计、自由探索、自己动手、创新超越"的实践训练，培养研究生前瞻意识、创新能力、抗挫折能力和动手实践能力。

四、建设成效

基地自 2012 年筹建以来，一直保持着稳定的招生规模，近三年累计联合培养全日制专业学位研究生 77 名，已达预期规模。

基地安排在站研究生不同程度参与了"歼-20""运-20"等国家重大型号的相关实践工作。在增进学生专业实践能力和综合应用能力的同时，增强了学生航空报国使命感，培养出一批钻研航空、热爱航空、立志航空报国的优秀毕业生。基地近五年来毕业的研究生 90%

就业于航空工程领域各大公司或其他国防系统单位。

"产学研"深度融合,形成"团队对团队"产学协作模式,促进双方开展了一系列有组织的联合科研活动,形成6个特色培养方向,成功实施多项国家级重大科研项目的联合申报与攻关,取得系列突破性进展,促进两家单位开展国家级重点实验室的联合论证申报工作。

基地学生积极实践,勇于创新,取得丰硕成果。2014年以来,获批国家发明专利16项(强度研究所享有6项)、软件著作权6项(强度研究所享有2项),学生发表科技论文32篇(其中SCI论文4篇、EI论文15篇)。近三年基地学生共有十余人次获得各类国家级、省部级科研竞赛奖励,4人次获得西北工业大学优秀毕业生,2人次获得国家奖学金。

相关培养成果作为支撑素材,支持西北工业大学申报的"创新研究生培养模式、造就航空领军人才"项目于2016年获得全国研究生教育成果一等奖。

西安理工大学—中车集团西安永电电气有限责任公司研究生联合培养示范基地

一、基地简介

近年来,西安理工大学与中车集团西安永电电气有限责任公司,进行了全日制工程硕士专业学位研究生联合培养,于 2010 年建成了全日制工程硕士研究生联合培养基地,基地名称为"西安理工大学—中车集团西安永电电气有限责任公司研究生联合培养实践基地"。2014 年经陕西省教育厅等多部门共同批准成为"陕西省研究生联合培养示范工作站"。

二、建设情况

本基地针对用人单位对学生工程应用能力的要求,紧密结合电子电气行业的技术发展需求,培养思想素质高、综合实践能力强、具有创新思维的高层次工程技术研究人才,使学生能快速胜任企业及用人单位的岗位要求,服务地方经济,解决了学校理论教育和企业需求脱节的问题。

为了保障实践基地的有效规范运行,学校制定了一系列的管理文件,形成了涉及培养方案、课堂教学、实践实训、论文研究等全过程的质量保障与监控体系,明确了在基地专业学位研究生培养的目标与要求。建立了校企双方共同管理的机制,学校专职导师(正导师)与企业兼职导师(副导师)共同结合学生特点制定培养计划,对专业学位研究生采取课程学习、实践教学和学位论文(设计)相结合的培养方式。实践基地单位对于联合培养研究生提供生活补助及交通费,购买基本保险。建立目标管理台账,采用登录制,每个学生需要按周提交进度报告及下周目标,双方导师可以随时了解进度,及时发现问题。

三、基地特色

1. 基于基地校企双方多方位合作,形成了特有的"产学研"联合专业学位培养模式

校企双方通过科研合作、人才培养、专家互聘等形式形成了多方位的合作长效机制,充分发挥学校在理论研究和企业在工程应用等方面的优势,实现了双方的优势互补。

2. 建立校企信息共享网络平台,实现学生培养全过程管理和校企双方信息的有效沟通

建立了校企信息共享平台,采用登录制,双方导师可以进入平台,共同制定学生的培养方

案,随时了解研究生的课题进度,实现学生培养的全过程监控。

3. 基于"产学研"的联合培养模式,提升了研究生的工程实践能力,促进了企业的科技创新能力,实现了校企双赢

通过双导师的指导,研究生的论文选题直接面向工程应用,提升了研究生的综合工程实践能力,受到用人单位好评。校企双方科研合作开展包括科技部重大专项、陕西省科技资源统筹重点项目等多项"产学研"合作项目。通过双方的合作研究,突破了大功率 IGBT 模块及应用的关键技术,获得直接经济效益 4.7 亿元,"高压大功率 IGBT 模块及产业化"项目荣获陕西省科学技术一等奖。

四、建设成效

近年来,西安理工大学集成电路工程和电气工程两个专业领域与中车集团西安永电电气有限责任公司联合培养工程硕士研究生 201 名,其中已毕业 110 人,在读学生 91 人。

五、典型案例

典型案例 1

在研究生联合培养的过程中,李丹同学的联合培养是西安理工大学集成电路工程领域与中车集团西安永电电气有限责任公司合作培养的一个成功案例。在学校与企业的联合培养下,李丹通过优化器件结构,解决器件耐高压和软恢复应用需求,保证器件充分发挥其优势。李丹同学以优异的成绩硕士毕业以后,应聘于中车集团西安永电电气有限责任公司。她负责的完全自主封装的 6500/200A 器件装备于 HXD2B 机车辅助逆变功率模块进行运行试验,已经安全运行超过 1.5 万公里,该成果已于 2016 年 10 月中旬进行产品鉴定。

典型案例 2

联合培养过程中雷亚洲同学也是电气工程领域的成功案例。学校导师为徐艳平副教授,企业导师为高永军教授级高工。雷亚洲同学现就职于系统集成技术开发部,开发了一款基于 Windows 平台的机车牵引计算应用软件。2015 年参加公司举办的"同一个中车,同一个梦想"主题知识竞赛活动,荣获一等奖;2016 年获得"最美永电人"称号。

典型案例 3

刘海锋同学学校导师为杨媛教授,企业导师为张红卫教授级高工,读研期间同时参与了合作企业的多个项目。在第 18 届全国半导体集成电路硅材料学术会议和中国电工技术学会电力电子学会第十四届学术年会分别发表文章 1 篇,获得研究生学业奖学金。毕业后应聘到中国中车日立永济电气设备有限公司,现从事 IGBT 驱动的设计研发工作,受到了学校和企业单位的一致好评。

西安电子科技大学—英特尔移动通信技术(西安)有限公司研究生联合培养实践基地

一、基地简介

"西安电子科技大学—英特尔移动通信技术(西安)有限公司研究生联合培养基地"(简称基地)是西安电子科技大学(简称西电)与英特尔移动通信技术(西安)有限公司(简称英特尔(西安))在全面战略合作框架下建立的高层次应用型人才联合培养基地。

西安电子科技大学是教育部专业学位研究生教育综合改革(电子与通信工程领域和集成电路工程领域)试点单位,获得全国工程硕士教指委授予的"全国工程硕士创新院校"称号,其中软件工程、集成电路工程、电子与通信工程获得"特色工程领域"称号。同时,西安电子科技大学是国内最早开展微电子专业人才培养和科学研究的单位之一,1957年开始微电子科学与技术的研究工作,1959年开始本科招生,1987年成立微电子研究所,2015年成为全国首批9家国家示范性微电子学院之一。微电子学院硕士研究生招生规模呈逐年稳步递增趋势,在2016年度达到337人(其中专业学位216人,占64%)。

英特尔公司是全球最大的个人计算机零件和集成电路制造商,成立于1968年,具有49年产品创新和市场领导的历史。1971年,英特尔公司推出了全球第一个微处理器,所带来的计算机和互联网革命改变了整个世界。英特尔公司连续23年蝉联全球最大半导体公司。英特尔移动通信技术(西安)有限公司主要从事无线通信芯片设计开发,是英特尔公司的核心研发中心之一。

基地的建设是学校进一步深化专业学位研究生教育综合改革、服务行业与地方经济发展需求、探索专业学位工程硕士研究生联合培养新模式的重要举措。基地紧密结合微电子行业技术转型、升级、发展对高层次工程人才的迫切需要,充分发挥西安电子科技大学在微电子领域的学科、科研和人才培养的优势,联合国际微电子行业引领者英特尔公司共同构建起高层次应用型人才联合培养基地。

基地以培养微电子行业高水平工程师为宗旨,以培养和提高专业学位工程硕士的工程实践能力和创新精神为导向,探索校企合作的新途径、新模式和新内涵。依据英特尔公司对微电子行业高水平工程师认定的标准,通过将英特尔公司的尖端技术、先进理念和世界领先的集成电路工程实践项目引入基地研究生的培养过程,结合西安电子科技大学在微电子行业人才培养的积淀和优势,为中国集成电路产业培育大批高水平创新型人才。

二、建设情况

1. 面向职业发展能力的选拔机制

(1) 依据行业短期与长期发展对人才建设规划的需求,优化不同研究方向研究生招生计划;

(2) 企业专家与校内导师组成招生面试组,共同参与人才选拔;

(3) 面向行业发展需求,注重综合素质和实践能力考查。

2. 业界领先的动态化课程体系

(1) 培养目标:面向行业产业转型升级和前沿技术的发展趋势,以高水平行业工程师为标准,针对业界先进技术发展方向制定培养目标;

(2) 培养方案:注重基础理论的应用性和工程实践能力培养,体现工程专业教育的特色;

(3) 动态优化:培养过程中有计划地开展行业需求调研和分析,结合行业发展需求,动态优化课程内容;

(4) 校企联合课程:以企业前沿产品研发为案例,聘请国际化企业专家,开设面向产业需求的新技术校企联合课程。例如,基于英特尔公司捐赠的伽利略开发板而开设的"嵌入式系统设计"课程,英特尔公司与西电联合开设的"硬件工程师培训"暑期学校等。

3. 面向工程能力培养的实践教学体系

(1) 贯穿培养过程的实践教学体系

将实践能力培养贯穿于全培养过程,构建了包括课程实验、系统综合实验、工程实际训练、课程成果竞赛、企业实习和学位论文研发等不同层次的实践培养体系,将校内课程学习阶段的实践训练与企业实习实践训练有机衔接。英特尔(西安)在西安电子科技大学设立MCU联合实验室,"开放共享",设置 MCU 培训课程,提供相关器件、软件等资源支持西安电子科技大学学生参与创新项目,进行创新性开发。研究生可选修 MUC 培训课程,也可利用实验室资源开展实践活动。

(2) 项目牵引的企业实习模式

部分研究生的企业实习采取项目牵引、联合研发的模式。企业提出需要攻关的课题,联合企业技术人员、学校导师、研究生三方共同研发。学生在双导师指导下,参与整个项目研发过程,将实习与学位论文工作有机结合,提高了实习效果,保证了学位论文工作质量。近三年,英特尔(西安)面向基地发布科技攻关课题 75 项,共计培养研究生 67 人。

4. 符合工程特点的质量评价体系

结合工程能力培养的特点,建立工程硕士研究生质量评价体系,全面评价企业实习和学位论文质量。在评价指标方面,注重对实际工程问题的理解、理论和技术的应用、解决方案的设计、实施过程中的表现以及解决效果等方面的评价。在过程考核方面,采取分阶段考核方式,综合评价阶段工作进展汇报、中期检查以及最终考核等情况。在考核的组织方面,成立由学校导师、企业导师、项目负责人、研究生院相关人员等组成的考核小组,通过听取研究生情况汇报、问答以及现场考察等方式,对其进行综合评价。校内导师与企业导师在基地研究生论文选题、中期答辩、毕业答辩等各阶段均共同参与并提供意见;校内导师、企业导师与学生定期研讨和交流,共同解决研究生在实践教学过程中发现亟待解决的技术难题,保障学生研究论文的质量。

三、基地特色

基地模式:面向前沿、项目牵引、深度合作、多方共赢

1．多层次、开放式的联合培养模式

1）企业实习

直接参与企业的研发项目是工程硕士研究生实习和完成学位论文的主要途径,每年在研究生课程学习结束时,企业根据实际研发任务需要,面向实习研究生发布研发项目,研究生可在校内导师的指导下选择实习项目并进行申请,企业通过审核后确定接收的研究生,指派相应的企业指导教师,同时明确研究生在企业的实习待遇。近三年,企业共发布实习项目75项,接收实习研究生67人。

2）建立联合实验室

由英特尔公司捐赠仪器设备,根据企业确定的研究方向,联合校内相关方向并有良好基础的导师,在校内建立联合实验室,研究生在联合实验室开展相应的项目研发、实习和学位论文工作。目前已建成西电—英特尔集成电路设计联合实验室。近三年,在联合实验室完成实习和论文工作的研究生有31人。

3）共同开办暑期学校

面向基地研究生以及西安市地区高校相关专业的研究生,自2015年起联合举办每年一期的"微电之光"硬件工程师培训暑期学校(4周,每周6天,每天4小时授课＋6小时实践,全免费)。依托基地的师资和软硬件条件,实现教育资源的开放与共享。近三年,先后培训学员260余名,除了基地联培的研究生,还吸纳了西安交通大学、西北工业大学和西安邮电大学等高校的学生。

2．形成的模式与经验

经过多年联合培养探索,形成了面向前沿的校企全程互动培养机制、国际化导师组与双导师相结合的研究生指导机制,实现了学生、企业、学校的多方共赢,校企合作的广度与深度得到了不断加强,专业学位研究生的培养质量得到了不断提升。

1）发挥双方在学科与行业的领先优势,推进科教产学结合

英特尔公司是主要从事集成电路设计的国际顶级企业,拥有全球最好的工程实践环境。西安电子科技大学具有鲜明的微电子学科和工程人才培养的特色和优势,与英特尔公司建立了长期稳定的战略合作关系,为联合培养研究生提供了良好的条件。通过将行业领先技术的发展需求与校企科研合作、研究生培养和就业进行有效结合,充分发挥了科教结合和产

学结合在高层次人才培养中的作用。

2）联合培养历史悠久，多样化的人才培养模式和体系

自 2011 年起，为解决高层次人才短缺的状况，双方开始了硕士层面的联合培养并签订了长期战略合作协议。经过多年发展，建成了西电—英特尔集成电路设计联合实验室等人才培养平台，形成了从校企合作课程、暑期学校、学术活动、科技竞赛、企业实习等多层次的研究生培养模式。培养规模由最初的每年几人发展到现在的每年度 20 名。为了适应研究生培养和在职人员培训的需求，英特尔（西安）专门成立了大学合作部，统筹管理所有的联合培养研究生，并配备了专职管理人员、教学场地和经费支持，建立了相关的管理制度，保障了人才培养的顺利开展。

四、建设成效

基地自 2011 年 5 月建立，通过把世界领先的集成电路工具与设计方法学引入中国大学及研究生课程教育，积极参与"产学研"交流与协作，为集成电路产业输送了一批高水平工程创新人才，培养了中国集成电路行业的骨干人才力量。

近年来，基地联合培养研究生每年约为 20 人，协助申请国际专利 20 项，已经培养出一批优秀的深受企业欢迎的硕士研究生，留英特尔公司工作的优秀毕业生已经成为技术和管理骨干，为企业在职人员技术培训做出了重要的贡献。同时，基地建立了集成电路设计联合实验室 1 个，校企共建课程 1 门，共同举办了硬件工程师培训暑期学校、嵌入式系统设计成果大赛，特别是 2016 年，基地获批了教育部—英特尔产学合作专业综合改革项目 1 项。

1. 校企联合高水平工程型人才培养

通过基地研究生的联合培养，为英特尔公司和中国集成电路行业输送了大量高水平工程人才，大部分已成长为中国集成电路领域的骨干技术人员。截至目前，在英特尔（西安）的近 300 名高级技术人员中，由基地培养的研究生占到 28.6%，是英特尔公司高水平骨干技术人员的最大来源。

2. 校企联合推动高层次实践教学

近三年来，通过基地研究生共建课程实施和联合实验室的平台推动作用，共有 11 项研究生实践课程设计作品获得各类奖项。近三年来，基地研究生参加创新实践活动达 100 余人次，获得国家级一等奖 2 人、二等奖 2 人、三等奖 3 人，企业专项奖 11 人。

3. 校企共建联合实验室

2015 年 12 月 9 日，西安电子科技大学与英特尔移动通信技术（西安）有限公司联合成立了"西电—英特尔集成电路设计联合实验室"。联合实验室现有面积约 800 平方米，拥有 SunFireV490/Blade1000/Fire890 等服务器和 cadence、synopsys、mentor 等完整软硬件设计环境。实验室致力于培养和提高大学生工程实践能力和创新精神，探索校企合作的新途径、新模式和新内涵，共同培养造就复合型的工程创新人才。

联合实验室在校企课程设置、教材建设、企业实习实践等人才培养环节开展紧密合作，

建立一个逐年推进的创业创新成果展示平台,在充分关注学生的成长成才的培养过程中,突出"崇尚学术,回归工程"的理念。同时通过西电—英特尔集成电路设计联合实验室的成立,深度合作,优势互补,进一步促进双方在人才培养和科学研究等方面开展更深层次的合作与交流,提高学校的科研能力和人才培养质量。

4. 校企联合开展丰富多彩的学术交流活动

2015 年,西电—英特尔联合开展了"纪念摩尔定律发表 50 周年学术报告会",特别邀请了英特尔执行董事符晖先生受聘为我校兼职教授,作特邀报告,现场播放了英特尔公司现任总裁采访摩尔定律的提出者、英特尔公司联合创始人戈登·摩尔的视频资料,通过多样化的形式和客观充分的内容,从各个角度对摩尔定律作了全方位解读。同时邀请郝跃院士、杨银堂教授、赵超研究员、张兴教授、张波教授等行业知名专家做学术报告。

5. 研究生就业竞争力分析

"立足微电子科技前沿,培养高水平工程人才"是基地的办学理念。近三年来基地已培养全日制专业学位研究生 67 人,已毕业的 32 人中,留英特尔公司工作的超过 10 人,7 人进入华为技术有限公司、超威半导体(中国)有限公司等知名半导体和集成电路企业,1 人进入中国兵器工业集团北方电子研究院,1 人进入中共中央办公厅第一局,这些毕业生逐渐成为半导体和集成电路行业的技术骨干,受到用人单位好评。

西安建筑科技大学—西北地区建筑与土木工程领域研究生联合培养实践基地

一、基地简介

2010 年 10 月教育部批准包括我校在内的 4 所高校开展建筑与土木工程领域专业学位研究生教育综合改革试点工作。2013 年 5 月我校以全优成绩通过教育部组织的专家验收,改革试点的成果和经验在全国范围内产生了重要影响。2015 年我校申报的《建筑与土木工程领域全日制专业学位研究生教育综合改革与实践》获得陕西省教学成果特等奖。

为提高我校建筑与土木工程领域专业学位研究生的培养质量,创新专业学位研究生的培养模式,总结我校专业学位研究生教育综合改革试点的成功经验,依托前期建立的一批高水平专业学位研究生实践基地,2015 年 3 月我校联合中国建筑西北设计研究院有限公司、陕西省建筑设计研究院有限责任公司、中联西北工程设计研究院有限公司和中铁第一勘察设计院集团有限公司,共同成立了"西北地区建筑与土木工程领域研究生联合培养基地"。我校在这 4 个单位设立的研究生专业实践基地目前均已获得了"陕西省省级示范工作站"称号。"西北地区建筑与土木工程领域研究生联合培养基地"的建立为我校建筑与土木工程领域专业学位研究生的工程实践提供了良好的保障。

二、建设情况

1. 解决了建筑与土木工程领域全日制专业学位研究生的培养定位问题

结合我校土木工程学科的办学特色和优势,并以土木工程全寿命周期的工程实践对技术人才的需求为导向,按照人才培养为基地企业服务的思路,确定了"三师人才"的培养定位,即工程设计师、工程建造师和工程检测评估师。

2. 解决了本领域专业学位研究生工程素养和实践能力的培养问题

通过提高校内导师工程实践能力和建立专兼结合的"双师型"导师队伍,优化了师资结构;通过构建"综合素质模块、专业基础模块、三师人才特色模块、案例教学模块以及专业实践模块",优化了课程体系和内容,使课程内容面向和结合工程;通过实践基地建设和强化专业实践过程管理与考核,有效提高研究生专业实践效果,使论文选题源于工程,使研究成果指导工程。这些方法和举措有效地保障了专业学位研究生的工程特质并提升了实践能力的培养效果。

3. 解决了本领域全日制专业学位研究生专业实践质量的保障问题

结合专业学位研究生培养的特点,运用现代质量管理理念,构建建筑与土木工程领域专业学位研究生工程实践质量保障和监控体系,有效地保障了研究生专业实践的质量。

4. 解决了本领域专业学位研究生培养与社会的衔接问题

通过专业实践使企业与研究生零距离接触,通过"订单式"培养解决专业学位研究生的就业问题,同时调动了学校和企业培养研究生的积极性,实现了校企双赢。

三、基地特色

1. 培养规模大、质量好,辐射面广

基地每年接受建筑与土木工程领域专业学位研究生 25 名,良好的专业实践条件充分保障了研究生专业实践的质量。多名在基地实践的研究生在评奖评优中脱颖而出,特别是两名同学获得了第二届全国"工程硕士实习实践优秀成果获得者"荣誉称号。基地立足西北,利用行业和地域优势,充分发挥辐射效应,带动西北地区研究生联合培养基地的建设和发展。

2. "三师人才"培养定位明确,"三主体、三阶段"培养模式新颖

我国建筑业目前正处于新建与维修改造并重的时期,土木建筑行业的发展需要大量从事新建土木工程的设计、施工和既有建筑检测评估的专门人才。我校土木工程学科经过近六十年的积累与发展,具备了培养工程结构设计、施工建造和检测评估人才的师资力量和学科平台。结合基地企业对土木工程的技术需求和我校的学科特色,创造性地提出了建筑与土木工程领域专业学位研究生的"三师人才"培养定位,构建了"三主体、三阶段"的培养模式,并将工程意识和实践能力培养贯穿研究生培养的全过程。

3. 有一支高水平的专兼结合的"双师型"导师团队

采取"走出去、引进来、专兼结合"等措施,从引进、培训、外聘 3 个途径优化师资队伍结构,建设了一支高水平的具有丰富工程实践经验和理论水平的"双师型"导师队伍。组建了工程实践与理论并重的专业基础课程、"三师人才"特色课程和案例教学课程教学团队;同时,校内外导师共同组成导师组指导专业学位研究生的专业实践和学位论文。

4. 构建了"专业实践、论文选题与就业相互贯通"的培养机制

提倡专业学位研究生的学位论文选题来源于专业实践基地,这不仅确保了专业学位研究生论文课题来源于工程,也能充分发挥专业实践环节在专业学位研究生培养过程中的作

用;同时,部分专业学位研究生因在专业实践过程中表现出良好的工程实践能力和综合素质而与实践单位签订就业意向,这将专业学位研究生培养与就业有机衔接起来,不仅解决了学生的就业问题,同时也调动了企业参与专业学位研究生培养的积极性。

四、建设成效

建筑与土木工程领域全日制专业学位研究生依托该示范基地,积极参加实际工程项目,既深化了理论知识,又培养了实践能力,同时针对实际工程中的技术难题进行科技攻关,提高了解决实际问题的能力。在中国建筑西北设计研究院有限公司、陕西省建筑设计研究院有限责任公司、中联西北工程设计研究院有限公司、中铁第一勘察设计院集团有限公司等省级示范实践基地,我校专业学位研究生都取得了良好的实践效果,解决了工程中的技术难题,并赢得了实践单位的好评。

我校开展的建筑与土木工程领域全日制专业学位研究生联合培养基地建设工作得到了国内多所高校的一致认可,受到包括清华大学、同济大学、东南大学和重庆大学等兄弟院校的一致好评,对国内同类高校本领域全日制专业学位研究生培养具有重要的推广价值。

培养规模:2014—2016年西北地区建筑与土木工程领域研究生联合培养基地共接收近80名建筑与土木工程领域专业学位研究生参加专业实践;在专业实践中表现优秀的研究生,通过学位论文答辩后将成为该实践单位的正式员工。

五、典型案例

典型案例1

2010级张耀元同学

张耀元同学于2011年7月至2012年7月在中国建筑西北设计研究院医疗建筑设计所进行专业实践,期间主要参与的工作有结构设计、结构施工图设计等。具体参与的项目有清涧县医院动力中心、陕西省中医医院、西安市阎良区人民医院、凤城医院门诊住院综合大楼、眉山心脑血管病医院住院综合大楼改扩建工程、文景天下(商业、办公、酒店、公寓式办公楼)、杨凌关天人民医院门诊病房综合楼、榆林市第一人医院综合楼、西安市统筹科技园(一期)8号研发中试生产楼、西安市长安区医院迁建工程等。

其中,杨凌关天人民医院门诊综合楼为大底盘双塔单轴对称高层连体结构,位于陕西省咸阳市杨凌示范区,项目总建筑面积约6万平方米,共15层,地下室一层,地上裙房5层,裙房屋面标高20.4米,两塔楼关于Y轴对称,大屋面标高47.7米,在12层用连廊将两塔楼连通,主体结构单塔的平面长度为62.4米,连廊跨度23.4米,连接体采用钢桁架结构形式,属于高位连体结构。连接体是这个结构设计的关键,该建筑连接体相对于塔楼刚度较小,自身较弱,与塔楼采用何种连接方式,两端刚接、两端铰接、一端滑动一端铰接还是两端均为柔性连接?若采用柔性连接,怎样实现柔性连接?选择什么样的柔性连接支座,支座参数如何去选取？都是需要具体分析确定的问题,张耀元同学需要采用 MIDAS/Gen 通用结构分析软件对该结构进行详细的动力分析与研究。张耀元同学在中国建筑西北设计研究院实践期间工作表现突出,毕业后留在该实践单位工作,获得了第二届"工程硕士实习实践优秀成果获得者"荣誉称号。

典型案例 2

2010 级王磊同学

王磊同学于 2011 年 7 月至 2012 年 7 月在陕西约翰芬雷华能设计工程公司西安分公司进行专业实践。针对华联站原油来源复杂,侏罗系、三叠系原油混合后破乳脱水困难,现行破乳剂投量大、脱水效果差,沉降罐乳化层过厚等一系列原油脱水问题,进行了复合原油提高脱水率技术研究。研究目标是在现用破乳剂价格的 1～1.2 倍的条件下,开发适宜低温(20～25℃)破乳的新型破乳剂。主要研究内容：①华联站复合乳化油脱水性质研究；②复合原油脱水效果影响因素研究；③复合原油最佳脱水条件研究；④新型破乳剂配方筛选；⑤破乳助剂提高低温原油脱水性能研究；⑥现场试验。主要研究成果：提出了现行破乳剂YT-100 对此站复合原油脱水的适用温度和投量,即温度＞30℃；投加浓度 200mg/L；沉降时间＞10h。经单剂、二元复配、三元复配,筛选出适用于华联站复合原油的新型高效破乳剂。筛选的新型破乳剂聚酯类三元复配破乳剂,具体配方为 4#、5#、6# 破乳剂按 1:1:1复配。针对华联站复合原油,本次选用的新型破乳剂经过现场应用,在 22℃、150mg/L 浓度下,脱水率达 95.2%,初步达到了企业要求的破乳剂浓度≤180mg/L、脱水率≥90% 的要求,且脱出水水质清亮、油品不挂壁。并且开发出一种新型低温破乳方法,即投加破乳助剂。这种方法在温度低至 20℃脱水率仍能达到 90% 以上,授权国家发明专利 1 项,为原油乳化液脱水的技术发展提供了基础。王磊同学获得了第二届"工程硕士实习实践优秀成果获得者"荣誉称号。

典型案例 3

2010 级石巍同学

石巍同学于 2011 年 7 月至 2012 年 7 月在中铁第一勘察设计院集团专业实践期间的主要工作：兰州市城市轨道交通 1 号线一期工程(陈官营—东岗段)西起西固区陈官营,途经崔家大滩、迎门滩、马滩、西客站、西关什字、东方红广场至东岗,线路全长 26641.213m。陈官营停车场运用库位于西固区陈官营,是地铁车辆日常维护和检修不可或缺的重要建筑,建筑层数 1～2 层。其中运用库部分为一层,建筑高度 8.300m(网架球节点中心)；辅助分间部分为两层,建筑高度 8.40m(结构板面)。结构形式：主库部分为现浇柱支撑网架屋面结构,二层辅助分间部分为框架结构。总建筑面积 18 189m²。石巍同学对设计过程中出现的一些问题提出了现实可行的改进措施,得到单位领导认同并进行了实施。如：①由于运用库跨度较大,长度为 169.4m,以往的设计都是采用纯框架结构,混凝土梁截面较大,整体显得笨重,这样会大大增加施工的周期和造价成本,而将屋面采用网架结构,用钢管代替混凝土梁,不仅缩短了施工的周期,也提高了经济效益,同时还达到了美观的效果。②设计过程中,由于许多的采暖管沟需要穿过股道,以往的设计会忽略管沟上部荷载,经过和单位领导的协商,建议增加混凝土管沟的盖板及底板厚度,这样确保在以后的使用过程中混凝土不会发生干裂而影响使用。③库内以往的壁式检查坑都是采用钢筋混凝土结构,通过去现场查看,大多数的坑壁都存在许多的裂痕,甚至有些会脱落,给使用带来了诸多的不便,而将钢筋混凝土坑壁改为型钢结构,既避免了列车使用坑壁的开裂,也增加了使用寿命。最终设计方案在经济效益、施工时间上都得到了业主的高度赞扬和肯定,为以后的设计提供了有益的参考。

典型案例4

2009级马娟同学

马娟同学于2010年10月至2011年10月在西安公路研究院实践,进行了交通部科技项目"沥青路面运营初期关键指标与评价标准"的研究。①通过沥青路面长期使用性能的研究,即研究西三线、西临高速、西宝高速、渭潼高速的路面使用性能变化规律,发现除开裂率指标外,弯沉、平整度、抗滑、车辙4项指标在运营初期均有较大幅度的衰变,且对路面的长期使用性能衰减有重要影响。分析了我国高速公路沥青路面的主要早期病害及产生原因,结合沥青路面运营初期关键指标的3项选择原则,确定弯沉、平整度、抗滑及车辙4项指标为沥青路面运营初期的关键评价指标。②在气候分区的基础上,研究了陕西省7条高速公路交竣工期间关键评价指标的衰变规律。基于SPSS统计软件的K-S检验法进行正态性检验,并通过配对样本T检验和描述统计研究交竣工期的关键指标衰变规律,得出各路段配对样本数据差异T的双侧渐近显著性概率均小于0.05,即各关键指标的交工-竣工数据的确存在一定的衰变幅度。通过对运营初期弯沉的衰变均值研究,分析各气候分区关键指标交工-竣工衰变值的分布范围,提出了陕西省各气候分区的沥青路面运营初期关键指标的衰变幅度均值和衰变值分布区间。③通过对现行沥青路面关键指标评价和分级标准的研究,在气候分区基础上,提出运营初期关键指标的衰变评价指标:行驶质量指数RQI、车辙指数RDI、抗滑指数SRI、结构强度指数PSSI。参照现行分级方法,合理计算得到各气候分区的衰变模型系数。通过对陕西省7条高速公路若干里程路段数据的分析,发现在沥青路面运营初期关键指标检测质量评价多为"优"级,而衰变评价则不相同。表明在竣工时期性能为优的路段,其衰变情况有好有坏。对道路进行综合评价时,现行检测质量评价等级不能充分显示路面的路用情况,应考虑路用性能的衰变影响。④通过将质量评价标准与衰变评价标准相结合,基于不同气候分区建立了关键指标新综合评价标准。从实测值和衰变幅度两方面进行综合评价,更加全面合理地反映道路使用性能的实际情况,有利于进行及时养护。通过介绍综合评价方法步骤和权重值的调配方法,采用夹角余弦法确定评价指标的权值向量,用MATLAB进行编程计算,结合工程实例综合评价,给出路段评估的评价等级。另外结合交工验收值与衰变幅度,提出各气候分区的关键评价指标竣工验收建议值。研究成果有利于规范高速公路交工-竣工期的检测评价和竣工验收的顺利执行,为陕西省高速公路交竣工验收提供技术支撑,并有利于减少沥青路面早期病害的产生,节省养护费用。

中国建筑西北设计研究院有限公司屈培青指导研究生实践

工程硕士生在中联西北工程设计研究院有限公司专业实践

陕西省建筑设计研究院有限责任公司指导研究生在天水现场考察

西安建筑科技大学建筑与土木工程领域研究生实践日常实习

西安建筑科技大学建筑与土木工程领域研究生实践实习

西安科技大学—西安重工装备制造集团有限公司企业研究生联合培养实践基地

一、基地简介

1. 基地名称

西安科技大学—西安重工装备制造集团有限公司企业研究生联合培养实践基地（也称矿山机电工程专业学位研究生联合培养示范基地）。

2. 联合培养单位

西安重工装备制造集团有限公司。

3. 培养单位

西安科技大学。

4. 建立时间

2011年5月建立研究生联合培养（实践）基地（2014年9月评定为陕西省研究生联合培养示范工作站）。

二、建设情况

1. 拟解决的主要问题

（1）未真正打破高校、企业之间的壁垒，责、权、利还不够明晰，在导师互聘、学生管理、成果认定、经费保障等方面还存在许多亟须解决的问题。

（2）因用于联合培养工程专业学位研究生的财力十分有限，政府相关部门给予联合培养研究生基地建设的支持力度尚不够，基地在项目及经费等方面都亟须得到更多更大的支持。

（3）联合培养研究生质量评价体系不完善。传统的研究生培养质量评价非常看重学术论文发表的数量和质量，这对于学术型研究生来说确应如此，但对于联合培养专业学位研究生而言却并不恰当。

2. 相关举措

（1）打造高水平的导师团队。通过"导师互聘"和"双导师制"，加强联合培养基地导师和高校导师的合作和交流,促进资源共享。完善导师考核评价制度,建立健全导师评聘和退出机制,不断提升导师队伍的整体水平。

(2)校企共同制定培养方案。在制定专业学位硕士研究生课程教学计划时,除按既定的领域培养方案进行课程选择外,还应充分考虑合作企业对人才培养的要求。

(3)校企共建研究生培养基地或研究生联合培养示范工作站。高校与企业双方要以校企合作培养硕士研究生为平台和桥梁,形成"产学研"合作一体化的更广泛和深入的交流与合作,不断创新专业学位硕士研究生培养管理模式,才是研究生教育持续发展的有效途径。

(4)校企共同选拔、培养专业学位硕士研究生。校企共同选拔合格生源,校企共同参与教学过程,结合企业实际进行论文选题。

(5)校企共同参与培养质量监控。专业学位硕士研究生的每个培养环节都必须有相关的规定和措施来保证质量,建立完善的质量监督管理平台是对研究生培养质量的极大保障。

三、基地特色

1. 特色鲜明的矿山机电"学、研、用"三位一体的人才培养

探索采用"学、研、用"三位一体的研究生培养新模式,提升我校工程专业学位研究生的培养质量,进一步优化资源配置,拓展、发掘相关学科的科研资源,切实提高研究生的实践创新能力和解决实际问题的能力。

2. 注重合作机制建设

整合高校、企业资源,需要形成一种良好的具有激励约束性质的制度安排,明确各方职责,构建合作共赢的研究生联合培养体制。

3. 注重资源整合

专业学位研究生联合培养基地建设将高校、企业有机结合,充分发挥校企双方在学术队伍、研究项目、信息资源、技术设备和科研经费等方面的综合优势,实现了创新资源的优化配置。

4. 注重考核评价制度建设

基地培养单位充分做到培养过程有较完善的质量跟踪体系及考核制度。对于研究生的实践考核,具有考核内容多元、考核方式多元和考核主体多元的特点。

四、建设成效

目前拥有一支结构合理、经验丰富的"双导师"指导教师队伍,现有校内研究生指导教师32人,校外兼职研究生指导教师22人。2014年至2016年接收实践期不短于6个月的工程专业学位研究生84人,其中2014年21人、2015年30人、2016年33人,招生规模逐年扩大。

五、典型案例

典型案例 1

基地建设有效提升了研究生的综合素质，扩大了就业渠道

2014 年 6 月 29 日，陕西电视台《陕西新闻联播》等节目以头条方式播出了西安科技大学校企联合培养研究生的新闻，重点对与西安重工装备制造集团公司联合培养研究生的情况进行了专题报道：2014 届机械工程专业硕士研究生陶美花，企业为她安排了实践导师，并让她参与了"煤矿智能化工作面关键技术研究"的课题研究。

典型案例 2

基地建设构建了合作共赢的研究生联合培养机制

近年来，西安科技大学与西安重工装备制造集团有限公司联合培养了多位企业高层领导，包括西安重工装备制造集团有限公司副总经理张大伟、吴海雁和总工程师赵友军等，学生们在基地内顺利完成了专业学位研究生学习，取得了高水平的研究成果。

南京工程学院—南京康尼机电股份有限公司研究生联合培养实践基地

一、基地简介

1. 基地名称及建立时间

为探索全日制专业学位研究生教育模式,培养符合国家特需的高层次人才,2012 年 9 月南京工程学院与南京康尼机电股份有限公司共建了"南京工程学院—康尼机电专业硕士研究生联合培养实践基地",即南京工程学院—南京康尼机电股份有限公司研究生联合培养实践基地。

2. 建设理念和目标

1) 建设理念

学校注重培养理念对基地实践的先导作用,依据"特需项目"要求,充分整合和利用基地师资、资源等优势,在实践中不断应用与探索,从工程硕士研究生培养的人才特征、能力结构、培养理念与培养方法等方面逐步形成了基地建设的特色理念。

（1）明晰人才特征:工程硕士研究生教育不是低层次研究生教育,也不是应用型本科生的加强版,而是以应用研究和职业能力为主要特征的高层次专业教育,其培养特征是职业性与学术性的有机统一。

（2）厘清能力结构:工程硕士研究生应该具有 5 种主要能力。一是较强的分析能力,能在实践目标、应然状态、实然状态之间找到平衡;二是较强的实践能力,适应技术复杂性的持续增强和技术关联性的日益增加;三是一定的创造能力,能够运用跨学科知识、关注系统结构与运行结果解决工程问题;四是必要的社会能力,能够权衡社会与技术因素,制定出解决问题的优化决策方案;五是终身的学习能力,能够跟随技术发展,更新能力结构,实现知识积累。

（3）更新培养理念:工程硕士研究生培养应当突出"五个注重"、实现"三个对接"。即:注重专业核心能力培养,注重现代工程能力培养,注重创新能力培养,注重实践能力培养,注重职业素养培养。培养方向与产业发展对接,课程体系与职业能力对接,培养标准与资质认证对接。

（4）创新培养方法:依据人才特征、现代工程技术的复杂性,工程硕士研究生培养需要创新模式。依托多元协同、贴近需求、优势互补的新载体;需要注重专家领衔、导师负责、团队培养的新方式;需要强化项目载体、做学结合、做研结合的新方法;需要突出能力评价、过程评价、多元评价的新机制。

2）建设目标

通过高校与企业的深度合作,构建"三段递进式"的专业学位研究生实践新模式,使基地成为培养具有坚实的专业基础知识、较强解决工程实际问题的能力、能够独立承担专业技术工作的高层次应用型人才的孵化器和示范性平台。

（1）培养理论与实践相结合的高层次应用型人才。充分利用联合培养基地的资源优势,通过直接参与企业一线工程实践,在"双导师"的指导下促进所学专业理论知识向工程实践的转化;通过参与高校和企业的科研项目,提升研究生的科研能力,促进研究生成为具有较强工程实践能力的高层次应用型人才。

（2）探索特色的"三段递进式"的专业学位研究生实践模式。通过建设联合培养基地,构建合作共赢的联合培养机制。强化实践的系统性、工程性、探究性和有效性,构建了以"统筹规划、贯穿全程、项目载体、逐渐深入"为特色的"三段递进式"(认识实践＋专业实践＋科学研究)专业学位研究生实践模式。强化研究生创新意识和实践能力的培养,提升研究生的培养质量。

（3）建设多元协同、校企深度合作的实践平台。坚持多元协同,联合行业企业,整合校内外资源,创新培养途径和培养载体。建设一个多元协同、内外整合、优势互补、学研用相融的优质育人平台,能较好地满足专业学位研究生工程实践能力和职业能力的培养需求。

（4）打造高水平的多元实践双导师团队。通过"导师互聘",形成学校导师和企业导师相结合的双导师制,双导师制实现"专家领衔、导师负责、团队指导"的多元队伍建设新模式,加强联合培养基地导师和高校导师的合作与交流,促进资源共享。完善导师考核评价制度,建立、健全导师评聘和退出机制,不断提升导师队伍的整体水平。强化合作意识,逐步形成结构优化、梯队合理、学科交叉、优势互补的高水平多元实践导师团队。

二、建设情况

基地服务于我校机械与电气两个领域,能培养机械、电气、车辆、材料、自动化、智能控制等相关行业硕士专业学位研究生,可为学生提供"认识实践＋专业实践＋科学研究"三段递进式实习实践,接纳认识实践 200 人/年、专业实践 100 人/年、科学研究 60 人/年。基地建成了具备较高学术水平和丰富工程经验的"专家领衔、导师负责、团队指导"多元协同双导师队伍,其中学校导师 54 人,企业导师 28 人。

三、基地特色及培养模式

经过 5 年的联合培养专业学位研究生的实践,基地初步形成了"三段递进式、多元双导师"的研究生培养模式。

1. 分段递进式培养

第一阶段是认识实践,新生入学后集中安排两周时间,到基地进行参观、轮岗培训、听取企业专家技术讲座,体验认识工程生活。第二阶段是专业实践,从第三学期开始,研究生到基地结合工程实践,开展有机交叉、不间断岗位专业实践,全面提升学生的工程素养。第三阶段是科学研究,以基地的项目为依托,结合毕业论文,开展科学研究。三个阶段实践从难度、深度上逐渐递进,紧密联系,全面提升学生的综合工程素质。

2.多元双导师指导

通过"导师互聘"形成学校学术类导师和企业实践类导师相结合的双导师制,实现"专家领衔、导师负责、团队指导"的多元队伍建设新模式,加强联合培养基地导师和高校导师的合作与交流,促进资源共享。

四、建设成效

基地充分发挥各方优势,在相关领域开展人才培养、应用研究和技术创新等活动。利用高校先进的教学和科研条件,通过研究生培养进行联合申报科研课题、共同进行科研课题研究、联合发表学术论文、申请专利等工作(研究成果共享),开展技术协作和交流活动。积极探索培养研究生创新能力的有效途径,为机械、电气及其相关领域选拔、培养、输送应用型人才。

1.企业实践成果应用情况

江苏省科技转化项目《高速列车客室侧门系统核心技术研发及产业化》的实施已达到了合同规定的主要经济效益指标,已获得高速车产品项目合同,订单额达 3.247 亿元,累计已实现销售 6079 套,新增销售收入 1.8 亿元,利税 4340 万元。项目的实施大大增强了企业核心竞争力,企业品牌拓展取得实质性进展,增强了企业发展后劲。

江苏省战略性新兴产业发展专项资金项目《轨道交通门系统智能装置产业化项目》完成永磁无刷直流电动机、智能门控器的成果鉴定,项目产品智能装置已经在南京地铁三号线得到验证,形成年产轨道交通门系统智能装置 6 万套生产能力。该项目的实施,有利于促进轨道交通装备行业向标准化、智能化方向发展,在全省乃至全国具有典型示范意义。

2.学生科研成果及科技创新

近五年共计 81 名研究生按时获得工程硕士学位,发表论文 186 篇,其中 SCI/EI 收录26 篇;申请发明专利 75 件,授权 13 件;实用新型专利 57 件,授权 35 件。积极鼓励学生全员参加或参与各级各类科技项目和创新大赛,研究生参与度达到 100%,获得国际水中机器人大赛一等奖、亚洲机器人大赛一等奖、全国大学生"西门子杯"自动化挑战赛特等奖等众多奖项。

3.推广成效

1)成果推广

承担中国学位与研究生教育学会研究课题 5 项、江苏省研究生综合改革课题 1 项、江苏省研究生教育创新课题 12 项;相继在《学位与研究生教育》等高水平学术期刊发表教育教学改革论文 15 篇;多次受邀在国内研究生培养专题会议中做主题发言,相继接待国内外高校、企业和政府部门交流考察 100 余次,我校专业学位研究生教育的理念和实践成效起到了较好的示范和辐射作用。

2)社会关注

光明日报社针对我校专业学位硕士研究生培养工作,相继刊发文章《让技能和需求"无缝对接"》(2014 年 12 月 9 日)、《从制造走向"智造"》(2015 年 1 月 4 日)和《"工匠精神"引领"江苏创造"》(2016 年 5 月 7 日),系列追踪了我校"深化校企协同,全程合作育人"培养模式所取得的成效。此外,国务院学位办领导在《学位与研究生教育》撰文《"特需项目"高校工程硕士人才培养特色调查》,充分肯定了我校的改革探索成果。

4. 研究生实践能力和就业竞争力分析

首届联合培养 33 名研究生全部按时获得工程硕士学位,其中 8 人直接留在康尼公司工作,1 名同学免试攻读南京航空航天大学博士学位,1 人考取攻读东南大学博士学位,7 名同学与三菱机电等世界 500 强企业或国内龙头上市企业签订就业协议,16 人进入国家电网公司工作,用人单位对毕业生能力的评价为"工作有极高的热情,做事严谨认真,具有较强的学习能力和团队合作能力"。

五、典型案例

以校内导师和校外导师共同制定的企业项目为载体,让学生进入到所构建的校企合作实践平台中,参与项目研究的整个过程,强化学生工程实践能力培养,过程中涌现了一些典型案例。

位云成同学,在南京康尼机电股份有限公司工程实践期间,参与了 KRV 系列减速器研制、轨道门自动焊接生产等项目,承担了 KRV 系列减速器传动性能测试方案设计,构建了 KRV 系列减速器传动性能测试试验台,并参与三自由度桌面机器人可靠性试验,为企业起草了"KRV 系列减速器企业技术标准",并发表相关论文 1 篇。

盛凯同学,在南京康尼机电股份有限公司工程实践期间,参与我校与康尼合作"机械制造企业计算机辅助制造管理系统的研发"项目,建立了三维零件模型和加工仿真,实现了典型零件的数控编程,构建了典型零件的数据库结构(管理、通信、下载等设计),对系统进行了测试运行,并通过了现场验收。系统投运以来,大大提高了生产效率,提升了产品质量。

王娇同学,在康尼机电股份有限公司工程实践期间,参与企业项目"IEC61850 过程层网络通信分析诊断工具设计"。根据公司测试装置的需求,确定了设计的主要功能;实现对数字化变电站中的 GOOSE、SV、IEEE1588 报文进行在线、离线的记录与分析功能;实现对异常错误的快速定位及过程层通信的实时预警功能,提取瞬时采样点的值,用图形分析电力系统现场故障状态,快速定位故障源,完成了 IEC61850 过程层网络通信故障诊断工具设计;采用"分层"的方法,完成了解析器的开发,验证了解析器开发的正确性,在 visualstudio2008 平台下搭建以 WINPCAP 库文件为核心的项目,利用其设备驱动(NPF)和一组动态连接库(DLL)模拟发送报文,通过网卡的选择、打开、设置以及数据的添加、发送等步骤来验证报文解析工具测试工具设计的可行性。最终完成了相关性的测试验证,根据该研究成果,发表论文 2 篇。

王占花同学,在南京康尼机电股份有限公司工程实践期间,从事非调质钢定制锻件相关项目研究工作。同时,参与解决实际生产中存在的问题,如合理生产锻造工艺确定、提高产品合格率、改进优化试验方案、验证假设以及生产失效问题分析等。解决企业实际问题:降低始锻温度改善非调质钢曲轴心部晶粒粗大问题;优化锻造工艺及胀断工艺,保证了性能,提高了质量;提出局部强化冷却概念,实现差异化控制锻件性能。运用材料科学、材料性能学、零件失效分析、机械设计等理论知识,联系实际,参与企业多项关键技术难题研讨,协助解决了多项关键技术难题。参与 4 项横向课题研究,2 项纵向课题研究,完成 9 件专利申请,撰写并发表学术论文 5 篇。所研究的成果促进了轨道交通用非调质钢的推广和使用,提高了国内非调质钢在轨道交通领域的应用率,提高了零部件的产品质量,降低了制造成本,具有良好的经济效益和社会效益。该生考取了北京交通大学博士研究生。

江苏省委书记李强带队考察南京工程学院—康尼机电硕士专业研究生联合培养实践基地(2017 年 2 月 27 日)

南京工程学院研究生基地实习活动

南京工程学院研究生位云成在基地测试 RV 减速器角度传递误差现场

南京工程学院研究生王占花参与基地非调质钢定制锻件相关项目试验

中国石油大学（北京）—东方地球物理公司研究生联合培养实践基地

一、基地简介

1．基地名称

中国石油大学（北京）—东方地球物理公司研究生联合培养基地。

2．合作单位

中国石油集团东方地球物理勘探有限责任公司。

3．建立时间

2011 年 6 月。

中国石油集团东方地球物理勘探有限责任公司（简称东方地球物理公司，英文缩写 BGP）是中国石油天然气集团公司的全资子公司，主要业务是运用地球物理方法勘探油气资源。公司拥有国际先进的陆地、海上地球物理勘探及综合物化探资料采集、处理、解释，物探装备制造、软件研发和信息服务等一体化技术服务能力。公司在册职工 25 418 人，其中研究生学历 1660 人，大学本科学历 9702 人，形成了以 1 名中国工程院院士、6 名国家"千人计划"专家、25 名集团公司专家、85 名公司专家、198 名科技带头人为骨干的科技人才队伍，拥有完善的科研体系，是国内最大的物探技术研究中心、地震数据处理中心和地质研究中心。公司拥有物探队 152 支，其中地震队 123 支、非地震队 21 支、VSP 队 8 支、深海作业船队 6 支，具备陆上沙漠、山地、丛林和过渡带等各种复杂地表条件下的作业能力和深海勘探能力，能从事二维、三维、VSP、高分辨率地震勘探和重磁电化等非地震勘探。公司固定资产总额 202.87 亿元，主要物探装备与国际先进水平同步。公司是国家级企业技术中心，油气勘探计算机软件国家工程研究中心，IAGC（国际地球物理承包商协会）核心会员，EAGE（欧洲地球物理学家与工程师协会）、SEG（勘探地球物理学家协会）主要会员。公司始终秉承"人才造就企业，企业成就人才"的人才理念，十分注重人才培养和引进，持续加大科研投入，创新科研管理体制机制，促进科技创新进入"快车道"，"十二五"期间，累计申请专利 524 件，荣获省部级以上科技奖励 56 项，其中国家科技进步二等奖 2 项。公司打造形成了以 GeoEast、KLSeis 为代表，涵盖物探技术全领域的核心软件技术系列，持续加大 GeoEast 处理解释软件的市场推广应用力度；打造形成了以 G3i 地震仪器、Hawk 节点仪器、可控震源等为代表的核心勘探装备技术系列，G3i 地震仪器、Hawk 节点仪器达到国际先进水平，并投入野外工业化生产,可控震源研究制造水平居国际领先地位;打造形成了以 PAI 技术品牌为代表的物探技术系列,复杂山地勘探、黄土塬勘探等特色技术居国际领先水平,宽频宽方位高密度勘探、高效采集等新技术推广应用成效显著,为中国石油集团增储上产提供了有力的技术保障。2016 年,公司共获得国家和省部级奖励成果 13 项,其中,联合研发完成的"古老碳酸盐岩勘探理论技术创新与安岳特大型气田重大发现"项目获得国家科技进步二等奖,GeoEast、G3i 地震仪入选集团公司十大工程技术利器,微地震监测技术被评为集团公司十大科技进展,"两宽一高"地震勘探技术成为国家油气重大专项标志性成果。

东方地球物理公司拥有大量先进的科学仪器、设备、软件和高水平的实验条件,可以为研究生提供综合实训平台,保障研究生专业实践、课题及论文研究工作的顺利开展。公司拥有 428XL、408UL 等各类陆地及浅海过渡带采集设备 31.4 万道;NOMAD65、SM-26 等各类震源 341 台;TRIMBLE、LEICA 等各类测量仪 1710 台;MI-9S、WTZ-300 等各类物探钻机 1381 台;"东方勘探二号"OBC 放缆船、"东方勘探一号"深海拖缆船和"BGP 先锋号"深海三维地震勘探船 3 艘;拥有 IBM、SUN 等地震资料处理解释大型计算机 10 500 个 CPU;拥有一批自主知识产权、符合国际工业标准的软件系列:处理解释一体化软件系统 GeoEast、地震采集设计系统 KlSeis、综合导航定位系统 HydroPlus、地震勘探测量数据处理与质量监控系统 SSOffice。

东方地球物理公司于 2011 年与我校签订校企共建专业硕士研究生联合培养基地协议。自 2011 年以来,学校累计向东方地球物理公司及其各分公司选派了 79 名专业硕士研究生(2011 年 8 人、2012 年 7 人、2013 年 12 人、2014 年 19 人、2015 年 19 人、2016 年 14 人)开展专业实践及论文研究工作,选派专业领域包括地质工程与计算机技术两个工程领域。每年向基地选派的人数稳定,呈现出良好的发展态势。

目前,东方地球物理公司联合培养基地各项建设工作进展顺利,学校与其已经完成了联合培养基地建设与管理办法的制订工作;完成了有关领域专业学位研究生培养方案的修订工作;学校与企业已经建立了良好的沟通交流机制和平台;校企已基本实现了全面的、实质性的全过程合作培养,包括导师聘任、选派工作(学生企业双向选择)、专业学位硕士校外培养、校外专业实践指导及学位论文研究、论文评审及答辩等各环节。东方地球物理公司联合培养基地形成了稳定的培养模式和管理制度,基本建立了一支高水平、多类型的师资队伍,培养了一批优秀的高层次工程技术创新人才。

二、建设情况

1. 双师队伍建设

(1)建设一支专业学位研究生课程教学和专业实践指导的后备教师队伍。每年选派 3~4 名具有博士学位和国外留学背景的年轻教师到东方地球物理公司联合培养基地所属的企业进行短期锻炼与培养,这些年轻教师经过 1~2 年的锻炼、培养,成为学校全日制专业学位研究生课程教学和专业实践指导的重要力量。

(2)在校外导师队伍建设方面,企业为每位实习研究生配备两位指导教师,实行企业导师(具有副教授以上专业技术职称)+现场导师(或协助导师,具有中级以上专业技术职称)的"双导师制"。

(3)建立一支理论与实践相结合的专业学位研究生课程教学队伍。每年聘请数名东方地球物理公司的技术专家来校为研究生讲授专业实践类课程或结合某一工程实践案例举行专题报告。

2．依托企业科研项目，提供高水平的实践课题

2014—2016 年，东方地球物理公司联合培养基地累计为进站实习的 52 名全日制工程硕士专业学位研究生提供了 57 项工程实践及研究课题，依托的各级别科研项目包括国家科技重大专项 3 项，集团公司、国家部委等省部级项目 10 余项，充裕的项目经费和高级别的研究项目为全日制硕士专业学位研究生的培养创造了良好的科研条件。

3．基地管理模式与制度建设

宏观上，东方地球物理公司联合培养基地实行校企协调领导小组—专业硕士教育指导委员会—管理办公室三级管理体制。微观上，东方地球物理公司联合培养基地实行研究院组织人事或科研管理部门—研究所(中心、室)—企业导师三级管理体制。研究生进入实践基地所属的单位开展专业实践，由其人事或科研管理部门负责学生的岗前培训、实习地点安排、论文开题及企业实习报告答辩的安排、进出基地的手续办理、生活津贴的核发等管理工作。研究所(中心、室)负责学生的日常管理，企业导师负责学生的业务学习和实践。

学校相继出台了一系列有关全日制硕士专业学位研究生的管理文件，从制度和政策上对全日制专业学位研究生的课程学习、专业实践、论文研究以及基地建设、校外导师聘任等方面进行全面规范。东方地球物理公司也制定了《研究生工作站管理暂行办法》等一系列有关研究生实习期间的管理规定，并与每位实习研究生签订了"联合培养基地实习协议书"及"保密协议"，对学生实习期间的工作制度、生活待遇、人身安全、科研成果的产权归属、有关技术及文件资料的保密等方面进行了明确规定。为了保障这些政策、制度和文件的落实，还建立了责任追究制度和质量考核评价制度。

为了激发校企导师参与研究生培养的积极性、主动性，学校也提供了相应的经费保障，包括企业导师培训费(2000 元／生)、实践类课程校外专家授课费(32 学时课程，15 000 元／门；48 学时课程，20 000 元／门)、开题和专业实践指导差旅费(1500 元／生)、学位论文评审与答辩费等(1400 元／生)。

三、基地特色

1．发挥行业优势，实现校企强强联合

中国石油大学(北京)是石油特色鲜明的部属行业院校，石油石化学科在国内具有较大优势且在国际上有一定影响力。东方地球物理公司是一个以地球物理勘探业务为主体，集地球物理勘探、多元开发、公共事业为一体的跨国经营企业。校企强强联合，将学校的学科及师资队伍的优势与企业的工程技术优势、科研优势和技术专家队伍的优势有机结合，实现了各种优势教育资源的聚集和向人才培养优势的转化。

2．发挥独特的区位优势和便利的交通条件，确保实践育人效果

东方地球物理公司总部位于河北涿州，距离学校不到 100 千米，有利于密切校企之间的交流与联系，充分发挥校企"双导师"对研究生的共同指导与协同培养。校内导师可以经常走访实习单位，深入了解研究生的实习情况和课题研究进展，校内外导师也随时可以保持沟

通与交流;研究生在企业实习时间可以延长至一年半甚至两年,有利于保障研究生实践课题研究和学位论文工作的持续、深入开展,而且也不影响研究生回学校参加各种招聘会和就业,从而有效保障研究生专业实践质量和学位论文质量。

3. 联合举办"东方杯"大赛,探索校企合作推动"产学研"创新型人才培养的新方式

依托东方地球物理公司实践基地,在中国石油大学(北京)、东方地球物理公司的共同努力下,"东方杯"全国大学生勘探地球物理大赛自 2013 年起已成功举行 4 届,已经成为国际勘探地球物理领域的重要赛事。"东方杯"搭建的校企沟通交流平台,对东方地球物理公司实践基地建设与校企合作"产学研"创新型人才培养具有重要推动作用。校企联合建设的实践基地通过大赛得到了有效的展示与宣传,为实现建设一个实践、创新与交流的基地,培养适合企业、适合社会的创新型人才、应用型人才、国际化人才这一目标打下了稳固基础。

4. 促进校企的协同创新

通过培养基地的建设,构建了学校与东方公司交流与合作的平台,在人才培养、学术交流、理论研究、科研合作、技术推广以及"东方杯"全国大学生勘探地球物理大赛的举办等方面的合作基础上,形成了紧密的协同创新伙伴关系,为进一步发挥校企各方作为知识创造主体和技术创新主体层面上的优势提供了条件,也为学校与企业发展目标的实现奠定了坚实基础。

四、建设成效

中国石油大学(北京)东方地球物理公司研究生联合培养基地的建立,形成了学校、企业、研究生、导师、社会等多方受益、互利共赢局面。

2014—2016 年,学校选派 3 批共 52 名全日制硕士专业学位研究生进入东方地球物理公司进行专业实践训练和学位论文研究工作。在学校一年一度的优秀企业实习报告评选中,基地先后有 3 名实习研究生的报告入选。2014—2016 年,在东方地球物理公司实习的 52 名全日制硕士专业学位研究生参与并完成了各自所承担的工程实践及研究课题的既定研究任务,并结合所承担实践课题的研究成果,与校企导师共同申请发明专利或发表论文 20 余篇。2011—2016 年,共有 73 名全日制工程硕士专业学位研究生进入东方地球物理公司实践,截至目前,已毕业 41 人,其中 38 名毕业生已就业或升学,就业率高达 92.7%。从就业单位性质来看,在签约或升学的 38 名毕业生中,有 33 人在国有企业就业(其中 10 人毕业后留在实践单位工作),约占全部毕业生总数的 80.5%;2 人在政府部门就业,约占 4.9%;1 人在私企或民营企业就业,约占 2.4%;2 人继续攻读博士学位,约占 4.9%。从就业的行业领域来看,有 28 人在石油石化企业就业,约占 68.3%。

五、典型案例

典型案例 1

2013 级地质工程领域专业学位研究生杜涛,于 2014 年 6 月进入东方地球物理勘探有

限责任公司实习。在校期间,该生积极参加塔里木盆地复杂碳酸盐储层相关课题的研究,主要从事地震资料保幅处理、频率依赖 AVO 反演算法、地震资料解释等方面的工作。在学校导师孙赞东教授与企业导师杨平老师的指导下,结合研究课题,在国际会议上发表了论文 8 篇,其中 2 篇被 EI 收录。

典型案例 2

2014 级地球物理与信息工程学院地质工程领域专业学位研究生刘苏熠,于 2015 年 6 月进入中石油东方地球物理公司研究院大港分院实习。结合实践课题研究成果,在 SPG/SEG 北京 2016 国际地球物理会议发表论文《缺失地震数据重建方法研究》;凭借优异的成绩获得研究生一等奖学金以及中石油企业奖学金。

典型案例 3

2014 级计算机技术专业领域专业学位研究生栾琪,于 2015 年 6 月进入东方地球物理勘探有限公司实习。实习期间,在企业导师李逢春高级工程师和学校导师纪连恩副教授的共同指导下,参加了国家科技重大专项"海洋深水工程重大装备及配套工程技术"课题五"深水水下应急维修装备与技术"子课题、电子司钻维护及培训系统方案研究等项目的研究工作。其论文《一种支持水下虚拟维修的高层仿真描述模型》被会议录用且在大会上宣读,同时该论文被国内核心期刊《系统仿真学报》于 2016 年 10 月份刊登;连续三年获得研究生一等奖学金。该同学 2016 年 10 月顺利签约百度公司。

典型案例 4

2013 级地质工程领域专业学位研究生杨文魁,于 2014 年 6 月进入东方地球物理勘探有限责任公司实习。该生的实践课题为提高逆时偏移效率、成像质量、角道集构建以及高性能计算。在学校导师孙赞东教授与企业导师杨平老师的指导下,结合研究课题,在国际会议上发表论文 3 篇。

中国石油大学(北京)2015 级地质工程领域全日制硕士专业学位研究生在东方地球物理公司研究生联合培养基地进行调试代码

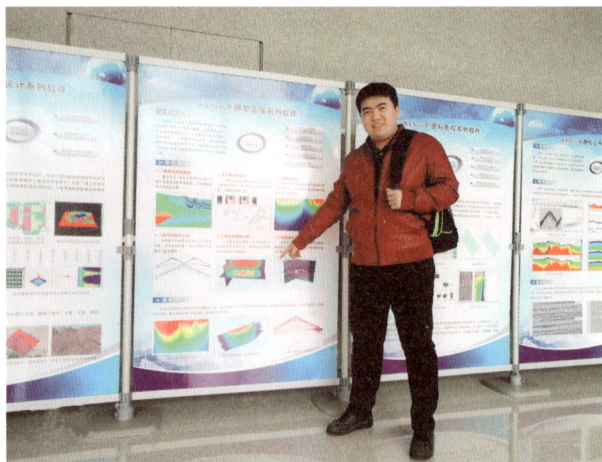

中国石油大学(北京)2015级地质工程领域全日制硕士专业学位研究生在东方地球物理公司研究生联合培养基地项目成果报告展前拍照

中国石油大学(北京)2015级地质工程领域全日制硕士专业学位研究生在东方地球物理公司研究生联合培养基地展示技术成果

中国石油大学(北京)2016级地质工程领域全日制硕士专业学位研究生在东方地球物理公司研究生联合培养基地做数据处理

中国石油大学(北京)2016级计算机技术领域全日制硕士专业学位研究生在东方地球物理公司研究生联合培养基地与企业导师进行交流学习

广东工业大学—佛山市南海区广工大数控装备协同创新研究院研究生联合培养实践基地

一、基地简介

1. 培养单位介绍

广东工业大学—佛山市南海区广工大数控装备协同创新研究院研究生联合培养实践基地(也称广工大智能制造创新型研究生联合培养基地)(简称广工大创研基地)由广东工业大学(简称广工大)与佛山市南海区广工大数控装备协同创新研究院(简称研究院)于2014年6月联合建立。

1) 培养单位(广东工业大学)介绍

广东工业大学现有5个一级学科博士学位授权点,27个二级学科博士学位授权点,20个一级学科硕士学位授权点,88个二级学科硕士学位授权点(含MBA),具有工程硕士(17个领域)、工商管理硕士、工程管理硕士、会计、翻译5种硕士专业学位授予权,在校各类研究生6500人;拥有11个学科教授评审权,3个广东省攀峰重点学科一级学科,7个广东省优势重点学科一级学科,5个广东省特色重点学科二级学科。学校坚持把科研工作紧密结合广东经济和社会发展需求,坚持不懈地走"产学研"相结合的道路,有国家地方联合工程实验室等众多科研和协同创新平台,2012年以来,工程学科位居ESI世界排名前1‰行列。

2) 联合培养单位(佛山市南海区广工大数控装备协同创新研究院)介绍

研究院由广东省科技厅、佛山市和广东工业大学共建,自2013年3月成立以来,坚持"开放为源、创新为魂、机制为根、人才为本"的发展理念,按照"创特色、树品牌"的工作思路,紧盯建设珠江西岸先进装备制造产业带创新引擎的发展目标,结合广东省产业转型升级需求,以机器人及自动化、精密装备和3D打印等智能制造技术为核心,加强与广工大等国内外高端人才队伍、重大科研成果对接,促进创业团队与行业龙头企业结成战略合作伙伴,打造集技术研发、成果转化及孵化、人才培养与引进于一体,具有国际先进水平的开放式创新型科研实体和公共服务平台;先后获批国家级科技企业孵化器、国家级众创空间、广东省首批新型研发机构等荣誉称号,成为广东省联合培养研究生示范基地、广东省大学生实践教学基地、广东省智能制造系统工程技术研究中心、广东省智能工业机器人工程技术研究中心、首家佛山市机器人应用创新中心、佛山市科普教育基地等。研究院建成机器人中心、精密装备中心、3D打印中心、工匠创客汇等四大创新创业平台,柔性或全职引进了160多名国内外高端人才(其中美国科学院院士、俄罗斯学院首席科学家等顶级人才60多名),培育了80多个高端创业团队(其中1个获"广东省创新团队"项目,10个团队获"佛山市创新团队"支持项目,1个获南海区创新团队项目),孵化了50多家企业(其中7家获高企认定,9家进入高企培育库,3家省高新区股权交易中心挂牌,1家新三板筹备挂牌),申请了400余件专利(其中发明专利超300件),培养创新人才500余人,服务地方企业超1000家,实现技术服务收入超亿元,带动新增产值50亿元。

2.建设理念

广工大创研基地围绕广东省产业转型升级发展人才需求及研究生教育多元化的发展趋势,充分发挥省重点工科院校及省级以上科技企业孵化器、新型研发机构、众创空间等高端育人平台优势,大力推进产教融合、校企合作、工学结合作用,创新人才培养模式,深化职业胜任力导向的专业学位研究院培养模式改革,提升人才培养质量,构建具有广东特色的现代教育体系,搭建开放式专业学位研究生联合培养载体,建立地方工科院校与企业科技人才合作交流的中介和桥梁,培养具有创新思维和创新实践能力的高层次产业工匠,加快知识创新和成果转化,为区域产业转型升级提供技术支撑和人才储备。

3.建设目标

广工大创研基地基于开放、协同、共享原则,采用协同合作、资源共享、优势互补相结合的建设思路,面向国家制造业产业转型升级需求,重点建设机器人、3D打印、无人机、精益管理等智能制造应用技术领域的创新教育及创新创业体系、评价体系。研究生联合培养工作以研究院及其孵化企业的应用型及前瞻型研发项目为基础,以校内外导师"产学研"合作为纽带,对研究生进行联合培养,使研究生在实际工程应用中掌握智能制造相关领域坚实的理论知识和娴熟的专业技能,具备较强的创新能力及解决实际问题的能力,成为能够承担专业技术研发及实践工作、具备良好职业素养的高层次应用型创新型专业人才。

广工大创研基地充分发挥广东工业大学、研究院及企业各自的优势,将基础研究、应用研究和产品开发与人才培养有机地结合起来,促进基地建设与知识创新,培养更多高层次人才,研发出更多具有自主知识产权的新技术、新产品,促进广东省产业转型升级。通过机制创新、制度创新和培养模式的创新,有效解决研究生专业教学与实际技术发展水平脱节的矛盾,培养研究生的动手能力,为其提供创新项目研究、实现新想法的场所,有效发挥研究生自主创新能力和学术研究能力。

因此,广工大创研基地体系设计的总体目标(图1):遵循研究生教育发展规律,通过体系运行模式与运行机制的创新,形成一个以地方院校为主体、以企业为依托的、以研究生为中心、参与主体多元化、多元主体协同化、合作形式多样化、运行机制市场化的研究生联合培养基地,构筑"政产学研"四位一体的高层次创新人才平台模式,旨在凝聚各方雄厚的人才、产业和科研优势,加强资源共享,为培养高层次应用型人才实行全方位、深层次的"产学研"结合,形成知识创新、科技创新和体制创新的新结构,培养高层次创新应用型人才。

以地方院校为主导:确立地方院校在研究生培养中的基础地位,充分发挥地方院校在联合培养基地中的主导作用。

以企业为依托:充分发挥企业在研究生联合培养中的资金、设备、创新、场地等方面的优势,充分调动企业在联合培养基地建设中的积极性。

以研究生为中心:以培养研究生的实践应用能力和创新能力、提高研究生培养质量为

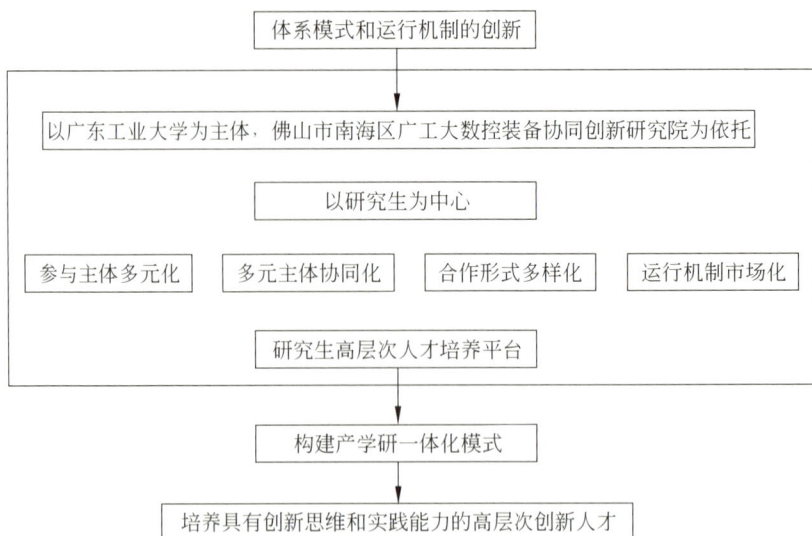

图 1　广工大创研基地总体目标设计图

核心,根据社会多样性需求确定合作内容,研究生参与创新项目的决策、选择和监测评价过程,树立研究生在研究生联合培养基地中的主体地位。

参与主体多元化:除传统"产学研"外,充分发挥政府、产业、学校、研究院所等多种主体的作用。

多元主体协同化:理顺管理关系,建立互动的沟通协调机制,多元主体之间分工协作明确,统一协调和统筹安排。

合作形式多样化:采用教育、咨询、开发、服务、共建实体等多种形式,将多元主体的作用发挥出来。

运行机制市场化:以市场为导向,充分发挥市场机制的作用,形成竞争性的市场机制,最终实现研究生培养对接市场需求,基地建设的制度化、企业对基地建设的内需化。

二、建设情况

1. 导师队伍

1)企业导师队伍

研究院作为广东省联合培养研究生示范基地和大学生实践教学基地,与各领域龙头企业在研究院内共建机器人、3D打印、精密装备等创新创业中心,并联合研究院孵化的 60 多家科技企业共同开展研究生联合培养工作。广工大创研基地聘请研究院及其孵化企业团队负责人、企业老总、技术总监、入驻团队的技术骨干等作为联合培养研究生的企业导师,他们均是高级工程师、企业高管、创新团队负责人等,大都具有硕士以上学历,目前规模已经达到40 多人,其从事领域包括机器人技术、3D 打印技术、无人机技术、精益管理、大数据、工业设计等,长期为传统产业转型升级提供高端技术服务。

2)校内导师队伍

广工大创研基地建立了一支 40 人以上的校内导师队伍,包括院士、长江学者、珠江学者、省领军人才、校百人计划、校青年百人等高端人才,重点研究领域包括机器人控制、3D打印、无人机、精密加工、制造业信息化、射频技术、数控技术、电子商务、管理科学与工程等方面。

2.培养模式

采用"1+2"模式,学习期限为3年。第一年,联合培养研究生在校完成专业课程学习,主要由校内导师指导学习理论知识,同时培养一定的科研能力,为校外实践打下基础。第二年,联合培养研究生前往研究院,在基地导师指导下,实施实际工程项目,完成课题相关的科研工作。第三年,联合培养研究生继续开展工程项目及科研工作,在上一年大量实际工作的基础上撰写专利、发表论文并完成毕业论文。

3.实践条件

1)办公条件

广工大创研基地联合培养单位研究院拥有约51 000平方米的办公场地,其中包括1500平方米机器人展厅、1200平方米3D打印技术展厅、1500平方米众创空间、1400平方米机器人技术培训中心、3D打印技术培训中心、机器视觉实验场地等。作为广东省联合培养研究生示范基地和大学生实践教学基地,以省内外高校科研资源为依托,与各领域龙头企业在研究院内共建机器人、3D打印、精密装备等创新创业中心,并联合研究院引进了30多个相关领域先进团队和孵化的60多家科技企业共同开展研究生联合培养工作;并与国际领先企业库卡机器人、安川电机等共建机器人激光焊割实验室、机器人抛光打磨实验室、机器人包装垛码实验室、机器人雕刻实验室;与国内领导企业固高科技等共建节能技术实验室、CNC技术实验室、自动化实验室、精密装备实验室、智慧工厂实验室、工业设计实验中心;与国内首家上市企业杭州先临及国际知名企业EOS共建3D打印技术实验室、3D打印技术研发中心等创新资源。基地拥有充裕的办公场地、学术报告厅、成果展示厅等硬件资源,可为学生提供优良的实验办公环境及活动空间。

2)科研条件

广工大创研基地项目来源包括研究院科技券项目、孵化企业自主研发项目、政府资助的企业技术创新项目以及政府资助的科研项目,部分合作项目如下:①广工大联合佛山高新区、研究院、研究院发展公司、诺威科技等开展"佛山高新区专用装备创新型产业集群建设";②广工大与研究院开展"佛山市南海区广工大数控装备协同创新研究院建设";③广工大联合研究院、佛山市科技局、南海区经促局申报2013年度数控一代机械产品创新应用示范工程专项资金,项目有"南海区数控一代机械装备产品创新应用示范区""佛山市数控一代机械产品创新应用示范工程示范市建设""面向建材机械及成型机械行业的数控技术和装备创新综合服务平台建设";④研究院科技券项目26项,由广工大教授联合研究院以及研究院入驻企业合作共同完成。

4.实践教学

研究生进入广工大创研基地后,由研究院工程师统一组织进行研究院基本情况、规章制度、实验室基础设施、通用基本技能等培训,为期两个星期。随后进行专业分组,进入基地的机器人实验室及培训中心、3D 打印中心进行为期两周的基础实践教学,教学内容包括 KUKA/ABB/安川/埃夫特等机器人操作应用技术、3D 打印技术基础及应用技术,并在基地实践教学过后进行考核。经过基地实践教学后,学生被分别派往基地各科研团队进行项目跟进,协助完成项目研发,具体环节包括:

(1)课程培训:创新方法、专业技能、通用技能、管理能力、特有技能、资质认定等方面,通过授课和研讨的方式,提高知识结构和技能水平。

(2)项目实践:对接企业实际工程项目,委派适合项目要求研究生参与研发实践,通过将学习和实地应用相结合,有效提升研究生素质和专业技能。

(3)企业轮岗制:基地通过挖掘人才的潜能,为人员设定个性化的多企业轮岗路径,以提升人员多领域的专业技能、管理能力及沟通协调能力。

(4)外部学习:通过参加行业内外部或者专业培训机构举办的培训班、研讨会、创新创业大赛以及市场调研等活动,提升人才自身的专业技能及综合能力。

(5)毕业课题:开展基于工程实际,注重科研成果的转化、应用和推广的课题研究,以研究报告、案例分析、专利成果等反映创新能力的多元载体作为考核内容,完成毕业论文。

(6)评价体系:强调研究成果的针对性、实效性、适应性,以创新质量、解决需求和实际贡献为导向,把提高原始创新能力和解决国家、地区重大战略需求和重大科技专项的能力作为评价的重要标准,与行业认证机构对接,构建"多元评价主体并举、多种评价方式并存"的以创新能力为核心的研究生评测体系。

5. 思想政治教育与社会责任教育

广工大创研基地成立思想教育管理委员会,下设联合培养辅导员团队、双导师指导委员会;并正在南海高新区狮山镇党委会的指导下,积极筹建研究院党总支,对在基地进行联合培养的研究生进行思想政治、社会责任教育;包括成立联合培养辅导员团队、双导师指导委员会、研究院党总支(筹),并制定监督体系保障学生思想政治教育与社会责任教育。

6. 生活条件保障

基地出台实习生管理办法,为研究生提供具有空调等设施的学生宿舍免费居住,免水电费,为校内导师入基地提供人才公寓,并报销研究生导师在入基地过程中产生的费用。研究院安排行政部专人负责培养基地内研究生的日常生活和安全保障,购买相关保险,研究院及其孵化企业为联合培养的研究生提供不少于 3000 元/月的生活补贴。协调研究院周边高校及地区的运动场地,如华师羽毛球馆,石油化工篮球、足球运动场,东软网球场,依云小镇游泳场,为学生提供运动场所,并积极组织学生参与运动,参加研究院运动会;研究院工会还组织各种生日派对、沙龙、观影等活动;成立"师兄师姐"辅导员小组,向学生提供"大学城学习生活攻略",为学生提供日常工作、生活、运动活动便利,及时了解学生的需求和心理变化。

三、基地特色

1. 基地培养模式

根据广东省及珠江西岸的产业升级需求,面向市场,以培养研究生的实践应用能力和创新能力、提高研究生培养质量为核心,根据社会多样性需求确定合作内容,研究生参与创新项目的决策、选择和监测评价过程,树立研究生在研究生联合培养基地中的主体地位。

(1)以地方院校为主导:确立地方院校在研究生培养中的基础地位,充分发挥地方院校在联合培养基地中的主导作用。

(2)以企业为依托:充分发挥企业在研究生联合培养中的资金、设备、创新、场地等方面的优势,充分调动企业在联合培养基地建设中的积极性。

(3)以研究生为中心:以培养研究生的实践应用能力和创新能力、提高研究生培养质量为核心,根据社会多样性需求确定合作内容,研究生参与创新项目的决策、选择和监测评价过程,树立研究生在研究生联合培养基地中的主体地位。

(4)参与主体多元化:除传统"产学研"外,充分发挥政府、产业、学校、研究院所等多种主体的作用。

(5)多元主体协同化:理顺管理关系,建立互动的沟通协调机制,多元主体之间分工协作明确、统一协调、统筹安排。

(6)合作形式多样化:采用教育、咨询、开发、服务、共建实体等多种形式,将多元主体的作用发挥出来。

(7)运行机制市场化:以市场为导向,充分发挥市场机制的作用,形成竞争性的市场机制,最终实现研究生培养对接市场需求、基地建设的制度化、企业对基地建设的内需化。

2. 企业导师队伍随实践基地建设同步增长

结合市场需求,以创新创业的方式进行个性化培养。目前,很多非国有制企业都具有极强的技术创新能力、科研能力,同时也与高校、科研院所建立"产学研"基地。广东很多企业的工程技术人员很少关注提升技术职称路径,使得这些企业很少拥有具有高级专业技术职称的工程技术人员,这样企业导师人数会受到影响。通过本联合培养基地,包括非全日制工程硕士学习、联合承担各级政府重大科研项目、成果申报省市级科技奖励、指导论文和专利申请等,使基地企业导师队伍快速成长。

3. 紧密集合基地研发项目的需求,着重培养学生的创新和科研攻关能力

1)严格把关学位论文的选题环节

将企业的工程技术项目研发目标与学校的人才培养目标相结合的体现,就是研究生学位论文的选题。研究生学位论文的选题,应当结合当前研发项目的关键技术,提取其中的科学问题,做到难易适中、合理可行,既要有技术难点,也要有一定的工作量。研究生学位论文的选题,要由学校导师和企业导师共同协商确定,学校导师可以侧重把握选题的学科性和难点,企业导师侧重把握选题的工作量和成果的可适用性,以及其与企业工程技术研发项目目标的关联性。

2)提高资料调研的效率和针对性

以往研究生查阅参考文献,多漫无边际,耗费了大量的时间和精力,效率低下。基于"产学研"基地的工程技术研发项目进行学位论文选题,目标明确,技术路线清晰,这样研究生可以直接围绕着所要解决的实际问题查阅相关参考文献,这种研究问题驱动式查阅文献资料,有很强的针对性,效率高,能够在很短的时间内对所面临的问题的国内外研究状况有一个全

面的了解。

3）着力培养研究生的团队协作能力

现在企业进行项目研发,基本上是团队作战,因此一个研究生能否有效地融入企业工程技术研发团队,是其职业生涯的重要素质之一。通过参与"产学研"基地的工程技术研发项目,可以培养和锻炼研究生的团队协作工作能力,通过参与团队协作,培养与其团队其他成员的沟通能力、协作工作能力,通过锻炼和培养,逐步掌握领导团队进行工程技术项目研发的能力,达到工程技术高级人才的培养目标。

四、建设成效

截至 2017 年 3 月,广工大创研基地累计培养广东工业大学 113 名研究生,有 40 多名广东工业大学教授及博士团队通过"教授带学生"的形式参与到广工大创研基地研究生联合培养中,通过"科技券"创新科技项目引进研究生共计 26 项,通过孵化创新创业团队的形式共引进 20 余人,已申请专利 70 多项,研发新产品 10 余项。2014 年联合培养研究生 24 名,2015 年联合培养研究生 31 名,2016 年联合培养研究生 58 名,2017 年联合培养研究生预计将达到 100 名(其中包括联合招生 42 名)。

在 2014 年至 2016 年期间,联合培养的研究生共累计为基地企业申请专利 74 项,其中发明专利 49 件、实用新型 25 件,申请软件著作权 3 项,发表学术论文 30 余篇。发明专利包括一种自动化链条输送线、一种机器人离线示教装置、一种基于示教机器人的离线编程示教装置及方法、一种示教机械臂、一种码箱抓手机构及抓取方法、基于视觉跟踪的 DELTA 机器人控制系统和方法、一种复合型旋转编码器及其测量方法、一种自动卷板焊接设备、一种等离子表面处理器、一种等离子电磁式旋转处理装置、一种等离子电磁式旋转喷枪、一种等离子表面处理装置等、差动传输线屏蔽结构、减低移动通信多级功率放大器中带内噪声的结构、线性化混频器、一种基于 LC 谐振电路的片上电容校正电路、一种基于电桥的片上电容校正电路、一种降低运放失调电压影响的基准电路、一种前馈补偿式跨导运算放大器、一种实现锁相环快速锁定的结构、一种双用途电流源产生器、一种应用于滤波器上的片上电容校正电路、一种占空比为 25% 的分频器、应用于无线通信收发机系统的改进型吉尔伯特混频器等。

五、典型案例

典型案例 1

广东工业大学机电工程学院谭国文同学,于 2014 年前来广工大研究院研究生培养基地,因对机器视觉及自动化生产线感兴趣,选择进入广工大研究院研究生联合培养基地的入驻企业佛山市万世德机器人技术有限公司进行联合培养。佛山市万世德机器人技术有限公司是一家主要研发食品包装工业机器人技术,包括移动机器人系统、升降及输送系统、条形检测及分道系统、机器人码垛及缠绕系统的公司。在万世德的两年多时间里,谭国文协助公司设计、研发并实施了以下几个项目:

（1）两轴装箱机器人

具体参与的研发内容有机器人本体结构的设计、动力学模型的建立、采用有限元的方式进行受力情况的分析。该装箱机器人为平行四连杆机构,具有快速和自由变换、全伺服驱动、基于PacDrive3高端运动控制平台,可满足各种不同尺寸的容器,包括PET瓶、玻璃瓶、圆瓶、椭圆瓶、方形罐、罐瓶以及异形瓶等,广泛应用于啤酒、饮料、食品、化工等行业的包装生产线。

（2）啤酒瓶空瓶检测在线检测装置

全方位空瓶验瓶机,采用高速CCD摄像机及图像处理器,对图像实时分析,可准确地对瓶口、瓶底、瓶身缺陷进行检测处理,并有残液及异形瓶检测功能,配套可调剔出系统,可对坏瓶准确剔出。设备运转时保持极高稳定性,操作简单,适合于中、高速生产线。谭国文参与的工作主要包括镜头、光源、相机的选型,上位机和PLC之间的通信,用户操作界面的编写,图像检测算法的实现。

（3）满瓶检测

满瓶检测系统应用CCD视觉检测和DSP图像处理技术、多传感器融合,采用多传感器信息融合及高速运动物体视觉精确定位,多级光学反射一次成像技术和小波神经网络检测技术,实现液位、高盖、歪盖、断桥、缺环、无盖、喷码检测。采用色标传感器对标签有无进行检测,回气针检测系统对在灌注过程中掉入瓶内的回气针进行检测,如检测到不合格瓶将自动予以剔除。采用多传感器检测方案,对灌注、压盖全过程进行监控,可自动产生灌注阀号、压盖阀号所出现低液位、盖检错误的统计数据,也可对某个灌注阀、压盖阀进行采样,实现灌注监控功能。

目前谭国文在美的智能机器人有限公司就业,从事机器视觉及设计相关的开发工作,年薪16万元。

典型案例2

广东工业大学研究生龚理、温涛、王志锋、林则钦于2013年前来广工大创研基地进行联合培养,入驻到佛山市新鹏机器人技术有限公司进行项目研发。佛山市新鹏机器人技术有限公司针对陶瓷、洁具、五金、卫浴等行业开发机器人集成应用系统,并提供专业、高效的产业自动化机器人解决方案。4人全程参与公司的"面向建材领域恶劣生产环境的工业机器人及其应用系统的开发及产业化"项目,其中龚理参与了公司陶瓷模具的焊接项目、王志锋参与陶瓷生产线喷涂、温涛参与五金卫浴的打磨项目、林则钦参与电子3C行业自动化装配,4人分别解决高强度高硬度焊丝在模具上稳定焊接的问题、复杂或异形喷涂工件快速示教的问题、五金卫浴水龙头机器人自动化打磨工艺以及手机外壳自动化装配工艺问题,并在箭牌卫浴、新明珠、东鹏、法恩莎等佛山及深圳企业进行推广应用。4个人共申请了发明专利3项,实用新型20余项,目前该4名研究生已成为公司研发部门得力骨干,带领其他员工完成公司的各类工程项目。

典型案例3

佛山轻子精密测控技术有限公司是一家致力于精密装备与测量控制技术研发应用的国家高新技术企业,是在线视觉检测、专用装备检测的解决方案供应商和静电纺丝纳米纤维生产装备的设计制造商,在与广东工业大学2015年联合培养的学生中,广东工业大学研究生朱自明全程参与佛山轻子精密测控技术有限公司的静电纺丝装备研发相关项目,负责解决了静电纺丝设备工艺及设备的关键技术难题。静电纺丝装置用于制备纳米纤维,纳米纤维应用广泛,主要在环保过滤、生物医药、新能源等领域。朱自明在联合培养基地期间协助公司申请了40余项专利,在该领域目前专利申请量全国排名第二,在核心期刊发表论文两篇,在公司期间多次获得表彰。现在朱自明在广东工业大学攻读博士学位。

广东顺德工业设计研究院(广东顺德创新设计研究院)研究生联合培养开放基地

一、基地简介

1. 基地名称及简介

广东顺德工业设计研究院(广东顺德创新设计研究院)(简称研究院)起源于 2011 年 7 月 6 日广东省教育厅联合顺德区人民政府成立的"广东工业设计研究生联合培养基地(粤教研函[2011]15 号)"。2012 年 12 月,习近平总书记到广东工业设计城视察工作,提出"希望下次再来时这里有 8000 名设计师"的期许;2013 年 5 月,培养基地向顺德区编委提请成立广东顺德工业设计研究院作为培养基地的运行和管理机构,负责广东工业设计城高层次人才培养、应用型科研和项目孵化等工作,并聘请行业专家以及社会知名人士组成理事会作为决策和咨询机构。

研究院目前是顺德区直属的事业单位,由顺德区、北滘镇两级政府出资建设,以研究生联合培养、创新创业孵化和企业科技服务为核心业务,以精密仪器研发、信息技术、生物技术、机械自动化、新能源、工业设计等为主要研究领域,以"建设技术创新生态、服务顺德产业升级、培养高级复合人才"为宗旨,建设成为"政产学研"一体化的协同创新平台。

截至 2017 年 3 月,研究院已与多所国内外高校、学院签订合作协议,共建联合培养基地;培养来自 60 余所国内外高校的 1446 名研究生,其中 38% 来自 985 高校,60% 来自 211 高校,2014 年培养 327 人,2015 年培养 544 人,2016 年培养 413 人。参与联合培养的企事业单位达 237 家,征集联合培养项目 837 个,需求人数 2810 人。

成立至今,研究院承接国家工信部信息中心与顺德区政府共建"国家级产业众创空间",与全国工程专业学位研究生教育指导委员会协同推进"全国示范性工程专业学位研究生联合培养基地"建设;同时,研究院被省、市、区各级政府授予"全国大学生工业设计大赛优秀组织单位""广东省新型研发机构""广东省学位与研究生教育学会理事单位""佛山市公共服务能力提升平台""顺德区融创 100 基地""顺德区科技企业孵化器"等称号。

2. 合作组织

1) 签订联合培养协议的培养单位

签订联合培养协议的培养单位见表 1。

表 1　签订联合培养协议的培养单位

高校、院所	
广州大学	五邑大学研究生处
西南大学	长江大学研究生院
汕头大学	湖南科技大学
长沙理工大学	昆明理工大学艺术与传媒学院
武汉科技大学	武汉工程大学艺术设计学院
江西理工大学	广东工业大学
武汉工程大学	中山大学物理科学与工程技术学院
郑州大学	西南大学研究生院
韩国清州大学	南昌大学资源环境与化工学院
浙江大学软件学院	西南科技大学研究生院
云林科技大学设计学院（台湾）	华东交通大学理学院
广东海洋大学	西南大学电子信息工程学院
德国奥芬巴赫设计学院	景德镇陶瓷学院设计艺术学院
武汉科技大学研究生院	桂林理工大学
湖北工业大学研究生院	重庆大学电气工程学院
南华大学研究生处	东华理工大学水资源与环境工程学院
汕头大学研究生学院	齐齐哈尔大学研究生院
江西理工大学研究生院	西安工程大学研究生处
华侨大学研究生院	佛山科学技术学院
重庆理工大学研究生处	湖南工业大学
齐齐哈尔大学美术与艺术设计学院	湖南工业大学冶金工程学院
江西财经大学艺术学院	华南理工大学化学与化工学院
兰州理工大学设计艺术学院	武汉工程大学研究生处
湘潭大学	贵州大学机电工程学院
华南理工大学计算机系统研究所	湖北工业大学工业设计学院
重庆大学研究生院	重庆交通大学机电与车辆工程学院
重庆大学通信工程学院	广东技术师范学院
东华理工大学化学生物与材料科学学院	安徽工业大学
广州大学化学化工学院	四川大学制造科学与工程学院
电子科技大学	重庆邮电大学
重庆大学机械工程学院	沈阳航空航天大学
广东工业大学机电工程学院	西安理工大学
长沙理工大学	中国地质大学机械与电子信息学院

2）签订合作协议的企业

签订合作协议的企业见表2。

表 2　签订合作协议的企业

企 业 名 称	
广州赛意信息科技股份有限公司顺德分公司	佛山市顺德区拓球明新空调热泵实业有限公司
天行健信息科技有限公司	广东亮科环保工程有限公司
佛山市聚客家园投资管理有限公司(顺德创客中心)	广东省佛山市奥通工业科技有限公司
广东顺德东方麦田设计公司	广东顺德唯亚司照明科技有限公司
伊飒尔界面设计有限公司	广东德怡电子科技有限公司
中科院华南计算所	碧捷(广东)洁净科技有限公司
海信容声(广东)冰箱有限公司	佛山市特普高实业有限公司
广东同望科技公司	广东长鹿精细化工有限公司
广东瑞德智能科技公司	佛山市恒杰达机械制造有限公司
广东泛仕达机电有限公司	佛山市顺德区家美浴室设备有限公司

3．建立时间

研究院研究生联合培养学生工作的最早时间是2014年2月1日,当时有第一名学生进驻研究院联合培养,学生姓名刘玉县,北京大学信息科学技术学院微电子学与固体电子学专业,理学硕士,培养周期58天,3月31日结束培养,后入职研究院,现任院长助理、副总工程师、理学部部长。

4．建设理念和目标

研究院的宗旨是通过开展研究生联合培养、应用型研发和科技成果工程化转化,搭建一个将"人才、科技、创新"三要素有效融合的平台,培养高水平应用型科技人才,为企业提供技术支持、先进工艺和高科技产品,推动区域产业升级和区域经济发展;同时,探索实践市场化机制下的科研、教育与产业的协同发展,创新融合发展模式和长效机制,以期探索出一条有效解决我国经济、科技、创新三张皮这一现实矛盾的道路。

研究院在建设自身和开展工作中秉持的理念:

其一,匹配市场需求的"产学研"融合。研究院的特点是不做形式上的"产学研"结合,而是各项工作均带有"产学研"结合的性质,从硬件设施,到团队的选拔和培养,到人才培养、研发工作以及产业孵化等,并且将市场导向这一方针贯彻始终。

其二,理论与实践并重的能力衔接。培养高水平的应用型人才并不是要将理论教学改革为实践教学,而是要在充分强化和扩展理论深度与知识结构的基础上,引导学生将理论知识与实践技能相衔接,并通过项目的实训将利用理论知识解决实际问题的思路逐步完善,内化为学生的职业能力。

其三,精英教育理念。研究生的培养不同于义务教育,也不同于本科教育,是精英层次的教育。所以,研究院所开展的研究生联合培养不是要培养企业需要的高级技术工人,而是要培养具有创新能力的未来的工程师、经理人、企业家。

在研究生联合培养方面,研究院具体的目标是以构建学生职业能力为核心,教学内容以项目需求为核心而设计,有针对性地对研究生进行知识补充和专项技能训练,为联合培养研究生提供全面且精准的实践能力培养体系。

5. 培养规模和成效

培养规模见表3。

表 3　研究院培养规模

	2014 年	2015 年	2016 年	2017 年(截至 3 月 24 日)
企业培养研究生数	267	333	214	104
研究院培养研究生数	60	211	205	74
培养研究生总数	327	544	419	178

研究生在顺德联合培养的时间平均为 6 个月,为企业提供了优质的人才储备,有助于提升企业的科技实力。不少研究生人才通过联合培养了解顺德、爱上顺德,愿意留在顺德。研究院的技术骨干既有来自北京大学、中山大学的联合培养研究生;西安交通大学的一名研究生通过美的联合培养项目留在了美的工作;还有很多研究生在联合培养阶段与顺德企业达成了初步就业意向。

6. 总体建设进展

研究院的办公大楼位于顺德北滘镇广东工业设计城内,环境优美,现代化气息浓厚,于 2015 年 9 月正式投入使用。大楼共 8 层,建筑面积约两万平方米,设有日常办公场地、研发中心、创客空间、教学中心等,目前已建成电子电路实验室、光学工程实验室、仪器系统实验室、嵌入式实验室、微流控实验室、生物实验室等多个实验平台。

其中生物实验室总面积近 700 平方米,其中 200 平方米为万级洁净空间,下设有化学合成实验室等五大实验室;设备总价值逾 600 万元人民币,主要设备有荧光定量 PCR 仪、DNA 电泳仪、凝胶成像仪、Nanodrop 微量分光光度计、96 孔板离心机等。本实验室能够开展生物医疗设备的系统集成,以及分子生物学、蛋白质及免疫工程、细胞生物学、生物化学等相关产品的开发。研究院的研究生联合培养工作得到广东省教育厅和众多高校、学生的高度认可。研究院已成功与多所高校开展联合招生项目,招生名额达 200 人(表 4)。

表 4　研究院招生情况

联合招生项目名称	合作大学	学制	专业领域	招生名额(人)	入学时间
国际设计校园 IDC	广州大学	3 年:1+1+1	工业设计	20	2016 年 9 月
智能家电工程师计划	西南大学	2 年:0.5+1+0.5	电子与通信工程、软件工程、计算机技术领域	50	2016 年 9 月

续表

联合招生项目名称	合作大学	学制	专业领域	招生名额（人）	入学时间
智能生物产业工程师	汕头大学	3年：1＋1＋1	机械工程、生物工程	15	2016年9月
生物工程硕士联合招生	武汉科技大学	3年：1＋1.5＋0.5	食品与制药工程、营养与食品安全、药品经营与管理、卫生检验与检疫、疾病预防与控制、健康管理与促进、社区护理与康复	15	2017年9月
信息工程硕士联合招生	江西理工大学	3年：1＋2	机械工程、计算机技术、电子与通信工程	30	2017年9月
工程硕士联合招生	长沙理工大学	2.5年：1＋1＋0.5	计算机技术、机械工程	10	2017年9月
工程硕士联合招生	武汉工程大学	3年：1＋1＋1	艺术硕士、机械工程、计算机技术、生物工程、控制工程	30	2017年9月
工程硕士联合招生	郑州大学	3年：1＋1.5＋0.5	机械工程、软件工程、电子与通信工程、生物工程	30	2018年9月
合计		/		200	

　　2016年6月17日，工程教指委与研究院在广东顺德签订协议，协同推进"全国示范性工程专业学位研究生联合培养基地"建设。此举是国家工程教指委对研究院的研究生联合培养工作的切实肯定，也为研究院与全国重点高校建立深度合作关系构建了便捷通道，有利于为顺德引入更多重点高校的优势学科和科研资源，拓宽"产学研"合作领域，带动本地技术创新和产业升级，同时将为我国"政产学研"用的工程专业学位研究生联合培养基地建设积累宝贵的经验。

　　2017年3月16日上午，广东顺德创新设计研究院顺德研究生联合学院2017级研究生开学典礼在广东顺德创新设计研究院隆重举行。佛山市委常委黄喜忠、佛山市教育局局长商学兵、顺德区教育局局长冈乐萍、顺德区教育局副局长罗劲柏、顺德区经济和科技促进局常务副局长谭素、北滘镇经济和科技促进局股长黎清勇、西南大学研究生院常务副院长李洪军和电子信息工程学院、计算机与信息科学学院一行13名领导专家，广州大学美术与设计学院副院长王丹、产品设计学科带头人詹武、研究生办主任石国华，各企业代表，以及首届联合招生研究生出席本次开学典礼，共同揭开了佛山市高等教育发展，乃至我国专业学位研究生教育改革与创新的新篇章！

二、联合培养举措

1. 专业化导师团队

　　截至2017年2月，研究院高层次人才团队共101人，其中博士11人、硕士68人，23人具有职称，68人从外省引进，有11人具有海外经历，其中有来自华为、海尔等知名企业的高管、技术骨干，还有毕业于清华大学、北京大学、中科院等高校的专业人才。高层次人才的招聘工作稳步推进。重点师资见表5。

表5　研究院师资情况

姓名	性别	专业技术职称	专业技术资格	参加工作时间	籍贯	民族	政治面貌	毕业学校	毕业时间	专业	学位	学历
林炎志	男	副高级	副教授	1968/1/1	黑龙江望奎	汉族	中共党员	清华大学/武汉大学	1999/7/1	经济学/法学	博士	博士毕业
王素娟	女	其他		2014/2/1	河南南阳	汉族	中共党员	长沙理工大学	2013/6/1	载运工具运用工程	博士	博士毕业
李家玉	男	初级	助教	2004/6/1	山东莒县	汉族	群众	中国科学技术大学	2012/6/1	凝聚态物理	博士	博士毕业
关烨锋	男	中级	工程师	2013/7/1	广东广州	汉族	中共党员	中山大学	2013/7/1	光学	博士	博士毕业
吴本涛	男	其他		2011/5/1	湖北武汉	汉族	中共党员	武汉大学	2011/5/1	通信与信息系统	博士	博士毕业
古晓奎	男	其他		2015/11/16	重庆市	汉族	中共预备党员	中国科学院大学	2015/12/1	微生物学	博士	博士毕业
柯长洪	男	其他		2015/7/1	湖北阳新	汉族	群众	暨南大学	2015/7/1	生物医学工程	博士	博士毕业
张　琳	女	中级	助理研究员	2015/9/1	福建南平	汉族	中共党员	中山大学	2015/9/1	生物化学与分子生物学	博士	博士毕业
栾强利	男	其他		2015/4/1	山东青岛	汉族	群众	浙江大学	2015/3/30	机械电子	博士	博士毕业
唐　平	男	其他		2012/6/1	湖南泸溪	汉族	中共党员	中山大学	2016/6/15	材料学	博士	博士毕业
陈金松	女	其他		2016/7/4	浙江温州	汉族	群众	中国科学院	2016/7/3	生物化学与分子生物学	博士	博士毕业
任晓龙	男	中级	工程师	2003/7/1	山西大同	汉族	群众	华南理工大学	2003/7/1	机械制造及自动化	硕士	研究生毕业
都基铭	男	中级	工程师	2003/7/1	黑龙江巴彦	汉族	群众	燕山大学	2003/7/1	机械设计制造及其自动化	学士	本科毕业

续表

姓名	性别	专业技术职称	专业技术资格	参加工作时间	籍贯	民族	政治面貌	毕业学校	毕业时间	专业	学位	学历
叶非华	男	中级	工程师	2011/6/1	江西上饶	汉族	中共党员	广东工业大学	2011/6/1	应用化学	硕士	研究生毕业
陈海涛	男	中级	工程师	1995/7/1	广东顺德	汉族	群众	广东工业大学	1995/7/1	工业工程	硕士	研究生毕业
何关金	男	中级	工程师	2010/5/1	湖北荆门	汉族	中共党员	沈阳工业大学	2010/5/1	控制系统工程	硕士	研究生毕业
周静茹	女	中级	工程师	2012/6/1	湖北仙桃	汉族	中共党员	华南理工大学	2012/6/1	化学工程	硕士	研究生毕业
廖丽敏	女	中级	工程师	2011/7/1	湖北监利	汉族	中共党员	广东工业大学	2011/6/1	控制理论与控制工程	硕士	研究生毕业
张慧儒	女	中级	工程师	2011/7/25	山西忻州	汉族	中共党员	华南理工大学	2011/6/24	材料加工工程	硕士	研究生毕业
李晶	男	中级	工程师	2011/3/1	湖北荆州	汉族	中共党员	沈阳建筑大学	2011/3/1	机械电子工程/机电一体化	硕士	研究生毕业

1) 实训平台

(1) 广东省创业创新活动和创业培训服务项目;

(2) 广东省新型研发机构;

(3) 佛山市公共服务能力提升平台;

(4) 佛山市工业设计人才素质提升平台;

(5) 佛山市众创空间;

(6) 顺德工业设计创新科技公共平台;

(7) 顺德区"十百千万人才工程"特色产业载体平台。

2) 实践项目(表6)

表6 研究院实践项目

序　号	项目名称
1	数字 PCR 仪
2	心脏标志物 POCT 试纸条研制
3	用于心血管风险评估的微流控系统项目
4	数字 PCR 通用试剂

续表

序　　号	项　目　名　称
5	磁珠法提取 DNA 试剂盒
6	人类 KRAS 基因 7 种突变检测试剂盒
7	动物细胞无血清培养基开发
8	液滴阵列生物分析系统
9	200nmEu 荧光微球的制备研究
10	智能激光加工设备开发及应用推广
11	数字 PCR 对外服务平台的建设与推广
12	用于非小细胞肺癌细胞治疗的磁珠法研究
13	新型储能装置超级电容器研发
14	光伏工程
15	常温下离体肝脏机械灌注设备开发

3）实训模式

研究院在每位学生来顺德实习之前就已根据学生专业、项目需要、学生意向等因素与学生进行充分的沟通，为学生安排了对应的实习项目与岗位，并秉承"项目实践化，实践项目化"方针，在开始进入实习项目之前给学生进行统一的职业素养培训，从而让学生能够调整心态，适应从学校到职场、学习到工作的心态转换。

职业素养培训课程包括模拟招聘、职业形象与商务礼仪培训、英语粤语培训、企业家交流会、校园到社会的心态转换、职场有效沟通、思维方式锻炼：批判性与逻辑思维、执行力提升、自我管理等，这些课程都是现代企业运营所必需的，又是学生在校园中比较少接触的，受到学生、高校和企业三方的广泛欢迎。其中模拟招聘和企业运营沙盘模拟培训得到了最多好评，为此还特地加开一场以确保所有学生都能参与。

所有学生的实习期平均为 6 个月，部分学生的实习长达一年，并将毕业论文与实习结合在一起。实习的岗位主要为研发助理，让学生根据自己的专业所长参与到研究院目前正在进行的项目中，主要集中在生命科学设备研发、系统软件开发、智能家电改造、工业设计、开源家电研发等几个重点项目。

实习时，学生在研究院工程师的指导下参与到项目的各个环节，包括资料收集、方案制定、电路改造、软件编码、界面设计、结构设计、外观设计、工程机测试等，确保学生既能发挥专业所长，又能够全面了解项目研发的全过程，开阔眼界，丰富实战经验。

2. 思想政治教育

研究院的思想政治教育工作既是我院的特色，也是办好高等教育的优势。正如习近平总书记指出的，坚持走中国特色高等教育发展之路，是我国独特的历史文化和独特的国情决定的，必须坚持正确的政治方向。思政工作关系到研究院培养什么人，如何培养人，以及为谁培养人这个根本问题，事关办什么样的研究院、怎样办研究院的根本问题，事关党对研究院的领导,事关中国特色社会主义事业后继有人。为此,必须坚持以马克思主义理论为指导,全面贯彻党的教育方针,遵循思政工作规律、教书育人规律、学生成长规律。加强和改善党对高校思政工作的领导,以立德树人作为中心,将思政工作贯穿教育教学的全过程,实现全员育人、全过程育人、全方位育人,围绕学生、关照学生、服务学生,帮助学生掌握科学的世界观和方法论,树立中国特色社会主义的共同理想,使他们中的先进分子树立共产主义的远大理想。用社会主义核心价值观教育学生,以诚信建设为重点,加强社会公德、职业道德、家庭美德、个人品德教育,提升师生道德素质,为他们健康成长打下良好的思想基础。

思想政治工作从来都是自上而下的,所以研究院思政工作的顶层设计尤为重要。我院长期以来把思政工作贯穿到人才培养的方方面面,构建统一领导、权责清晰、齐抓共管、分工明确、运转有序、全方位、多层次、宽领域的大思政格局。

关于研究院思想政治工作队伍,习近平总书记指出,"要拓展选拔视野,抓好教育培训,强化实践锻炼,健全激励机制,整体推进党政干部和共青团干部、思想政治理论课教师和哲学社会科学课教师、辅导员班主任和心理咨询教师队伍的建设,保证这支队伍后继有人、源源不断"。这一论断既为思政队伍建设指明了路径,也清晰、明确地界定了思想政治工作队伍的人员组成。党政干部就是各级领导干部、党政管理工作者、团学干部,是思想政治工作的核心力量,具有教师和管理人员的双重身份;"两课"教师,包括人文专业课教师,履行的是思想政治教育的"主渠道"作用,是"第一课堂";学生辅导员处在学生思想政治工作的一线,重要性不容置疑;其他专业课老师和教职员工按照"全员育人、全方位育人、全过程育人"的理念,是思政工作的延伸和有效补充。同时,要充分发挥基层党组织的战斗堡垒作用和广大党员的先锋模范作用,打牢思想政治工作的基础,采取必要的选拔、培养和激励机制,充分调动这一支专职为主、专兼职结合、数量充足、素质良好的工作力量,协调配合,共同努力,开创研究院思想政治工作的新局面。

3. 社会责任教育

研究院通过为研究生提供更多的社会实践锻炼机会来完成社会责任教育。我院积极拓宽研究生与社会沟通的渠道,为其提供各种各样的实践锻炼机会,使他们能够接触社会、以成熟的观点认识社会现象,宣传、提倡良好的社会风尚,坚决批判和抵制不良社会风气和社会现象,从而培养自身判别是非、应对复杂局面的能力。加强研究生社会实践基地、爱国主义教育基地、科学研究实习基地等建设,组织研究生参加社会调研、社会考察等活动,开展科学研究、技术开发、技术推广服务、社区精神文明创建等活动,这些都有利于增进研究生对社会的全面了解,强化其社会责任意识,使其能充分利用自己的知识和思想服务大众,引领社会健康进步。当代研究生肩负着中华民族复兴的历史重任,在经济社会发展的主战场,研究生无疑将成为科学研究、技术开发、工程研究、经济和社会事务管理的重要优良人力资源,面临来自世界政治多元化、世界经济全球化以及国内工业化、信息化和城镇化所带来的诸多机遇和挑战,承受着经济建设、社会发展和生态环境等多方面的压力。研究院深刻意识到强化研究生的社会责任意识势在必行,研究生要积极投身社会,主动承担社会责任。我院将尽快完善适应现代化建设需要的研究生培养体系,注重研究生综合素质的培养,确保培养质量,形成双向互动、互利共赢的美好、和谐局面。

4. 生活条件

学生宿舍位于北滘镇广厦花园 4 座，一共有一百多套宿舍，可容纳学生 320 人左右。根据宿舍管理规定，为维护宿舍设施完好无损，学生入住宿舍时需缴纳押金 200 元，若退房时房间恢复至入住时状态，房间已清洁并且设施完好，则可以全额退还宿舍押金。研究院设立了学生交流群，方便学生日常交流，学生在日常生活中如遇到宿舍相关问题可通过交流群或致电跟宿舍管理员沟通、反映，管理员会设法帮忙解决。学生宿舍出现家具、家电、门锁等破损问题需要维修的报研究院办公室，统一登记到《广厦宿舍维修信息登记表》里。若报修问题尚在供应商保修期内的，研究院可直接联系供应商进行维修；若报修问题已超出供应商的保修时间或范围的，则可联系广厦花园物业公司解决，该情况下所产生的材料费和人工费由入住舍友共同分摊；或者在宿舍管理员力所能及范围内协助帮忙解决的，该情况下一般会产生材料费，也是由入住舍友共同分摊。

三、基地管理模式与制度建设

平台的管理模式：

研究院实行法人责任制，设立理事会作为决策机构和监督机构。

为了更好地对本单位进行管理，研究院在行政上采用理事会领导下的法人（院长）负责制。理事会是本单位的最高权力机构，是本单位连接政府的桥梁。研究院由顺德区经济和科技促进局代管，区教育局、民政和人力资源社会保障局通过派员参加研究院的理事会，参与决策和监督，实现管理和扶持。

研究院采取的实际是多政府部门代表参与的"主管级事业单位"理事会制度，是一种新型的政府与事业单位关系形式。在这一制度中，各理事为相关政府职能部门的分管官员，其理事身份由政府任命。改变了"办事业"的主体，改变"各自为事""事出多门"的局面，解决了在"管办分离"后，重建"政—事关系"和政治支持问题。多政府部门的平等参与能保证事业单位的独立性。

研究院组织架构见表 7。

研究院为了有效调动员工的积极性，打破终身制，建立包括合同聘用、公平竞争、激励约束、权益保障的用人机制，逐步实现人员能进能出、岗位能上能下、待遇能高能低的目标，全体成员皆为合同制聘用，进一步搞活用人制度以适应市场化的竞争。同时，实现事业单位依法参加养老保险，实现养老保险"并轨"。

为营造学习型组织氛围，培养复合型人才，研究院在引入外部培训资源的基础上，定期进行内部交叉培训，培训内容涉及机械、自动化、计算机技术、互联网、生命科学、产品设计、电子技术等多方面内容，促进全体人员学习多学科知识，活跃思维，保持对工作的敏感性和创造性。

在人员激励制度创新上，依据国家规定以及对于科技成果转化的支持政策，搭建市场化收益体系，以期经过一段时间的积累，通过将研发团队的科研成果孵化进入市场，以市场收益或股权激励的方式，激发研发团队的创业热情，鼓励更多科研人员组成研发团队，开展市场化项目，发挥各自团队所长，从转化的市场收益中获利、成长，同时提高各个研发团队的市场运作能力,形成研发成果转化在事业单位体制和市场化机制中运行的良性循环。

表 7　研究院组织架构

院长	常务副院长			
		财务处		
		法规处		
		院长助理	总务处	
			科技处	
		副院长	教务处	
			办公室	
		副院长	理学部	
			细胞部	分子生物方向
				蛋白与免疫方向
				细胞工程方向
				材料方向
			精密仪器部	系统方向
				机械方向
				自动控制方向
				应用软件方向
			电子信息部	硬件方向
				软件方向
		副院长	总工程师办公室	
		院长助理	总经济师办公室	

1. 开放性合作及运行方式

研究院通过众创空间的建设和企业科技服务公共平台的建设,对外开放设备、技术和人力资源,加强与外部的合作达到开放的目的。

研究院作为"智能家电·众创空间"及"创客大学"创客资源平台的主要承担者,聚集国内外优秀创客专家、专业人士,通过这个平台服务更多的产业和企业,推动创客和创新创业运动在企业、学校和社区开展并推广。为支持草根创业,"创客大学"将为创业者提供成长和服务的低成本创业平台,为创客提供创业培训、投融资对接、商业模式构建、团队融合、政策申请、工商注册、商业咨询、技术支持、生产资源整合等全方位创业服务;此外,也将进一步完善顺德企业社会化服务体系和企业公共服务平台建设,为创业萌芽期和成长期的企业提供便利。

同时研究院建设开放性实验室平台、中试平台和加工车间;大力引进高校教授与本地企业开展"产学研"深度合作;提升技术服务的市场盈利能力,整合市场资源和资本,为高科技产品研发和产业孵化奠定基础。

2．资源共享机制

研究院通过众创空间建设达到技术人才资源共享的目的，由于传统家电的智能化、网络化已经是时代的发展趋势，家电企业也亟须利用资源、利用开源技术实现产品的转型和升级，研究院为创客改造家电、孵化项目提供家电智能化技术的创客平台，为设计企业在智能化、网路化、可穿戴、精细控制等方面提供研发基础，解决共性问题，为园区设计企业持续发展提供保障。

众创空间也是开放性的创客实验室，其功能是实现智能设备的电子电路设计、嵌入式智能系统开发、自动控制与智能控制研究、精密仪器与机械控制等技术前沿的技术应用，为创客提供硬件支撑、技术理论指导、技术支持、基础研究等多种便利化服务功能。

3．研究生资助等激励性措施

实习工资方面，研究院为每位实习的研究生提供了不少于每月 1000 元的工资，同时为研究生申请每月 500 元的顺德政府研究生补贴专项经费，因此研究生每月有不少于 1500 元的实习补贴。另一方面，研究院每年将进行优秀实习学生评选，评选比例是 20％，奖金 1000 元/人，对表现突出的实习学生进行鼓励。

4．研究生人身及知识产权保护制度

研究院宿舍以保障联合培养研究生优先入住为基本原则，按照男女分开且年级、专业相对集中的原则安排住宿。

同时研究院在平安集团为学生集体投保意外保险，两次保险费用合计 28 950 元。

为保障学生生活和安全，研究院为每位学生设置有辅导员，2014 年至今，研究院共有 74 人担任联合培养研究生辅导员。

学生实习期间取得的知识产权归属于学校和实习单位，具体分配由实习单位与学校协商解决。

四、基地建设形成的特色及示范性经验

1．基地建设形成的特色

高校培养人才的基础性、学术性使命及注重理论、原始创新的特点，使得其培养体系和模式无法适应市场对人才的要求，而企业又没有培养人才的义务，其培养人才的根本目的在于通过人才建设为企业创造更大的利润。在这种情况下，需要有"第三方平台"作为桥梁，弥合高校和企业双方在培养目的、培养方式等方面的核心矛盾，有效地整合资源，为双方提供服务。这种模式对比校企双方合作的联合培养模式，是一条更有效的解决途径。其特色如下：

1）政府公信力的保障

由具有政府背景的单位来承担第三方平台的重任无疑是最好的选择。在该模式探索和发展的初期，来自政府的各个方面的支持是建设第三方平台最稳固的基础，也是第三方平台

对接高校和企业所需公信力的最有利的保障。

2）"政产学研"一体化平台

"第三方平台"模式的特点在于是"政产学研"一体化的协同发展平台,以其公益属性能够成为高校与企业间的桥梁,弥合了校企双方在人才培养方面的利益矛盾;以平台的整合能力将传统校企联合培养基地"点对点"模式改为"点对面"模式,提高需求对接效率,大大降低了联合培养的成本,也大大扩展了"产学研"合作的广度和深度;以第三方平台为中心形成人才要素与科技要素在高校与产业之间良性流动的闭环,为高层次人才培养提供优质环境,为高校实现社会服务功能提供有效渠道,为本地产业转型升级引进人才和技术开辟了新途径。

3）服务于高校和企业

"第三方平台"既需要服务于高校,提供各专业研究生创新实践、联合培养的业务,为国育才;更需要服务于企业,服务于经济社会发展和广大人民群众,把论文写在祖国大地上,把科技成果应用在实现社会主义现代化的伟大征程中,做中国特色社会主义市场经济建设的排头兵。

4）多学科交叉集成式发展

"第三方平台"不再是传统意义上的某一个专业的机构,而是新型的、能够承接跨学科跨专业业务的综合性平台。一方面创新平台面对的是多所高校、多种专业的学生,所以在培养学生的专业能力上具有综合性;另一方面体现在研究院要服务当地社会经济发展,面对各行业企业,而企业需求是多样化的,提供的科技服务也必然是综合性的。这是顺应时代发展的必然趋势,以引领市场前沿动态的 VR(虚拟现实)技术为例,它集合了信息学、光学、医学、电子学等多学科的内容,体现了多学科交叉和系统集成的特点,必须要有综合性的创新平台才能承接相关产品的研发设计工作。

2．基地建设形成的特色及示范性经验

1）完善实践型人才创新培养体系

实践是检验真理的第一标准。研究院创新联合培养以"职业素养提升＋专业能力培养＋企业项目实践"为架构,该模式的核心是以职业需求为导向,以实践能力培养为重点,重构各专业联合培养方案和课程体系,以应用型研究能力和创新实践能力的提高为核心,以研究院自身研发项目为案例,开发"匹配课程"以衔接高校理论知识与实践应用技能,建立产业教学科研体系。对于高端人才的培养分为两部分,职业素养的提升和专业实践能力的培养。目前,根据本地产业发展需求,研究院已研究制定职业素养提升、产品设计、嵌入式系统、软件开发和生物工程 5 个领域的实践能力培养方案。

研究院广泛征集本地企业的技术需求和研究生人才需求发布到合作高校,促成并参与联合培养和"产学研"合作项目。联合培养实行"高校导师＋企业导师"的双导师制度,在本地企业中聘请资深技术专家和高级管理人员,作为联合培养研究生的企业导师,并制定相应的管理制度;在研究院自身高级人才团队中选拔优秀人员担任联合培养研究生的辅导员,全面负责学生联合培养期间的工作、学习和生活,建立意见反馈机制;研究院创新"导师工作坊""产学研"合作模式,将高校教师引入顺德,与企业合作开展相关领域的技术攻关、成果转化等项目,成为"产学研"深度合作的典范。

综合以上各点,研究院已形成了以产业需求为导向,以项目培养为特色,以创新"匹配课

程"和案例教学为核心,以"职业素养提升＋专业能力培养＋企业项目实践"为架构的研究生实践型人才创新培养体系。

2)打造"第三方平台"自身造血能力

"第三方平台"模式保持可持续发展的另一个根本原因是平台自身强大的造血能力。在平台发展到一定阶段时,它本身所蕴含的人力资源和科研资源就会通过市场化的方式源源不断地转化为财富和资本,而这些财富和资本反过来又可以支持平台扩充人力资源和完善科研设施。

目前,国家的区域经济正处在由要素驱动型向创新驱动型转折的关键时刻,"第三方平台"必须以本地产业的转型升级需求为导向,以"产学研"结合为发力点,以其强大的自造血能力成为助推本地产业转型升级和创新驱动的新力量。

五、联合培养典型案例

典型案例 1

梅长云(武汉科技大学机械工程专业)

2015年7月至2017年6月,梅长云进入美的集团进行联合培养,参与项目:①豆浆机刀片三维绕流技术研究;②豆浆机降噪研究项目;③远红外加热技术研究。联合培养一年期间,申请专利23项,授权6项,其他受理中。目前已与美的集团达成意向就业协议。

典型案例 2

高有谋(武汉科技大学机械工程专业)

联合培养期:2014年10月至2015年9月。

培养单位:佛山市米朗工业设计有限公司。

参与项目:新型办公桌椅研发(对办公桌椅进行人体工学设计及改进,以及办公空间的合理性、舒适性设计及改进)。

也正是通过高有谋在顺德的联合培养,作为衔接高校与企业间的桥梁,促成了企业项目与高校导师饶刚教授的合作,成为"产学研"协同合作的成功案例。也正是在顺德,高有谋不仅在学业、工作上取得了进步,也成功收获了甜美的爱情。

第一阶段:进行结构设计和强度分析,米朗公司向高有谋提供了很多学习机会,包括去广州、东莞、龙江看家具展会;去龙江材料城看配件;去SGS测试机构了解测试的工况。高有谋把自己的专业知识应用于办公椅设计领域,在此阶段申请了专利1项,并以此项目确定论文方向。

第二阶段:负责设计的后期工作,包括追踪手板制作、模具加工、注塑加工的进度。这阶段主要往返于北滘、容桂、中山之间。同期也开始参与总经理与客户之间的商务洽谈,了解市场需求,更加深刻地认识到了家具行业是"设计-制造-销售"一体的完整的产业链,同时也意识到了设计在制造业的重要。

第三阶段:学习团队管理,米朗公司在内部选拔设计师成立项目小组,向清华美院石振宇老师学习产品设计方法。

第四阶段：尝试独立和客户沟通，主导项目进展。完成了北京、印度客户项目对接沟通。

典型案例 3

彭少康(南华大学监测技术与自动化装置专业)

联合培养期：2014 年 10 月至 2016 年 3 月。

培养单位：广东顺德创新设计研究院。

参与项目：PCR 热循环仪。

签约就业单位：创科集团。

毕业论文：《基于模糊 PID 控制算法的 PCR 仪温控系统的研究与设计》，来源于研究院自有研发项目。

彭少康是研究院培养时间最长的一名学生，研究院副总工程师刘玉县对其赞赏有加。通过长期培养，彭少康具备了扎实的专业知识基础以及较好的职业素养。

研三期间，在研究院完成毕业论文之余，利用顺德处于珠三角的地缘优势，积极参加各类招聘会及面试，成功拿到了多个 offer，最终签约创科集团，拿到自己满意的薪水。

典型案例 4

刘平元(武汉科技大学材料工程专业)

联合培养期：2014 年、2015 年(分段式)。

培养单位：广东永爱养老产品有限公司。

签约就业单位：广东同天投资管理有限公司。

参与项目：老年人用户研究及体征信息数据采集系统建设项目。

刘平元连续两年在顺德进行联合培养，参加永爱老年人产业项目，完整地参与了整个项目过程。刘平元好学、积极主动，打破所学专业限制，从行业入手，在行业间纵向横向拓展阅历，两年间从门外汉成长为对养老产业有深刻见解的专业人士。

实践期间，协助企业在武汉办事处开发、发展老年人产业业务。开朗、活泼、健谈的性格给园区不少企业留下了深刻印象，同时积极参加研究院组织的各项活动，擅长篮球，也连续两年担任篮球比赛学生联队队长。

附录1 全国工程专业学位研究生联合培养示范基地开放基地建设管理办法（试行）

第一章 总 则

第一条 为引导各培养单位进一步做好工程硕士专业学位研究生专业实践工作，探索适合工程硕士专业学位研究生联合培养的长效机制，通过汇聚社会优质培养资源，开展以高校与企业合作为主，政府、行业、科研院所多方参与的研究生联合培养基地建设工作，以推动我国工程硕士专业学位研究生培养模式改革，全面提高研究生培养质量，服务国家战略需求，助推产业发展，特制定本办法。

第二条 本办法所称"全国工程专业学位研究生联合培养示范基地、开放基地"是指"全国工程专业学位研究生联合培养示范基地"和"全国工程专业学位研究生联合培养开放基地"。

全国工程专业学位研究生联合培养示范基地（以下简称"示范基地"）是由培养单位联合行业、企业、科研院所、"产学研"平台（如创新研究院、产业基地、工程中心等）等机构合作共建，开展工程硕士专业学位研究生联合培养工作，是具有示范作用的联合培养基地。

全国工程专业学位研究生联合培养开放基地（以下简称"开放基地"）是指由行业或地方政府支持、重点服务于行业或区域发展、综合实力强且培养条件良好的"产学研"平台，能够面向全国相关培养单位，开展工程硕士专业学位研究生联合培养工作的联合培养基地。

第二章 申报与评定

第三条 示范基地申报、评选条件与程序

一、评选工作每两年开展一次，原则上每届授予数量不超过 40 个。

二、培养单位自愿申报。每个培养单位每届限报一个示范基地。

三、申报条件

1. 截至申报前，培养单位获得工程硕士专业学位授权且连续开展招生培养工作应满 5 年。

2. 截至申报前，联合培养基地近三年培养的研究生人数至少为 50 人，且研究生在该基地的实践时间累计不少于 6 个月。

3. 具有一支能够满足研究生培养需要，具备较高学术水平和丰富工程经验的双导师队伍，其中企业导师占导师队伍的比例不低于 1/3；具备完善的师资培训与管理制度。

4. 能够提供满足工程硕士专业学位研究生培养需要的工程类课程、专业实践课题、科研课题、工程现场、实验条件、生活保障等条件。

5. 在培养模式方面具有符合行业、领域人才培养要求的优势特色;在基地建设、联合培养、导师管理、学生管理、合作交流等方面具有较完善的规章制度。

6. 联合培养的工程硕士专业学位研究生在就业竞争力和职业胜任力等方面具有突出的表现。

7. 当年申报通知中规定的其他条件。

四、申报内容

1. 基地概述,包括基地名称、合作单位、建立时间、建设理念和目标、培养规模和成效等方面。

2. 联合培养举措,包括导师队伍、培养模式、实践条件、实践项目、实践教学、思想政治教育、社会责任教育、生活条件等方面。

3. 基地管理模式与制度建设,包括基地的管理及组织架构、运行方式、资助体系、激励机制、资源共享机制、研究生人身安全以及相关知识产权保护制度等方面。

4. 基地建设形成的特色及示范性经验。

5. 联合培养典型案例。

五、评选程序

1. 培养单位提交申报材料。

2. 教指委委托教学研究与培养工作组组织专家对申报材料进行形式审查、网络评议、复评答辩。

3. 网络评议排名前2/3的申报单位进入复评答辩程序。

4. 复评答辩采用现场答辩方式。答辩专家组由五至七人组成,成员为教指委委员和特邀专家。答辩专家组采取无记名投票方式进行表决,获得答辩专家组成员的2/3及以上同意票的申报单位,列入示范基地建议名单。

同时,申报单位应在答辩现场以展板形式展示申报成果。

5. 建议名单经教指委全体委员审定通过后,列入示范基地公示名单。

6. 示范基地公示名单及申报材料在教指委网站予以公示,公示期为十个工作日。

7. 经公示无异议或异议不成立的,教指委公布示范基地名单,授予"全国工程专业学位研究生联合培养示范基地"荣誉称号,并颁发奖牌、证书。奖牌、证书由教指委负责制作,其中证书加盖教指委公章。

第四条　开放基地申报、认定条件与程序

一、符合条件的"产学研"平台自愿申报。

二、申报条件

1. 具备行业或政府相关部门的政策支持,具有与工程硕士专业学位研究生培养相匹配的功能定位和可持续发展的"产学研"平台。

2. 签订联合培养协议的培养单位至少10所,签订合作协议的企业至少20家。

3. 截至申报前,开展联合培养工作应满3年。

4. 截至申报前,近三年与"产学研"平台合作的培养单位指导教师人数每年至少10人,联合培养研究生人数每年至少在30人。

5. 具有符合工程硕士专业学位研究生培养要求的专业化导师团队;具备完善的师资培训与管理制度;能为工程硕士专业学位研究生提供相应的工程类课程、实践项目、工程现场、实践条件、生活保障、规章制度等支撑条件。

6. 培养的工程硕士专业学位研究生在就业竞争力和职业胜任力等方面具有突出的表现。

7. 当年申报通知中规定的其他条件。

三、申报内容

1. 基地概述,包括基地名称、合作组织、建立时间、建设理念和目标、培养规模和成效、总体建设进展等方面。

2. 联合培养举措,包括专业化导师团队、实训平台、实践项目、实训模式、思想政治教育、社会责任教育、生活条件等方面。

3. 基地管理模式与制度建设,包括平台的管理及服务架构、开放性合作及运行方式、多元组织沟通协调与资源共享机制、研究生资助等激励性措施、研究生人身及知识产权保护制度等方面。

4. 基地建设形成的特色及示范性经验。

5. 联合培养典型案例。

四、评选程序

1. "产学研"平台提交申报材料。

2. 教指委组织教指委委员及相关专家进行申报材料通信评审,获得 2/3 及以上同意票的申报单位,作为候选开放基地。

3. 教指委组织教指委委员及相关专家对候选开放基地进行实地考察和评议,确定公示名单。

4. 公示名单及申报材料在教指委网站予以公示,公示期为十个工作日。

5. 经公示无异议或异议不成立的,教指委公布开放基地授予名单,授予"全国工程专业学位研究生联合培养开放基地"荣誉称号,并颁发奖牌、证书。奖牌、证书由教指委负责制作,其中证书加盖教指委公章。

第五条 申报单位负责申报材料的真实性、非涉密性等问题。如发现有弄虚作假或涉密问题,在授予之前发现的,取消其申请资格;已经完成授予的,对其撤销授予,并对申报单位给予暂停申报资格的处理。

第六条 教指委负责示范基地、开放基地的评定工作,委托教指委秘书处和教学研究与培养工作组负责实施具体工作。评定工作遵循质量为本、宁缺毋滥,公开、公平、公正的原则。在评定工作中,有下列情形之一的,应当予以回避。

一、评审专家与申报单位属于同一法人单位;

二、其他可能影响评定结果公平、公正的情形。

第三章 建设与评估

第七条 教指委对获得荣誉称号的示范基地和开放基地的建设经验进行多种形式的宣传推广。

第八条　获得荣誉称号的示范基地和开放基地采取有效期制,有效期为三年,有效期满需重新审核。经审核不合格的予以撤销相应的荣誉称号。

第四章　附　　则

第九条　本办法自发布之日起施行,本办法由教指委负责解释。

附录 2 第三届"全国工程专业学位研究生联合培养示范基地"单位名单

注：本名单按院校代码排序。

序号	联合培养基地名称	院 校 名 称	联合培养单位名称
1	北京交通大学轨道车辆工程专业学位研究生联合培养示范基地	北京交通大学	中车青岛四方机车车辆股份有限公司
2	北京航空航天大学网络信息安全研究生联合培养基地	北京航空航天大学	国家计算机网络应急技术处理协调中心
3	北京理工大学装甲车辆工程专业学位研究生实践创新基地	北京理工大学	内蒙古第一机械集团有限公司
4	天津大学—国网天津市电力公司研究生联合培养中心	天津大学	国网天津市电力公司
5	天津科技大学生物制药技术专业学位研究生联合培养基地	天津科技大学	中科院天津工业生物技术研究所、康希诺生物股份公司
6	大连理工大学智能电力装备与系统研究生联合培养创新实践基地	大连理工大学	国网辽宁省电力有限公司大连供电公司培训中心
7	吉林大学机械工程专业学位研究生培养实践基地	吉林大学	长春机械科学研究院有限公司
8	哈尔滨工业大学机械工程领域专业学位研究生联合培养示范基地	哈尔滨工业大学	北京空间飞行器总体设计部
9	哈尔滨工程大学与环境保护部核与辐射安全中心联合培养研究生实践基地	哈尔滨工程大学	环境保护部核与辐射安全中心
10	东华大学—中国化学纤维工业协会联合培养实践基地	东华大学	中国化学纤维工业协会
11	南京大学环境工程硕士联合培养实践基地	南京大学	南京大学盐城环保技术与工程研究院
12	东南大学桥梁工程研究生联合培养工作站	东南大学	苏交科集团股份有限公司
13	南京航空航天大学—天奇股份工程专业学位研究生联合培养基地	南京航空航天大学	江苏天奇自动化工程股份有限公司
14	南京理工大学先进制造与高端装备研究生联合培养实践基地	南京理工大学	南通润邦重机有限公司、江苏腾宇机械制造有限公司、南通锻压设备有限公司、扬州市江都永坚有限公司、扬州市海力精密机械有限公司、润邦卡哥特科工业有限公司

序号	联合培养基地名称	院校名称	联合培养单位名称
15	河海大学—中国电建集团华东勘测设计研究院有限公司研究生培养基地	河海大学	中国电建集团华东勘测设计研究院有限公司
16	南京林业大学工业设计工程专业学位研究生联合培养示范基地	南京林业大学	宜华生活科技股份有限公司
17	江苏大学流体机械行业人才联合培养实践基地	江苏大学	蓝深集团股份有限公司
18	浙江大学建筑与土木工程专业学位研究生联合培养实践基地	浙江大学	浙江大学建筑设计院有限公司
19	杭州电子科技大学—杭州华为企业通信技术有限公司IT人才联合培养基地	杭州电子科技大学	杭州华为企业通信技术有限公司
20	浙江理工大学—新昌研究院研究生联合培养示范基地	浙江理工大学	新昌县人民政府、浙江日发纺织机械股份有限公司、浙江泰坦股份有限公司、浙江越剑机械制造有限公司、浙江精功科技股份有限公司、浙江拓峰科技有限公司、浙江本发科技有限公司
21	中国科学技术大学软件工程专业学位研究生联合培养基地	中国科学技术大学	科大讯飞股份有限公司
22	安徽工业大学—马钢(集团)控股有限公司、马鞍山钢铁股份有限公司研究生联合培养基地	安徽工业大学	马钢(集团)控股有限公司、马鞍山钢铁股份有限公司
23	厦门大学电子与通信工程研究生培养创新基地	厦门大学	海西工研院通信工程技术中心
24	福州大学建筑与土木专业学位科学实践培养基地	福州大学	福建省建筑科学研究院
25	济南大学—山东开泰集团有限公司研究生联合培养实践基地	济南大学	山东开泰集团有限公司
26	河南理工大学—河南能源化工集团研究院有限公司研究生联合培养实践基地	河南理工大学	河南能源化工集团研究院有限公司
27	中国地质大学(武汉)—国家地理信息系统工程技术研究中心、武汉中地数码科技有限公司研究生联合培养实践基地	中国地质大学(武汉)	国家地理信息系统工程技术研究中心、武汉中地数码科技有限公司
28	湖北大学—贵州地税研究生工作站研究生联合培养实践基地	湖北大学	贵州省地方税务局
29	湖南大学—威胜集团有限公司研究生联合培养实践基地	湖南大学	威胜集团有限公司
30	中南大学—山河智能研究生联合培养实践基地	中南大学	山河智能装备集团
31	华南理工大学—宁波拓普集团股份有限公司研究生联合培养实践基地	华南理工大学	宁波拓普集团股份有限公司、雪龙集团股份有限公司等企业

续表

序号	联合培养基地名称	院校名称	联合培养单位名称
32	桂林电子科技大学—桂林国家高新区大学科技园管理有限公司研究生联合培养实践基地	桂林电子科技大学	桂林国家高新区大学科技园管理有限公司
33	重庆大学—云南电网公司研究生联合培养实践基地	重庆大学	云南电网公司
34	电子科技大学—中国电子科技集团公司第二十九研究所研究生联合培养实践基地	电子科技大学	中国电子科技集团公司第二十九研究所
35	昆明理工大学—钢铁研究总院研究生联合培养实践基地	昆明理工大学	钢铁研究总院
36	西北工业大学—中国飞机强度研究所航空工程专业学位研究生联合培养实践基地	西北工业大学	中国飞机强度研究所
37	西安理工大学—中车集团西安永电电气有限责任公司研究生联合培养示范基地	西安理工大学	中车集团西安永电电气有限责任公司
38	西安电子科技大学大学—英特尔移动通信技术(西安)有限公司研究生联合培养实践基地	西安电子科技大学	英特尔移动通信技术(西安)有限公司
39	西安建筑科技大学西北地区建筑与土木工程领域研究生联合培养基地	西安建筑科技大学	中国建筑西北设计研究院有限公司、陕西省建筑设计研究院有限责任公司、中联西北工程设计研究院有限公司、中铁第一勘察设计院集团有限公司
40	西安科技大学—西安重工装备制造集团有限公司企业研究生联合培养实践基地	西安科技大学	西安重工装备制造集团有限公司
41	南京工程学院—南京康尼机电股份有限公司研究生联合培养实践基地	南京工程学院	南京康尼机电股份有限公司
42	中国石油大学(北京)—东方地球物理公司研究生联合培养实践基地	中国石油大学(北京)	中国石油集团东方地球物理勘探有限责任公司
43	广东工业大学—佛山市南海区广工大数控装备协同创新研究院研究生联合培养实践基地	广东工业大学	佛山市南海区广工大数控装备协同创新研究院

附录3 第一届"全国工程专业学位研究生联合培养开放基地"单位名单

序号	联合培养开放基地名称	单位名称
1	广东顺德工业设计研究院(广东顺德创新设计研究院)研究生联合培养开放基地	广东顺德工业设计研究院

后 记

全国工程专业学位研究生教育指导委员会于 2014 年、2016 年开展了两届"全国示范性工程专业学位研究生联合培养基地"评选活动，共有 65 家联合培养基地获评为全国示范基地。2017 年，工程教指委开展了第三届全国示范基地、首届开放基地评选活动，共有 43 家单位荣获"全国工程专业学位研究生联合培养示范基地"称号、1 家单位荣获"全国工程专业学位研究生联合培养开放基地"称号。本届评选有以下几个特点：

一是示范基地的品牌效应受到培养单位的肯定，申报评选的积极性日益踊跃。第三届申报单位和获选单位数均高于前两届。

二是及时总结，联合培养基地的评选工作得到进一步规范。工程教指委发布《全国工程专业学位研究生联合培养示范基地、开放基地建设管理办法(试行)》，对基地类型、申报条件、评选程序等做出了详细规定。

三是积极探索，不断丰富联合培养基地的建设模式。工程教指委首次认定广东顺德工业设计研究院为全国联合培养开放基地，这是在三届评选基础上出现的一种新的联合培养基地模式。

四是服务国家和区域发展需求，联合培养基地覆盖面进一步得到拓展。本届基地除机械、电气、船舶、交通、航空、航天、地质、水利等工程领域外，还涉及先进制造、网络安全、国防军工等国家战略和区域发展的急需方向。

按照惯例，我们将第三届联合培养基地的建设成果汇总整理并编撰成册。历时一载，第三部《产教结合 协同育人——第三届全国工程专业学位研究生联合培养示范基地、第一届全国工程专业学位研究生联合培养开放基地建设成果巡礼》如期付梓。本书在总结前两届基地建设的优秀成果基础之上，提炼了第三届示范性基地建设中培养举措、培养特色、培养成效、制度保障等方面的经验，展示了其中有价值、有创新点的核心举措，为今后的基地建设提供了可参考的经验。

本书的编撰得到了工程教指委各位领导和领域专家的大力支持，得到了 44 家基地依托单位的大力支持，得到了中国学位与研究生教育学会会刊《研究生教育研究》编辑部全体同仁、清华大学出版社编辑团队的大力支持。在此致以衷心的感谢！

编 者

2017 年 12 月